陰陽道の神々

決定版

斎藤英喜

法藏館文庫

本書は、二〇〇七年佛教大学鷹陵文化叢書17として思文閣出版から刊行され、その後、二〇一二年に増補版として再刊されたものである。収録にあたっては、増補版を底本とし、加筆訂正のうえ、新たに付論を増補した。

はじめに――もうひとつの「日本」の神々を求めて――

日本には八百万《やおよろず》の神々が棲まうという。日本の国土を創ったイザナギ・イザナミの夫婦神、太陽の女神にして天皇家の祖神アマテラス、ヤマタノヲロチを退治する荒ぶる英雄神スサノヲ、そして出雲大社に祭られるオホクニヌシ……。『古事記』などの神話で活躍する古代の神々をはじめとして、村の境の道祖神《どうそじん》、山の神、水源を守る水神、あるいは村の鎮守の産土《うぶすな》の神など、いまとなっては懐かしい日本の原風景とかさなるような、名もない神々が日本列島の各所に棲息・鎮座している。まさに「八百万」の神々である。

さらに明治時代以前の社会においては、神社と寺院が共存していたように、日本の神々は同時に仏・菩薩でもあった。この世に現れた日本の神々は、じつは仏や菩薩、如来の仮の姿であったという「本地垂迹《ほんじすいじゃく》」という教義によって、たとえばアマテラスは大日如来の垂迹であり、また春日大明神は釈迦の化身であったと理論付けされていく。それはたんなる教義をこえて、近代以前の人々にとっては、神＝仏として自然に信仰する対象でもあったのだ。

しかし「日本」の神々はそれだけではなかった。意外に知られてない一群の神たちがいる。

泰山府君《たいざんふくん》、牛頭天王《ごずてんのう》、金神《こんじん》、八王子、大将軍、盤古大王《ばんこだいおう》、土公神《どくうじん》……。彼らは冥界や疫病、あるいは暦や方位などに関わる神々である。それは広く「陰陽道《おんみょうどう》」なるものの信仰にもとづき、「陰陽師《おんみようじ》」と呼ばれる宗教家たちによって祭られてきた神たちだ。

陰陽道や陰陽師といえば、最近の安倍晴明ブームのおかげで少しは人々の認知するところとなっただろう。中国の陰陽《いんよう》・五行《ごぎょう》思想に端を発するという「陰陽道」や「陰陽師」のイメージは、しかし映画やテレビ、小説、マンガなどの影響で、なにやら呪術めいた、妖しげな世界といったことが強調されている。はたして、陰陽師が祭ってきた神々など、ほんとうに存在しているのか。誰もが疑問に思うところだろう。たとえば、先に名前をあげた神々も、多くの人々にはなじみのない、はじめて耳にする存在も多いかもしれない。

だが、陰陽道の神々は、方位の神として恐れられた「金神」や、家の恵方《えほう》に祭られる「歳徳神《としとくじん》」、あるいは竈の神の「荒神《こうじん》」など、民俗の神々のなかにも、多くの痕跡を残している。さらに京都の夏の風物詩として有名な祇園祭で祭られた神々も、じつは陰陽道の「牛頭天王」と密接な繋がりをもっていたのである。それは東京の「八王子市」という地

図は-1　神像絵巻　盤古王と五帝龍王たち・部分（所蔵：妙法院）

図は-2　再現された陰陽道祭の供物（京都・風俗博物館）

図は-3　いざなぎ流の大山鎮め

名とも関連していく。そのように調べていけば、日本古来の「神道」や「習俗」と括られている信仰のなかにも、陰陽道との交渉や影響が数多く見出されるのだ。

陰陽道の神々。彼らは明治以降の近代社会のなかで、封印され、消し去られていった存在だったのではないか。その存在のことを忘れてしまったのは、多くの人々が、近代が生み出した「日本人」とか「日本文化」という枠組みのなかにしか生きてこなかったからではないか。泰山府君や牛頭天王などの陰陽道の神々が、中国大陸は当然のこと、遠くインドにまで繋がる、グローバルな神々であったことを知らねばならない。

忘れられた、もうひとつの「日本」の神々を求めて――。

陰陽道の神々は、じつはわれわれが前提としているような「日本」とか「日本人」とかをもう一度見直すことに繋がる、あるいは近代の社会というものが価値としてきた考え方や生き方を捉えなおす、重要なことを教えてくれるだろう。

こうした大きな目論見をもちながら、陰陽道の神々を探索していく〈知〉の旅に出立することにしよう。

※　本書は「平易な教養書」という叢書刊行の主旨にもとづき、引用した原典資料（史料）は可能なかぎり、現代語訳、要約の形にした。出典の情報は、巻末に掲げた。また先行研究の注記も本文中に著者名・書名（論文名）に留め、出版機関、出版年は、巻末の「参考文献」

に一括した。

なお、「断章」と「付論」は、旧稿の再録である。出版機関・初出年は、巻末の「初出一覧」を参照。

目次

陰陽道の神々　決定版

序章　陰陽道と安倍晴明の基礎知識

世紀末の日本列島に忽然と姿をあらわし、新世紀の幕開けに幾多の活躍を見せながら、ふたたび歴史の闇のなかに消えていった陰陽師・安倍晴明《あべのせいめい》……。

世紀をまたがって日本列島を席捲した「陰陽師・安倍晴明」のブームは、多くの人々に陰陽師や陰陽道という存在を教えてくれた。最近は小学生でも、「陰陽師」という漢字をちゃんと「おんみょうじ」と読むことができるし、中学生に平安時代で知っている有名な人物はと聞くと、「安倍晴明」と答える子が多いという（ただし平安時代では「おんようじ」と読むのが正しいとされているが、本書では通例の「おんみょうじ」の読みで統一）。

しかし、あらためて、陰陽道とは何か。陰陽師とはいかなる仕事をしている人なのか。そして安倍晴明の実像とは？

陰陽道の神々を探索していくにあたって、「陰陽道」とは何かについての基礎知識をおさらいしておこう。

「陰陽道」の定義

まずは、多くの人々の誤解を解くことから始めよう。

「陰陽道」というと、もともと古代中国に作られたもので、それが日本に輸入されてきたと考えている人は多いのではないだろうか。たしかに「陰陽道」は、古代中国にルーツをもつものだが、最近の研究によって、「陰陽道」の用語は古代中国や朝鮮半島にはないことがわかってきた。もちろん、陰陽《いんよう》・五行説《ごぎょうせつ》の考え方、暦・天文・占術の知識や技術は中国渡来のものだが、それを「陰陽道」という名称で呼んだのは、一〇世紀あたりからである（小坂眞二「陰陽道の成立と展開」）。「陰陽道」とは日本で独自に編み出された信仰、祭祀、呪術の体系なのである。

世界の生成を陰陽・五行の気の運動で認識する思考法、天体の基本法則を計測する暦法、そして変異な動きをする星から国家や社会の動向を予知する天文占星術、また式盤《しきばん》という最新の占具を用いる占術、さらに呪禁《じゅごん》系、道教系の呪術や密教経典にもとづく秘密修法、そして在来の神祇信仰などが複雑に混合されたとき、「陰陽道」という名称の独自の儀礼作法が成立したのだ。それはちょうど晴明や彼の師匠である賀茂保憲《かものやすのり》が活動していた時代、一〇世紀である。晴明は「陰陽道」成立のターニングポイントを担っているのだ。「陰陽道」の「道」とは、そうした新しい宗教体系、儀礼作法を専門とする一つの専門家・同業者集団をあらわす用語ともなったのである（山下克明『平安時代の宗教文化と陰陽道』）。

国家のトップシークレットと「陰陽寮」

「陰陽道」の基礎は、七世紀後半、天武天皇の時代に設立した「陰陽寮《おんみようりよう》」という役所で培われた。律令国家の一機関である中務省《なかつかさしよう》の直轄におかれた「陰陽寮」は、奈良時代にその組織が整えられて、長官以下四等官（頭《かみ》・助《すけ》・允《じよう》・大小属《だいしようさかん》）という事務方のほかに、陰陽博士・陰陽生・陰陽師をはじめ、天文博士・天文生、暦博士・暦生、漏剋《ろうこく》博士という専門技官たちが勤めていた。

「陰陽・天文・暦・漏剋」の四つのセクションは、怪異の占事や相地（土地選び）、天文変異の占術、暦の測定と作成、漏剋（時間）の測定と告知など、学知・技術の教習と実践が担われたのである。奈良時代後期には、縁故によって陰陽寮に入るものがふえて、最新の学知や技術の伝習が疎かになっていること、それを防ぐために学習すべきテキストを定めることなどの詔が出ている（『続日本紀』天平宝字元年〈七五七〉一一月）。

また天文部署にたいしては、天体を観測する器具や占星術書を厳重に保管すること、天文の観測をする学生（観生）は観測結果を他に漏らしてはならないこと、許可なく占星術書を読んではいけないなどといった法令も出ている（「雑令」）。彼らの任務は国家のトッ

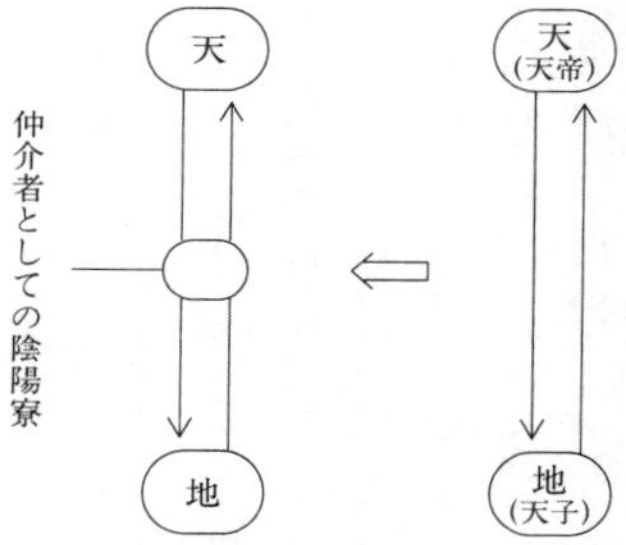

図序－1　陰陽寮の概念図

プシークレットに属するものなのだ。それは当時の国家が、まさしく「天」の意思に従って運行されるという思想と繋がる。すなわち、前漢武帝期（紀元前一四〇～八七）の儒者・董仲舒《とうちゅうじょ》が、経学と陰陽・五行説を結びつけて大成したとされる「天人相関説《てんじんそうかんせつ》」と呼ばれるものだ。天体現象は天が支配者に下す前兆であるとともに、支配者の行為が逆にまた天体現象に影響するという思想である（藪内清『中国の天文暦法』）。

奈良時代には、「天文・陰陽・暦《れき》・筭《さん》・医・針《しん》の学は、国家の要《かなめ》とする所なり」（天平宝字元年〈七五七〉八月）、「陰陽寮は陰陽暦数、国家の重する所……」（天平宝字二年〈七五八〉八月）といった詔も出ている。陰陽寮の任務は、天帝から命令を受けて地上を支配する天子（天皇）に変わって、天から送られるメッセージを解読する仲介者であったのだ（**図序－1**）。だから陰陽寮は、天皇側近の役所＝中務省の所轄になったのである。

安倍晴明は「陰陽師」なのか

安倍晴明が「陰陽師」であることは、誰も疑わない。まさに基本常識だ。ならば晴明は、いま説明したような、奈良時代に成立した陰陽寮の「陰陽師」と同じなのか。じつはそうは簡単にはいえない問題があった。

奈良時代に定められた陰陽寮所属の「陰陽師」の職務は、占事と相地と決められている。だが、晴明の時代、陰陽師は占いとともに、祓えや祈禱、祭祀なども携わるようになっている。災厄《さいやく》を占い判じることから、占われた災厄を祓い、災いに犯されないように祭祀・祈禱を行なうという任務へと拡大していったのである。奈良時代の陰陽師の職務と平安時代のそれは大きく異なるのだ。その背景には、平安京という都市社会の成熟による「個人」の救済という信仰的なテーマが考えられる。

さらに、安倍晴明は陰陽寮内部の官職として「天文得業生《とくごうしょう》」(天文生のなかの特待生)や「天文博士」に就いていることは確認できるのだが、陰陽寮の「陰陽師」のポストにあったことは、史料上は一例しか確認されていない。また晴明は六〇代後半に陰陽寮を退官し、それ以降は、主計権助《かずえのごんのすけ》(中央財政の収支計算を管掌する役所の名目上の次官)、備中介(備中国の次官)、左京権大夫《さきょうのごんのたいふ》(朱雀大路の東側地域を管轄とする役所の名目上の長官)、大膳大夫《たいぜんのたいふ》(朝廷の会食料理を担当する長官)、穀倉院別当《こくそういんのべっとう》(諸国の米穀の収納・保管をする役所の長官)などの役職を歴任している。平安時代の中流官人のコースである。

晴明は、陰陽寮の「陰陽師」としてではなく、それ以外の役職に就いていることが多いのだが、「年譜」(章末参照)を見るとわかるように、晴明が怪異の占いや反閇《へんばい》、祓え、泰《たい》

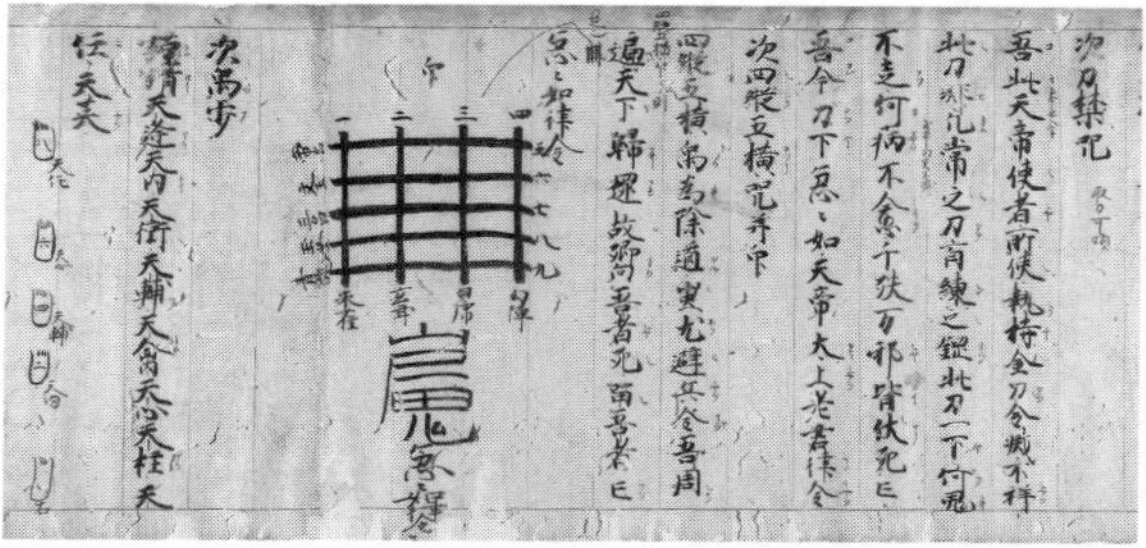

図序－2　『小反閇作法并護身法』（京都府立京都学・歴彩館蔵）

山府《ざんふ》君祭《くんさい》などの「陰陽道」の祭祀や儀礼に携わることが増えるのは、じつは陰陽寮を退官したあとからなのだ。それはどういうことなのか。

どうやら安倍晴明は、律令制度のなかの「陰陽師」という官職を超えて、一種の「職業」として陰陽師の仕事をしていたようだ。陰陽寮の経験者、その退官者たちのうち、陰陽道の「腕」のたつ者たちが陰陽寮という官職を離れた後も、あらたな職能的呪術師として活動していくことが、平安時代中期以降に増大していく（山下克明、前出書）。だから安倍晴明は律令制度のなかの陰陽師ではないが、平安王朝社会が創りだした職業としての「陰陽師」ではあったといえよう。そうした新しい陰陽師のアイデンティティを作り出すのが「陰陽道」という技術・知識・信仰の体系であった。

一方、職業としての「陰陽師」の出現は、官人系とは異なる、もう一つの陰陽師の存在を導いた。僧でありつつ陰陽師を名乗る者たち。法師《ほっし》陰陽師、陰陽法師

図序－3　再現された陰陽師が行なう祓えの場面（京都・風俗博物館）

である。なお後の安倍晴明説話のライバル役として有名な蘆屋《あしや》道満《どうまん》は、じつは晴明と同時代に実在した「陰陽法師」であったことが判明している（『政事要略』）。道満もまた虚構の人物ではなかったのだ（繁田信一『陰陽師と貴族社会』）。

「道の傑出者」としての晴明

『今昔物語集』をはじめとして、後の説話文学のなかでは、安倍晴明は、当代一流の「陰陽師」として評判が高いが、実際に晴明が生きた一〇世紀後半においても、すでに彼にたいする評価は高かったようだ。それを端的に示すエピソードを紹介しよう。

長保二年（一〇〇〇）一〇月、新しく造営された内裏に一条天皇が還御してくるとき（その前年に内裏は火災に遭っている）、

図序－4　再現された祓えの祭壇。川にはヒトカタが流されている（京都・風俗博物館）

安倍晴明は「反閇《へんばい》」という陰陽道呪術を奉仕している。反閇とは、貴人が外出する際に行なう呪術で、「南斗北斗三台玉女　左青竜避万兵　右白虎避不祥　前朱雀避口舌　後玄武避万鬼　前後輔翼急急如律令」といった呪文を唱え、禹歩《うふ》というマジカルステップを踏んで、貴人の外出の安全を守るものとされる（**図序－2**、参照）。このとき晴明は、一条天皇が仮御所を出るときと共に、新造内裏に入るときの二回、反閇を行なっている。外出のときは先例どおりだが、新造内裏に入御する際のものは先例とは異なっていた。だが、あえて晴明は先例とは違う作法を行なったのだ。そのとき貴族たちは、晴明を「（陰陽）道の傑出者」と称えている（藤原行成『権記』）。先例とは違う新しい反閇作法の創出者というわけだ。

また長保三年（一〇〇一）閏一二月には、一条天皇の生母・東三条院詮子《せんし》の死去によって年末の鬼やらいの行事＝追儺《ついな》は中止となったのだが、晴明は私宅でそれを行なっている。

そのとき京中の人々も晴明の追儺に呼応して、その賑やかな様子は恒例の行事と変わらなかったという。それを聞いた惟宗允亮《これむねのただすけ》は「晴明は陰陽の達者なり」と称えている（『政事要略』）。あるいは晴明自身が、自分の「御禊」によって一条天皇の病が癒え、それによって加階されたことを藤原実資《さねすけ》にたいして自慢げに報告したりしている（『小右記』）。さらに晴明が始めた「泰山府君祭」（冥府の神に延命長寿を祈る）の効験が評判になって、藤原行成《ゆきなり》は晴明の指示に従って早朝から泰山府君へ祈りを捧げたりしている（『権記』）。

このように晴明は、先例とは違う新しい陰陽道儀礼の創出者・卓越者として貴族たちに認められ、「道の傑出者」「陰陽の達者」といった高い評判を得ていったようだ。そうした晴明の姿は、ルーティンワークをこなす地道な役人というよりも、陰陽道の技や術を開発し、技術革新していく「術法《ずつぽう》の者」（『続古事談』）といえよう。彼はまさしく陰陽道の術の現場を生きたのだ。〔補注1〕

歴史のなかの陰陽師

晴明の邸宅にはいつも目に見えない式神の声が聞こえた、道長に仕掛けられた呪詛《じゆそ》を察知した、泰山府君に祈って瀕死の僧侶を師匠、弟子共に救った……。平安末期から鎌倉期に編纂された説話集には、晴明の卓越した陰陽師ぶりを伝えるエピソードが多く伝わっている。それらは貴族社会に定着した晴明人気がベースになっているのだが、同時に、晴明

図序－5　**信太森葛葉稲荷神社**（大阪府和泉市）

を超越的な陰陽師として語り伝える者たちがいたことを忘れてはならない。それは晴明を家祖とする安倍家の人々だ。彼らは師匠筋の賀茂家と対抗し、陰陽道の家としての安倍家の勢力を盛り立てる必要があった。そのときの家祖としての晴明を称える語りが産み出されたのだ。それを創ったキーパーソンの一人が、晴明から五代あとの安倍泰親《やすちか》という人物である。源平争乱の時代を生きた彼は、自分の占いの術を「晴明流」と呼ぶ（長門本『平家物語』）。

さらに鎌倉時代後期、南北朝、室町期へと時代が推移するなかで、あらたな〈安倍晴明〉を語る者たちが登場してくる。それは官人陰陽師とは別の系譜、法師陰陽師に連なる民間社会に根付いた在

図序－6　安倍晴明神社（大阪市阿倍野区）

図序－7　猫島・晴明稲荷（茨城県明野町）

野の「陰陽師」たちである。

唱門師《しょうもんじ》、博士、ヒジリ、暦売りなど多様な名前で呼ばれた彼らは、社会的に賤視される自分たちの身分を保障し、さらに自分たちの職能を権威化するために、「清明」（ここでは表記は変わる）を信仰の対象とし、「清明」の出生の物語などを語り伝えたようだ（武田比呂男「『信太妻の話』の周辺」）。安倍晴明が和泉国信太《しのだ》の森の神狐《しんこ》を母とする有名な物語は、近世期の古浄瑠璃や説経、さらに歌舞伎などへと発展し、都市社会の芸能として成熟していくのだが、その物語のベースは、諸国で暦を売り、占術を商売としていた民間陰陽師たちが用いた『簠簋抄《ほき》』（その原型は『簠簋内伝』）などにあったのである。在野の陰陽師たちも〈安倍晴明〉を自らの職能の始祖として仰ぎ、語っていくわけだ。

また晴明伝説は、京都、大阪、熊野のみならず、遠く茨城や愛知、あるいは敦賀、さらに四国・香川などにも多く伝えられている。それら地方の晴明伝説を伝えたのは、民間の陰陽師、修験者、祈禱師、神職といった多様な人々であった（高原豊明『安倍晴明伝説』）。晴明はそうした地方の「守り神」ともなっていたのである。

一方、宮廷陰陽道の系譜はその後どうなっていくのか。晴明直系の安倍家の系譜からは、鎌倉幕府に仕えて、そのまま関東に土着した安倍家支流の一族が出現する。鎌倉時代の記録である『吾妻鏡』には、一〇〇名をこえる陰陽師の記事が見られるという（金澤正大「関東天文・陰陽道成立に関する一考察」）。武士たちが活躍する中世においても、陰陽師は活発に働いていたのである。〔補注2〕また室町時代には、安倍家は「土御門家《つちみかどけ》」という貴族になり、室町幕府のなかで重んじられていく。三代将軍足利義満に気に入られた安倍有世《ありよ》は、家祖の晴明をこえて従二位の高位に上っている（柳原敏昭「室町政権と陰陽道」）。

そして江戸時代には、もうひとつの陰陽道の家筋たる賀茂家を圧倒して、幕府の宗教統

図序－8　いざなぎ流の祭祀。日月祭の場面。

制政策に沿って、地方で様々に活動・商売をする「陰陽師」たちを土御門家の「門人」とする法律を幕府・朝廷に認めさせた（天和三年〈一六八三〉）。それ以降、地方の陰陽師たちは土御門家の「許状」を得ないと、「陰陽師」として認定されないというシステムが出来たのである（木場明志「近世日本の陰陽道」）。許状を得た「陰陽師」は土御門家門人としての身分を保証される一方、その見返りとして上納金を納めねばならなかったのである。〔補注3〕

しかし、明治三年（一八七〇）、いわゆる陰陽道禁止令によって、そのシステムは崩壊し、歴史上「陰陽師」は消滅していく。ここに晴明以来の「陰陽道」の伝統は終わりを告げたのである。けれども、土御門系とは異なる陰陽師の伝統を受け継ぐ者たちがいた。高知県物部《ものべ》村《そん》（現・香美《かみ》市物部町）に、いまも活動を続けている「いざなぎ流」の太夫《たゆう》たちである。いざなぎ流太夫は、安倍晴明（土御門家）の直系の陰陽師ではなかったが、「術法の者」たる晴明の生き様や「陰陽道」の信仰、呪術を、このいまに教えてくれるのだ。

本書で出会う「陰陽道」の神々とは

奈良時代にあっては天文・暦・占いが主流であった「陰陽寮」の任務は、平安時代以降、あらたな宗教としての色合いを強めていった。神祇信仰はもちろん、密教や浄土教などの仏教、また道教系呪術などの多様な信仰と交流し、それらを貪欲に取り込むことで、「陰陽道」という新しい宗教が誕生したのである。しかし陰陽道は、けっして時代のなかで不変に存在したわけではない。同時代の他の宗教との競合・交渉のなかで、その時代にふさわしい新しい「陰陽道」が作り出され、変わっていくのである。

宗教としての陰陽道の成立と変遷。それは同時に、あらたな神々の「創造」を導くことになった。陰陽道の神々である。

以下、本書では、どのような神々に出会うことになるだろうか。簡単に紹介しておこう。まずは古代、陰陽師が大きなウエイトを占めた追儺の儀礼で追い払う「鬼」たち。それは同時に陰陽師たちに祭られる一面をもつ「神」でもあった。さらに陰陽師に付き従いその意のままに働くという「式神」という謎めいた神。その素性とは？（第一章）。あるいは仏教との競合のなかから、晴明の時代に登場する「泰山府君」。貴族たちの寿命や現世の欲望を満たしてくれるその神は、それとペアで活動する「天曹地府《てんそうちふ》」という神をも浮上させてくる（第二章）。

さらに中世という時代、祇園社（現在の京都・八坂神社）の祭神である「牛頭《ごず》天王《てんのう》」という行疫神《ぎょうえきしん》が「天道神《てんどうしん》」という陰陽道の神としての力を獲得し、彼とともに八王子（八将神）、歳徳神《としとくしん》、天徳神《てんとくしん》、あるいは金神《こんじん》、盤古《ばんこ》王《おう》、土《ど》公神《くうじん》という暦と方位に関わる神々が、多数顕現してくる（第三章）。〔補注4〕彼らの来歴は、『簠簋《ほき》内伝』という陰陽道のシークレットブックに語られるが、その書物は、なんと〈安倍晴明〉の名前で流布されていくのだ。それら新しい陰陽道の神たちは、『簠簋抄』という注釈書とともに、民間社会へとその活動の場を拡大していく（第四章）。

そして中世後期から近世初頭、四国・土佐の山村集落のなかで、山の神、水神、地神、荒神《こうじん》、天神という土地の民俗神とも繋がりながら、「いざなぎ流」という特異な信仰世界の神々が出現する。まさしく民間社会に根付いた「陰陽道」の神たちの一端がそこに見えてくるのだ。さらにそこでは、「呪詛神《すそしん》」や「式王子《しきおうじ》」という、もっとも秘された「術法」の神々とも出会うことになるだろう（第五章）。

陰陽道の神々を求めて——。さっそく本章へと進むことにしよう。

補注1　その後の安倍晴明にかんする研究に、細井浩志「「新しい安倍晴明像」の始まり」（『現代思想』総特集「陰陽道・修験道を考える」二〇二一年五月号）、同「古代における晴明像の形成」（林淳編『新陰陽道叢書』第五巻、特論。名著出版、二〇二一年）

補注2　その後の中世陰陽師の研究に赤澤晴彦『鎌倉期官人陰陽師の研究』（吉川弘文館、二〇一一年）

補注3　その後の近世陰陽師の研究に、林淳『近世陰陽道の研究』（吉川弘文館、二〇〇五年）梅田千尋『近世陰陽道組織の研究』（吉川弘文館、二〇〇九年）

補注4　その後の牛頭天王信仰の研究に、鈴木耕太郎『牛頭天王信仰の中世』（法藏館、二〇一九年）

表　安倍晴明年譜

和暦	西暦	官職（位階）	年齢	活動事項
延喜二一	九二一		1	誕生。父は安倍益材。母は不明。
天徳四	九六〇	天文得業生	40	内裏火災によって焼損した霊剣の文様について勘申。
応和元	九六一		41	6・28　霊剣再鋳造に際して、高雄山神護寺の五帝祭に奉仕。
康保四	九六七	陰陽師	47	6・23　政始めの日時を選ぶ。
天禄三	九七二	天文博士	52	12・6　天変により天文密奏。また四角祭執行を奏上。
天延元	九七三	天文博士	53	1・9　天変により天文密奏。
				6・11　物忌について、覆推勘申。
二	九七四	天文博士	54	5・14　主計頭賀茂保憲に従って、比叡山延暦寺に登り、大乗院建立の相地。
				6・12　河臨御禊に奉仕。
				12・3　天変により天文密奏。
天元二	九七九	天文博士	59	5・26　『占事略決』を執筆。
寛和元	九八五		65	4・19　藤原実資女房の産の遅れにたいして解除。
				5・29　花山天皇の錫紵（喪服）を除く日時を選ぶ。
二	九八六	正五位下	66	2・16　太政官正庁の母屋の怪異を占う。
				2・27　再び太政官正庁母屋の怪異を占う。
永延元	九八七		67	2・19　一条天皇の清涼殿遷御に際して反閇を奉仕。
				3・21　藤原実資が二条邸へ渡るとき反閇を奉仕。
二	九八八		68	7・4　藤原実資の子供のために鬼気祭執行。

				8・7	熒惑星御祭を行なう日時を選ぶ。
				8・18	同御祭に奉仕しなかったために過状を提出。
永祚 元	九八九		69	1・6	一条天皇の病気の原因について占う。
				1・7	一条天皇の紫宸殿出御に際して御禊を奉仕。
				2・11	一条天皇のために泰山府君祭を行なう。
正暦 四	九九三	正五位上	73	2・3	一条天皇のために勤めた御禊に験があり加階される。それを実資に報告。
五	九九四	前天文博士	74	5・7	臨時仁王会の日時を選ぶ。
長徳 元	九九五		75		賀茂光栄と共に蔵人所陰陽師となる。
三	九九七	主計権助兼備中介	77		正月の人事異動に際して、主計権助から大膳大夫への転任を申請。
				3・21	光栄と共に、内膳司の御竈神造立の日時を選ぶ。
				5・24	蔵人信経に問われて、焼亡した霊剣の文様、再鋳造すべきことを答える。
				6・17	一条天皇、東三条院への御幸の日時・出門の方角を選ぶ。
				6・22	一条天皇が紫宸殿を出御するに際して反閇を奉仕。
長保 元	九九九		79	7・8	一条天皇が内裏北対に渡御するとき反閇を奉仕。
				7・16	一条天皇の御歯痛について占う。
				9・7	穀倉院預の後任について藤原行成に具申。
				10・14	太皇太后の遷御の吉凶を占う。御占の評判がたつ。
				10・19	太皇太后の病により、光栄と共に遷宮の所を実検。

				11・7 防解火災御祭の日時を選び、その実施を命じられる。
二	一〇〇〇	従四位下	80	1・28 藤原彰子の立后の日時を選ぶ。 2・16 法興院への御幸の日時を選ぶ。 8・18 一条天皇の遷御の日時について、陰陽寮・光栄と共に選ぶ。 8・19 藤原行成の宿所の怪異について占う。また織部司の御服機を立てるために、方忌について占うことを命じられる。 10・11 一条天皇の一条院出御と新造内裏の入御に際して反閇を奉仕。「道の傑出者」と称えられる。 10・21 叙位の儀で式部大輔の代役を務める。 12・16 相次ぐ邪霊出現にたいして修法の日を具進。
三	一〇〇一		81	6・20 東三条院詮子の病気消除のために行なう一万不動像供養の日時、また敦康親王の真菜始めの日時を選ぶ。 閏12・17 東三条院詮子の行成邸への遷居の可否について、光栄、県奉平と共に占う。 閏12・23 東三条院詮子御葬送の雑事について光栄、県奉平と共に上申。 閏12・29 諒闇により追儺停止となるが、晴明私宅でこれを行なう。京中、これに呼応。「陰陽の達者」と称えられる。
四	一〇〇二	散位	82	3・19 内裏に火事が頻繁に起こることについて、諸道と共に

				勘申する。
		大膳大夫		7・27 天変により一条天皇のための玄宮北極祭。
				11・9 藤原行成のために泰山府君祭。
		左京権大夫		11・28 行成、晴明の言葉に従って早朝、泰山府君祭に幣・紙銭などを奉る。
五	一〇〇三		83	8・21 敦康親王の病を占う。
寛弘元	一〇〇四		84	2・19 藤原道長に従い木幡へむかい、三昧堂を建てる地を、光栄と共に定める。
				2・26 三宝吉日について、行成の問いに答える。
				6・18 道長の賀茂詣の可否を光栄と共に占う。
				6・20 滅門日にあたることを道長に具申し、作仏を止める。
				7・14 祈雨のために五龍祭を行なう。験があったために賞される。
				8・22 中宮彰子の大原野行啓の可否を光栄と共に占う。
				9・25 多武峯の鳴動について占う。
				12・3 道長のために光栄、安倍昌平と共に祭祀。
二	一〇〇五		85	2・10 道長の東三条邸への遷居にたいして、移徙法の儀礼に奉仕。ただし晴明は遅刻。
				3・8 中宮彰子の大原野神社行啓に際して反閇を奉仕。
				9・26 死去（12・16説もある）。

第一章　追われる鬼、使役される神――疫鬼と式神――

「陰陽師」といえば、鬼を追い、式神《しきがみ》をあやつり、あるいは呪詛《じゅそ》を仕掛け、またそれを祓うといったイメージがあろう。それらは多く映画やテレビ、小説、マンガなど、現代のエンターテイメントが作り出した、虚構化された要素が強い。ならば、実際に歴史記録に登場する陰陽師たちはどうだったのだろうか。そしてそれら鬼や式神、呪詛と「陰陽道」の神々とはどのような繋がりがあるのか。まずはそのあたりを探ることから始めよう。

1 鬼を追う陰陽師

「福は内、鬼は外……」の謎

「福は内、鬼は外」の掛け声とともに豆を撒く「節分」の行事は、いま、日本各地でふつうに見られる伝統的行事である。二月三日の夜、日本人は、悪霊たる鬼を追い払い、福の神を迎え入れることで、新しい季節を迎える……。

しかし、あらためて節分行事の深層を探ってみると、いろいろと謎が多いことに気付かされる。「福は内、鬼は外」という掛け声は一般的なものだが、地域によっては「福は内、鬼は内」と、追い払われるべき鬼を、福とともに家に迎え入れる「福鬼」といった行事もある。京都八坂神社や奈良県吉野の天河《てんかわ》神社などは、その代表的なものだろう。

あるいは豆を撒き散らすのは、悪霊などを撃退する「豆打ち」の風習にもとづくという説もあるが、それならば、どうして迎えるべき「福」へも同じように豆を撒くのだろうか。豆打ちによって福の神まで追い返すことにはならないのか、などなど。どうやら「日本人の伝統的な行事」とされる節分には、いろいろな謎や秘密がありそうだ。

そして——、節分行事のルーツを探ってみると、なんとそこには陰陽師が登場してくるのであった。陰陽師と鬼。一般に知られているような、陰陽師のイメージに繋がる問題が、じつは節分行事のルーツのなかにあったのである。

現在、二月三日に行なわれる節分は、旧暦では一二月晦日、新しい年を迎えるための行事としてあった。いまのような豆撒きのスタイルは、室町時代あたりから始まるらしいが（『臥《が》雲日件録《うんにちけんろく》』など）、それ以前、節分のルーツとなっているのは「追儺《ついな》」（古くは「大儺《たいな》」とも）と呼ばれる、宮廷行事のなかにあったのである。

「追儺」に関するもっとも古い記録は、奈良時代の正史『続日本紀《しょくにほんぎ》』に出てくる。慶雲三年（七〇六）一二月、諸国に疫病が蔓延したときに「大儺」が執り行なわれたという。そこで追い払われる鬼は、疫病の原因と考えられていたわけだ。その後、平安時代初期の宮廷儀式の式次第を定めた書物『内裏式』（八二一年成立）や『儀式』（八七一年成立）には、古代国家・宮廷が主宰した「追儺（大儺）」に関する、詳しい式次第が記録されていた。たしかに節分の起源となる行事はかなり古くまで遡ることができそうだ。

では、古代の追儺儀礼において、陰陽師はどのような働きをしたのか、なぜ追儺に陰陽師が関わることになるのか、そしてそもそも追儺で追い払われる「鬼」とは何か……。

さっそく追儺儀礼の現場へと赴くことにしよう。

追儺儀礼の現場から

一二月の晦日の夜。内裏・紫宸殿《ししんでん》の南庭に、宮廷に使える親王・大臣以下、多くの官人たちが集合する。彼らのうち、鬼を追う役目の「儺人《なじん》」と呼ばれる官人たちは、それぞれ手に「桃弓」や「葦矢」、あるいは「桃杖」を所持している。それが鬼を追い払う呪具であった。

「葦」は穢れを浄化する植物。祓えには欠かせないものという。また「桃」は古代中国の道教信仰に関わる呪的な果物。仙人たちが不老長寿を果たすために、桃の実を食べたという。桃は邪気を祓い、健康を維持し、長生きさせてくれる果実であったのだ（仙薬としての桃のことは、四世紀成立の道教のマニュアル本『抱朴子《ほうぼくし》』などにも出る）。その桃の枝を使った弓、杖によって、邪気＝鬼を祓うというわけだ。ちなみに鬼退治する少年が桃の実から誕生し、桃太郎と呼ばれるのは、こうした道教思想を背景にもつ。

鬼を追う「儺人」たちの先頭に立つのが「方相氏《ほうそうし》」と呼ばれる人物（図1－1・2）。黄金四つ目の異様な仮面をかぶり、黒い衣、朱裳を着し、巨大な盾と矛を手にもつ。そしてその後ろには、紺布の衣、朱鉢巻をつけた「侲子《しんし》」という童子たちの集団が続く（図1－6）。

儀式が始まると、方相氏が「儺声《だせい》」をあげて、矛で盾を三度撃つ。官人たちも「儺《な》やらふ、儺やらふ」という声を唱和して、悪鬼を追い払っていくのである。平安初期の追儺は、文字通り国家的な行事であった。そこで重要なのは、鬼を追う「儺声」という音響である（大日方克己『古代国家と年中行事』）。人々は、「儺やらふ、儺やらふ」と叫びながら、疫鬼を追っていく。

中国道教にもとづく葦や桃の呪具。そして異形な仮面をつけた異人の群れ。追儺儀礼の現場を見ることで、すぐに理解できよう。その行事が「日本」古来のものではなく、原型は中国にあったことを。実際、追儺のモデルは、古代中国の史書である『後漢書』「礼儀志」や、『唐書』「礼楽志」のなかに記されていた。古代国家が東アジア文化圏の仲間入りをして、律令国家としての制度を確立した、その時代のなかに「追儺」の儀礼が行なわれたのである（三宅和朗『古代国家の神祇と祭祀』）。ここで追い払われる「鬼」とは、古代の

図1－1　方相氏（『政事要略』巻29より）

図1－2　吉田神社の方相氏

〈コラム1〉

なぜ鬼退治をする「リンゴ太郎」はいないのか

じつは、子供のときから疑問だったのは、鬼退治する少年は、どうして桃から生まれてくるのか、ということだった。わたしは桃が好きではなかったので、鬼退治をするリンゴ太郎やナシ太郎、スイカ太郎がいてほしいと思っていた。だが、大人になって日本各地の昔話を調べてみて、わかった。どうも鬼退治をするリンゴ太郎やナシ太郎はいないようだ。なぜか。どうして鬼退治をする「リンゴ太郎」はいないのか。

その答えは、意外なところにあった。『古事記』の神話世界のなかだ。

国生み、神生みを行なったイザナギ・イザナミの夫婦神。しかし火の神を生んだために妻のイザナミは死んで、黄泉国《よみ》へ去ってしまう。イザナミを求めてイザナギは黄泉国まで追いかけていくが、イザナミに課せられた「見るな」(死体を見ることのタブー)という約束を破ったために、ふたりの関係は決裂する。腐っていくイザナミの死体に恐れをなしたイザナギは、黄泉国から逃げ帰ろうとするが、黄泉国のヨモツシコメたちが追いかけてくる。なんとか最後の地上世界への境界に辿り着いたイザナギは、そこに植わっていた桃の木の実を投げつけると、追いかけてくるヨモツシコメたちをすべて撃退することができた。そこでイザナギは桃の実にたいして、「わたしを助けたように、この世に生きる人間たちが苦しんでいるときは、助けてあげなさい」と言って、桃の実に「オホカンヅミ」という名前を授けた――。

黄泉国訪問譚と呼ばれる有名な神話だ。桃の実の力で追い祓われたヨモツシコメとは、まさに死の国の鬼女のイメージだろう。実際、『日本書紀』の一書［第九］では、この場面について「桃を用ちて鬼を避《やら》ふ縁《えに》なり」と明確に記している。そして桃が鬼を祓う力をもつのは、仙人たちの思想＝道教の教えにもとづくのだ。仙人たちは桃の実を食べることで邪気を祓い、長生きをすることができる。したがって桃の実がたくさん育つ場所を「桃源郷」＝ユートピアと呼ぶわけだ。

図1－3　晴明神社の桃

鬼退治をする少年桃太郎。そのルーツは遠く中国の道教の教えにあった。イザナギが「オホカンヅミ」と名づけた桃の実の神こそ、桃太郎の先祖ということになろう。鬼を追い払う桃から生まれた少年だからこそ、鬼退治ができる。リンゴやスイカから生まれた少年では、残念ながら鬼を倒すことができない。だからリンゴ太郎はいないのだ。

東アジア文化圏に共通する、いま風にいえば「グローバル」な存在であったということになろう。

では、陰陽師は、追儺儀礼の現場でいかなる役割をもつのか。

陰陽師が誦む「祭文」とは

追儺儀礼のクライマックス、方相氏が矛で盾を撃ち鳴らしながら、儺声を発するまえ。陰陽師は斎郎《さいろう》（祭りの供物を差配する職掌）を率いて、「奠祭《てんさい》」（酒食を供えて祭ること）を行なう。そしてそのとき陰陽師は「祭文《さいぶん》」を誦み上げた（**図1-7**）。

祭文とは、神社の神主が祭りのときに誦む祝詞《のりと》のようなもの。もともとは中国における祭りで用いられたものを祭文《さいぶん》と呼んだ。陰陽師が中国伝来の陰陽・五行思想をベースとした信仰・思想の実践者であることと、彼らが祝詞ではなく「祭文」を誦むことはリンクするところだろう。なおいま残されている「祭文」は、古代、中世の陰陽道・陰陽師の活動を知るうえで不可欠な資料として、注目されている。

それにしても、鬼追いの儀礼で、陰陽師が「奠祭」を行ない、「祭文」を誦むことは何を意味しているのか。すなわち、追儺儀礼が一種の「祭祀」としての一面をもつことを示唆しよう。鬼やらいの行事は、鬼を祭る儀礼としてのあり方をもつということだ。これは陰陽道と「鬼」との関係を知るうえでは、きわめて重要な問題を投げかけてくれよう。鬼はたんに追い払われる悪霊、邪霊の類ではなく、「祭られる」存在でもあるということだ。

その点をさらに明確にしてくれるのが、陰陽師が誦み上げる「祭文」に見出せる。陰陽師が高らかに誦み上げる祭文には、次のようなことが書かれていたのである。

（1）今年今月《こんねんこんげつ》、今日今時《こんにちこんじ》、時上直府《じじようぢきふ》、時上直事《じじようぢきじ》、時下直府、時下直事、及山川禁気《さんせんきんき》、江河《こうが》渓壑《けいがく》、二十四君、千二百官、兵馬《ひようめ》九千万人（已上音読）、衆諸《もろもろ》の前後《まへしり》左右に位置《はべ》りて、各その方のまにまに、あきらかに位を定めて候《さもら》ふべし。大宮の内に、神祇官《かむづかさ》の宮主《みやじ》のいはひまつり、敬《ゐやま》ひまつれる、天地《あめつち》の諸《もろ》の御神《みかみ》たちは、平らけくおだひにいまさふべしと申す。

（2）事別《ことわ》きて詔りたまはく、穢悪《けがら》はしき疫《えみや》の鬼の、所所村村に蔵《こも》り隠らふるをば、千里の外《ほか》、四方の堺、東の方は陸奥、西の方は遠つ値嘉《ちか》、南の方は土佐、北の方は佐渡より彼方の所を、汝たち疫鬼の住みかと定めたまひ行《おもむ》けたまひて、五色《いついろ》の宝物、海山の種種《くさぐさ》の味物《ためつもの》を給ひて、罷《ま》けたまひ移したまふ処処方方に、急《すみやか》に罷き往ねと追ひたまふと詔るに、奸《かだ》ましき心を挾《わきばさ》みて、留まり隠らば、大儺《たいな》の公《きみ》、小儺の公、五の兵《いつくさつはもの》を持ちて、追ひ走り刑殺《ころ》さむものぞと聞こしめせと詔る。

（『延喜式』巻一六）

内容を読み取りやすいように、前半と後半に分けた。前半（1）では、陰陽師が、追儺を行なうにあたって、宮廷人たちを守護する神々を召喚していく。「已上音読」と注記されるように、それらの神々は中国伝来の神々。異国の神たちだから漢語で呼ばれるのである。季節や自然界、冥界を支配している道教系の神々だ。それらが鬼を追う人々の前後左右に集《つど》って、鬼に負けないように守ってくれと祈る。続く「大宮の内に神祇官の宮主」以下は、神祇官の人たちが祭っている日本の天地の神々。それらにたいしては、穏やかに鎮まっているように申し上げる。

このように守護してくれる神々を揃え、準備が整ったところで、いよいよ鬼を追い出していく。後半（2）の陰陽師の言葉を聞こう。

鬼にたいする二段階の対処

鬼たちはあちこちの村々に隠れているので、それを探し出して千里の外、東西南北の彼方へ退かせると宣言していく。ただ興味深いのは、鬼たちを無条件で退去させるのではなく、ちゃんと鬼が住むべき場所を決めてやり、また食べ物なども用意してやる。その食べ物をもらって、急いで退きなさいと陰陽師は言うわけだ。そして最後に、住処も食べ物も用意したのに、悪い心をもって逃げ隠れるならば、五つの武器をもった「大儺の公、小儺の公」が、追いかけて殺してしまうぞと脅迫していくのである（**図1-4**）。

どうやら陰陽師は、鬼にたいして二段階の対処をしているようだ。最初は供え物や居場所を与えてやるから穏やかに退け。しかし言うことを聞かなければ暴力的に排除するぞと脅かす。懐柔と脅迫というふたつの方法で鬼を追うわけだ。

ところで、先に述べたように、日本古代の追儺儀礼は、中国の「大儺」をモデルにしているが、中国の儀礼作法と比較すると日本側とはかなり異なっていた。中国では方相氏・侲子とともに「十二神獣」なるものが登場し、その十二神獣たちが、それぞれ鬼たちを食らうことを強調していくのである（『後漢書』）。つまり中国の儀礼には、鬼にたいして住処や供物を与えて……といった懐柔策は一切なかった。いきなり暴力的に殲滅してしまうのだ。

図 1-4　疫鬼（『政事要略』巻29より）。腕にかけているのは、「味物」か。

この日本と中国との違いは興味深い。陰陽師の祭文では、鬼は一方的に排除されるのではなく、供物を与えるといった、まさに「祭る」という一面を見せているからだ。追いやられる鬼は、祭られる存在でもあるといえよう。ここからは、われわれが節分で行なう豆撒きも、鬼にくれてやる供物の一種だったことがわかる。豆をやるから家の外に出てくれ、という気持ちが込められ

〈コラム2〉

人を食らう鬼

鬼といえば、河童、天狗とともに、「日本の三大妖怪」のひとつに数えられるメジャーな存在だ。では、河童や天狗にはない「鬼」だけの特徴とはなんだろうか。河童は人を騙したり、天狗は人をさらったりするが、けっして人を食べることはない。どうやら鬼の特徴は、人を食らうことにあるといっていいだろう。実際、鬼が人を食らう話は、『出雲国風土記』や『日本霊異記』にはじまり、『今昔物語集』などその事例は数限りなくある。

さらに「お話」だけではなく、歴史記録のうえに「史実」として、鬼が人を食らったことが伝わっている。

ひとりの狂女がいた。待賢門《たいけんもん》の前において、死人の頭を取ってこれを食べていた。そのうち、あちこちの門前に臥している病人たちが、生きたまま食べられた。世の人は、これを「女鬼」と呼んだ。（『日本紀略』天徳二年〈九五八〉閏七月九日）

また信濃国から「人を食する鬼」が洛中に侵入したという噂も歴史記録に伝わっている（『日本紀略』寛平元年〈八八九〉七月二四日）。その鬼は法師の姿とも童子の姿であったとも伝えられている。「童子」の姿の鬼といえば、それこそ後の「酒呑童子《しゅてんどうじ》」

を髣髴させよう。

　このような鬼が人を食らうというイメージの背景には、女鬼や信濃国の話のように、飢餓に苦しむ民衆たちの悲劇的な現実が想像されよう。実際、門前に倒れる病人の肉を食らった女鬼が出現した年は、春夏のあいだに飢餓疾病が続いたために宮中行事で音楽が停止されていた。

　しかし、鬼が人を食らうという話の背景にあるのは、鬼を追う儀礼で、たくさんの供物を用意したという饗祭的な要素が強調されたことと無関係ではないだろう。鬼に食べられてしまう人とは、まさに鬼に差し出された供物＝生け贄ということになろうか。

　なお晴明の同僚であり、またライバルでもあった賀茂光栄《かものみつよし》は、藤原実資《ふじわらさねすけ》という貴族が病気に罹ったとき、占いの結果、「求食鬼《くじきき》」の仕業であるという判定をしている（『小右記』長保元年〈九九九〉九月一六日）。それを祓うために行なわれたのが「鬼気《きき》祭《さい》」という祭りであった。追儺にたいして、鬼気祭は個人単位で行なう鬼やらい儀礼ということになろう。

ているのである。

あらためて、なぜ日本の追儺では、鬼にたいして「祭る」という一面をもつのだろうか。中国とは異なるその作法や発想はどこからくるのだろうか。その謎を解く鍵は、古代日本の神祇系の祭祀のなかに見つけることができそうだ。

陰陽師が行なう追儺と類似する行事として、六月・一二月の二季に行なわれた「道饗《みちあへの》祭《まつり》」というのがある。こちらは神祇官の卜部《うらべ》が中心となる疫神祭祀で、外から侵入してくる疫神を都のなかに入れないように防御する儀礼だ。古代国家の法典『律令』の注釈書には、「道饗祭」について、こう規定している。

謂。卜部など京城四隅の道上において、これを祭る。言。鬼魅《きみ》の外より来るものは、敢へて京師に入らざらしめんとす。故に、預め路において迎へて饗遏《きようあつ》す。

(『令集解』巻七「神祇令」)

疫神を「鬼魅」と呼ぶように、やはり疫神は「鬼」と認識されていた。さらに侵入してくる「鬼魅」を防ぐために、あらかじめ路上で迎えて供物などで饗応するというのである。侵入する鬼魅に供え物で祭ったうえ、退いてもらうという発想である。そのやり方は、陰陽師の追儺の方法ととても似ているだろう。なお、道饗祭を担当する神祇官の卜部とは、亀卜を得意とする祭祀氏族だが、卜占や祓えを行なうことなど、卜部が執行する儀礼の多くは陰陽師と重なるものが多い。両者は、互いに競合する関係にあったのである(野田幸三郎「陰陽道の一側面」)。

たとえば『今昔物語集』には、少年時代の賀茂保憲《かものやすのり》(安倍晴明の上司・師匠にあたる)をめぐる有名なエピソードが伝わる。父の賀茂忠行《かものただゆき》が行なった祓えに同行した少年・保憲は、祓えの最中に、多数の恐ろしい鬼神たちが供えられた食べ物を取り合い、造り置かれた船・車・馬などに乗って、散り散りになって逃げていったところを見たという(『今昔物語集』巻二四)。そのエピソードの背景には、鬼神を饗応してから追い返す追儺や道饗祭のような儀礼があることは、一目瞭然であろう。

鬼もまた祭られる存在であるが、それを受けなければ暴力的に追放される。その作法や発想は、民俗社会における陰陽師の系譜を伝える高知県物部村《ものべそん》の「いざなぎ流」にも色濃く見出すことができる。その点は第五章で、詳しく取り上げることにしよう。

なぜ陰陽師が登場するのか

それにしても、どうして追儺の儀礼に陰陽師が関わるのだろうか。この儀礼が中国をモデルにしていたので、日本在来の神々を対象とする神祇官の管轄ではなく、陰陽寮の担当となったという説明は可能だろう。だが、もう一歩掘り下げてみると、追儺で追い払う「鬼」の性格が、「陰陽道」の世界観と深く関わっていたことが見えてくる。

たとえば後漢時代の儒者・鄭玄《ていげん》は、大儺執行の理由について、年の変わり目に陰陽のバ

図1－5　平安神宮で再現された追儺の一場面。応天門から鬼を射る。

ランスが失われて「癘鬼《れいき》」が活動し、人に害をなすので、それを「儺」（もともとは鬼を追うことの意味）するのが目的と説明している（『政事要略』巻二〇、引文「鄭玄注」）。つまり追儺で負われる疫鬼は、外から侵入してくるものではなく、陰陽のバランスの崩れた、その歳末の時期に発生してくる鬼であったのだ。原因は陰陽のバランスが崩れること、そして季節＝暦の変わり目の時期。ということであれば、そこで発生した疫鬼を追い出すのは、当然のごとく「陰陽」の専門家たる陰陽師の任務ということになろう。追儺で追われる鬼には、「季節」や「暦」「方位」という陰陽道の世界観がベースになっていたのである。そうした暦の発想から行なわれるところが、同じような疫鬼であっても、神祇官の道饗祭とは異なっていたのである。

追儺の専門家としての陰陽師の姿は、あの安倍晴明にも見出すことができる。序章で紹介した長保三年（一〇〇一）閏一二月の出来事だ。一条天皇の生母の死去にともなって歳末の追儺は中止されたが、安倍晴明はひとり私宅で追儺を行なった。すると京中の人々が晴明に呼応して、あちこちで鬼を追う声が広がっていった……。

この出来事からは、都に住む人々にとって、歳末の追儺がたんなる宮廷内部の行事をこえて、自分たちの周りの疫鬼を追い払ってくれる、生活に密接な行事になっていることが想像できよう。そして鬼追いの専門家は陰陽師だが、その陰陽師のなかでも、当時「(陰陽) 道の傑出者」と評判が高い安倍晴明が私宅で行なってくれたので、京中の人々もそれに呼応したのだ。晴明は人々の期待に応えたというわけだろう。

ちなみに、この出来事については、惟宗允亮《これむねのただすけ》という人物が自分の著書『政事要略《せいじようりやく》』に記録していた。さらに允亮は、晴明の行動にたいして、「晴明は、陰陽の達者なり」と賞賛の一句を書き添えたのである（序章、参照）。

惟宗允亮は当時、超一流の明法《みょうぼう》（法律）学者。晴明とは、以前より交流があったことが推定されている（山下克明『平安時代の宗教文化と陰陽道』）。だからこそ、晴明のことを賞賛したということなのだろうが、じつは允亮の一族にも陰陽寮との繋がりがある人物が少なくない（繁田信一『陰陽師と貴族社会』）。また允亮は律令学（法律学）の学者でありつつ、

「陰陽道」にも深い関心があったようだ。

たとえば允亮の著書『政事要略』のなかに、後世、陰陽道の祖と伝説化される吉備真備《きびのまきび》の文書(『吉備大臣私教類聚』)が引用されているが、そこには、「世伝へて云はく、陰陽を解するは、鬼の嫉すところなり」という一文が見られる。陰陽道に精通する者は、鬼から嫉まれるということだろう。鬼の弱点を知るものこそ陰陽師であったからだ。

方相氏の両義性

陰陽師が誦む祭文には、鬼にたいして食べ物を用意する「饗応祭祀」の一面を見ることができた。ところで、一〇世紀末ごろの儀礼では、鬼にたいする饗応は、鬼を追う役目の方相氏にたいして行なわれたという記録がある(『権記』など)。鬼を追う方相氏を「祭る」ということは、なにかへんな感じがするが、さらに記録によれば、一一世紀の宮廷の人々はこの方相氏にむけて矢を射掛けたというのである(『江家次第』)。一四世紀の資料では、はっきりと方相氏が鬼の役目を務めたと記される(『建武年中行事』)。どうやら、疫鬼を追うべき方相氏が、疫鬼そのものと考えられていった経緯がありそうだ(野田、前出論文)。

実際、黄金四つ目の方相氏のスタイルは、どう見ても異形そのものだ。方相氏とは、中国では葬送儀礼などにも携わったらしいが、ここには鬼を追う存在がいつか追われる鬼そのものと考えられていくという、反転の構造が見られるのである。それは方相氏という存

図1－6・7　平安神宮で再現された追儺

在そのものが、穢れと浄化のふたつの面をもっていたこととも考えられる。現代思想の用語でいう「両義性」という存在である。

方相氏の両義性。排除するものと、排除されるものの反転。そうした問題が投げかけるところには、陰陽師が使役するという、有名な「式神」が登場してくるのであった。

＊＊＊

なお古代の追儺儀礼は、現在、京都の吉田神社や平安神宮で「再現」されている。吉田神社には、方相氏とともに、追われる側の鬼もちゃんと登場してくる。一方、平安神宮のほうでは、平安初期の文献記録を忠実に再現した形になっている。陰陽師が祭文を誦み、方相氏が儺声をあげて、目には見えない鬼を追う（図1－6・7）。

わたしは二年ほど前、その「再現追儺」を見物に行ったことがある。そのとき、見物していた母親とおぼしき女性が子供たちに、異形な姿の方相氏を指して「あれが鬼さんやで」と教えていた。方相氏の両義性を、いまにおいて「再現」しているシーンであった。

2 「式神」という神

式神とは何か

陰陽道の神々といったら、まず思い浮かべるのは「式神」ではないだろうか。そう、

「式神」も「神」なのである。

陰陽師の家来のように、日常のこまごまとしたことに使役され、その姿は鬼神のごとき恐ろしげなものであった。晴明の妻が、家に出没する式神の姿を恐れたために、恐妻家(?)の晴明は妻を気遣って、式神たちを一条戻り橋の袂に呪縛しておいた。だが、式神たちはその縛を解いて、宮中の女官を犯した……とは、江戸時代の随筆(『出来斎京土産』)に載る話である。その時生まれた子供たちが河原者となって賤視されたという。

また京都・晴明神社の安倍晴明公肖像画(**図1-8**)や大阪・阿倍王子神社の肖像の横に控える式神や、『不動利益縁起絵巻』の祈禱する晴明の横の「二体」の式神の姿からは、それこそ鬼のような異形の恐ろしげな姿が浮かんでこよう。その装束・スタイルはどことなく中国風だ。式神とは、陰陽師に退治され、言うことを聞くようになった鬼の成れの果ての姿なのだろうか。

さて、物語や絵画ではおなじみの式神であるが、では実際の陰陽師たちの資料には、彼らはどのように登場するのだろうか。式神とはいかなる「神」なのか。

残念ながら、陰陽家(陰陽師)が書き残した資料で「式神」のことが出てくるものはじつに少ない。あとで紹介する一例があるぐらいだ。また陰陽師たちの活動を記した貴族の日記(古記録と呼ばれる)のなかにも、確実に式神のことが出てくるのは、これも一例しか確認されていない。平安後期の貴族、藤原実資《さねすけ》の日記『小右記《しょうゆうき》』の目録に「左府(藤原

図1－8　「安倍晴明公肖像画」の式神

道長のこと）所悩は式神の致す所と云々」（長保二年〈一〇〇〇〉五月九日）とあるのが、現在確認されている記録上の「式神」の例である（鈴木一馨「式神の起源について」）。〔補注1〕

このように公的な記録や陰陽師側の資料には出てこないということから、「式神」というのは陰陽道の中心的な「神格」ではなかったと考えることもできる。説話類では、安倍晴明にまつわるエピソードに式神が出てくる例が多いので、後世の晴明伝説・説話の一環として式神が語られたと解釈することもできなくない。とすると、式神というのは、広く「陰陽道の神」とはいえないのだろうか。

あらためて、式神とは何か。それは陰陽道とどう関わるのか。

そこでまず、陰陽師の式神とよく似ているとされる「護法童子《ごほうどうじ》」の姿を探索することから、「式神」の謎に迫ってみよう。護法童子も密教行者（験者《げんざ》と呼ばれる）などに使役される鬼神の一種だからだ。

『枕草子』のなかの護法

もともと「護法」とはインド土着の神々で、仏教が隆盛したことで仏法を守護する神となったもの。これを「護法善神《ごほうぜんじん》」という。護法童子は、護法善神の眷属《けんぞく》の一種で、スタイルが童子姿なので護法童子、乙護法とも呼ばれた。その童子のイメージには、寺院霊場の警護や仏供灯明などの雑役に仕え、行者に随従駆使された半俗の童子たちの姿が投影されたという解釈もある（中野千鶴「護法童子と堂童子」）。雑用に仕えるというイメージは、『今昔物語集』に語られる、安倍晴明の家の扉の開け閉めを式神が行なっていたというところとも重なろう。こうした現実的な視点からは、式神も、上級の宮廷陰陽師に使役され、後に社会的に賤視・差別された下級陰陽師たちの姿が反映しているという解釈もできるかもしれない。

図1－9　再現された祈禱場面。画面の左上に憑坐の女童（京都・風俗博物館・展示）。

しかし、式神や護法童子にせよ、それがあくまでも宗教的・呪術的な存在であったことを忘れてはならない。信仰上の存在を、むやみに現実の存在に置き換えて理解するのは、へたをすれば「宗教」の問題を近代的・合理的に解釈してしまう危険性があるだろう。

あらためて注目すべきは、護法童子が活躍するのが、「験者」と呼ばれる修験道や密教の行者たちの行なう祈禱儀礼、とくに物《もの》の怪《け》調伏《ちょうぶく》などの霊的病気にたいする治療祈禱の場であったことだ。護法童子は、日常のこまごましたことに使役されるよりも、霊的な病気の原因となる物の怪や悪鬼と戦う存在なのだ。その例として有名なものが、清少納言『枕草子』の一場面にある。

ある高名な験者が物の怪に憑かれた病人を治すために、自信満々な様子で、病人から悪霊を移す「憑坐《よりまし》」に独鈷《とっこ》や数珠などの法具をもたせ、声をしぼりあげて祈禱を続けた。だ

図1-10　憑坐の女童（図1-9拡大）

が、「護法もつかねば……」といっこうに効果も現れなかったので、集まっている男や女たちも不審そうに見守っている。験者は必死に祈禱を続けたが、結局「さらにつかず」といって、祈禱がうまくいかなかった……（『枕草子』二二段）。

この場面、清少納言は例によって、得意げな験者の祈禱が失敗したことを皮肉たっぷりに記述しているのだが、問題は、祈禱の効果が現れなかったことを「護法もつかねば」「さらにつかず」と表現しているところだ。護法童子が「憑かない」ことが祈禱の不成功を示すのである。最近の注釈では、「護法もつかねば」を、護法が験者の使役下にはいらなかったことを意味すると解釈している（新日本古典文学大系の脚注）。験者が護法童子を自由に駆使できないので、病人の体から物の怪を追い出すことができないという意味であろう。

だが、「憑く」という表現からは、具体的に護法童子が誰かに憑依することがイメージされていよう。護法童子が憑依する相手は誰か。護法童子が憑く相手とは、病人その人と解釈する小松和彦氏の説が正しいように思われる（小松和彦『憑霊信仰論』）。なぜ護法童子が病人に憑依することが必要なのか。病人に憑依すると、どうして病気は治るのか。こういう説明だ。

験者の祈禱によって、物の怪に憑かれた病人が治るのは、験者が使役する護法童子が病人の体内に入り（憑いて）、体内の物の怪・悪鬼と戦って、それを追い出すからだ。したがって「護法もつかねば」とは、護法童子が病人の体内に入らず、病気の原因となる物の怪を追い払うこともできなかった、だから病気は治らなかったという説明になるのである。

護法童子は術者の力のバロメーター

験者に使役される護法童子が、病人の体に入ってきて、体内の悪鬼や物の怪と戦う――。そのイメージを生々しく伝えてくれるのは、次のような説話だ。

極楽寺を建立した太政大臣藤原《ふじわらの》基経《もとつね》（八三六～八九一）が、物の怪による病に苦しんでいるとき、極楽寺の僧侶たちが『仁王経』を読誦して祈禱した。その結果、基経の病は平癒したのだが、どのようにして自分の病が治ったか。それを基経自身が見た「夢」として、人々にこう語った。

寝ているときの夢に、恐ろしげな姿の鬼たちが、わが身をあれこれと踏みつけ暴行を加えたとき、少年の髪型をして、細い木の枝を持った童子が中門のほうから入ってきて、鬼たちを打ち払ったので、鬼たちはみんな逃げ散じた。私が「いずこの童子がこのようなことをするのか」と問うと、「極楽寺の僧侶の某が、殿が患っていらっしゃることをたいそう嘆いて、長年読み奉っている『仁王経』を、今朝から中門のわきに控えて、他念なく一心に誦み奉ったところ、その経典の護法が、病気の原因となっている悪鬼どもをことごとく追い払ったのである」と答えた。すると夢からさめて、それから気分がよくなった。（『宇治拾遺物語』下・一九二）

図1－11　剣の護法（『信貴山縁起』延喜加持の巻）

基経の体内に巣食った物の怪＝悪鬼をこと

ごとく追い払ったのは、同じく体内に憑依した護法童子の力によるものということが、この夢語りから理解できよう。僧侶が祈禱して、病人の体内に送り込んだ護法童子と物の怪との対決は、病人の夢の体験＝心的体験として語られるわけだ。

類似したエピソードは、有名な『信貴山縁起』にでてくる「剣の護法」にも見られる（図1－11）。醍醐天皇が重病であったとき、信貴山の命蓮《みょうれん》という僧が祈禱を依頼された。命蓮は、直接天皇のもとには行かなかったが、天皇の夢に命蓮が派遣したきらきら光る「剣の護法」の姿が現れたとき、天皇の病は癒えた（『古本説話集』下・六五、『宇治拾遺物語』上・一〇一）。この話も、護法童子が病人の体内に送りこまれ、物の怪を調伏したことが夢の体験として語られている。霊的な存在が憑依してくることを、憑依された当人は無意識世界の「夢」のなかで認識するのである。

護法童子の事例で注目したいのは、「護法」が、験者の力そのものを象徴しているところだ。とくに藤原基経の物の怪を調伏した護法が「その経（仁王経）の護法」と呼ばれているところはたいへん興味深い。験者が日ごろ読誦し、信仰の対象としている経典、その経典の力を象徴するものを「護法」（童子）として具体的にイメージするのである。護法童子は、けっして低位の鬼神や雑役の童子などではないことがここからもわかろう。

「護法」（童子）とは、人並み以上の修行を積んだ高僧や験者にたいして、その信仰している本尊から与えられた守護神＝使役霊であった。護法は僧侶の修行の深さを測定するバロメーターであり、修行の深さに対応して「護法」も強力な力を発揮しえるというわけだ（小松、前掲書）。僧侶がより深い仏教の教えの境位に至り、高い宗教的ステージに達していれば、彼が使役する護法童子も、それに比例した高い力をもつ。『枕草子』が語る「護法もつかねば」と蔑まれる験者は、彼の修行が足りなかったことを示していたのである。

さて、護法童子がそれを使役する験者の信仰や修行の深さを象徴するという見解は、陰陽師の「式神」の場合に当てはめてみるとどうなるのだろうか。一般に「式神」は、陰陽師に召し使われる低位の存在、恐ろしい鬼神というイメージがある。だが、式神もまた、陰陽師の「陰陽道」の術や知識の深さと比例する存在として考えられないだろうか。陰陽師が陰陽道についての高い知識や技を習得していれば、彼の使役する式神も、力をもった存在として活躍するのである。

次に、式神にまつわる説話を題材にしながら、式神と陰陽道との関係について考えてみよう。

式神は「陰陽道」の知識とどう関わるのか

説話に登場する式神は、安倍晴明が道長に仕掛けられた呪詛《じゅそ》を察知して、道長を救った話（『宇治拾遺物語』『古事談』など）や、実名不明の「蔵人《くろうど》少将」に仕掛けられた呪詛を晴明が打ち返し、仕掛けた相手の陰陽師を倒した話（『宇治拾遺物語』）など、呪詛に関わるものが多い。また晴明が若い貴族たちに、本当に式神を使って人を殺せるのかやってみてくれとせがまれ、式神を使ってカエルを殺した話（『今昔物語集』）などからも、式神といえば、「呪詛」に使われるようなイメージが強い。まさにブラックマジック、邪術という認識である。

ではそうした式神は、陰陽道の知識や技とどう繋がるのだろうか。安倍晴明が若き蔵人少将の命を救ったエピソードを見てみよう。

まだ若いのに出世を約束されている蔵人少将という人物がいた。彼が参内《さんだい》したおり、少将のあたまの上をカラスが飛んできて糞を落とした。それを見た晴明は「あなたはどうやら式を打たれたようです。あのカラスは式神にまちがいありません。このままでは、あなたの命は今夜かぎり。わたしには特別な力があってそれが見えるのです」と申し上げたところ、少将はわななきながら晴明に助けを求めた。そこで晴明は「身固め」の呪法を使い、一晩中、少将を抱いて守った。（『宇治拾遺物語』上・二六）

晴明の護衛によって、蔵人少将の命は助かるが、さらに仕掛けられた式神は晴明によって打ち返され、呪詛を仕掛けた別の陰陽師が命を落としたという結末になっている。

注目したいのは、少将の頭上にカラスが糞を落としたことを、「式にうてけるにか」（式を打たれたか）と晴明が判定したところ。飛んでいるカラスから糞を落とされるなんてことは、現代でもありそうなことだが、平安時代の人々にとって、それは不吉な「怪異」として認識されていた。陰陽師たちは、そうした不吉なことがあると、「式盤《しきばん》」という陰陽道の占いの道具を使って占いをたてて（これを式占《しきせん》という）、それがどういう災いかを占い判じ、いかにしてその災いを防ぐかを推断したのである。記録の上からも、安倍晴明は、太政官の政庁に蛇が出現した（『本朝世紀』寛和二年〈九八六〉二月一六日）、政庁の母屋にハトが入ってきた（『本朝世紀』同年同月二七日）という怪異にたいする占いをたてている。

さて、この説話では、カラスの怪異にたいする占いのシーンはないが、カラスの怪異から、蔵人少将に式神が放たれ、呪詛が仕掛けられていることを「然るべくて、をのれには見えさせ給へるなり」（わたしには特別な力があってそれが見えるのです）と晴明が語っているところに注意したい。実際ならばここで晴明は式占をたてたことが考えられる（鈴木一馨「怪異と災厄との関係から見た物忌の意味」）。「然るべくて、をのれには見えさせ給へる」とは、式占をしなくても「見えた」という晴明の異能ぶりを語っているが、つまりは、彼の式占の術が優れていることを暗示していると理解できよう。

式神を打ちかけられたことを察知する式占の力。式占という占いによって、式神の呪法が読み取られていくこと。どうやらここからは、陰陽師が怪異を占う式占と、彼らが使役する式神とのあいだに、なんらかの相関関係が見えてきそうだ。式盤を使った陰陽師の式占こそ、「陰陽道」の知識と技の中核をなすものであったのである。

あらためて「式盤」なるものを使って占う、陰陽師の「式占」とはいかなるものか。

式盤に召喚する神々

晴明の時代では「六壬式占《りくじんしきせん》」と呼ばれた「式占」の作法が主流となっていた。じつのところ、この式占のやり方はかなり複雑でそう簡単には理解できそうにないが、できるだけ簡潔にそれを説明してみよう。

まず式占に使われる「式盤」という用具。円形の「天盤」というものが四角形の「方盤」の上に乗っかっていて、天盤を回しながら、占いをしていくという手順となっている(**図1-12**)。上の天盤は「天」を現し、下の方盤が「地」を現す。つまり式占の基本は、いま地上で起きた怪異が、天上世界の様子とどう照応しているのか、それを見定めていくことにある。それは陰陽道の基本である「天人相関説」(序章、参照)、つまり天で起きたことが地上の人の世の出来事に影響を与え、また逆も起きるという思想を「式盤」という用具で表現したものと理解していいだろう。陰陽師の仕事は、地上で起きていること、これから起きることを予測するために、「天」の動きを読み取り、天と地のあいだを繋ぐ仲介者の役割を担うのである。式盤とはそれを読み取る器具なのだ。

さらに式盤を見てみると、そこには様々な文様・文字が刻まれていた(**図1-13**参照)。天盤の中心には北斗七星。その周りには十二の月を表す「十二月将神《げつしょうじん》」という神々の名前。さらに十干十二支《じっかんじゅうにし》、そして一番外側には二十八宿《にじゅうはっしゅく》という星座名。地盤には、八干、十二支、二十八宿、三十六禽、八卦八門などが刻印されている。注目されるのは、「十二月

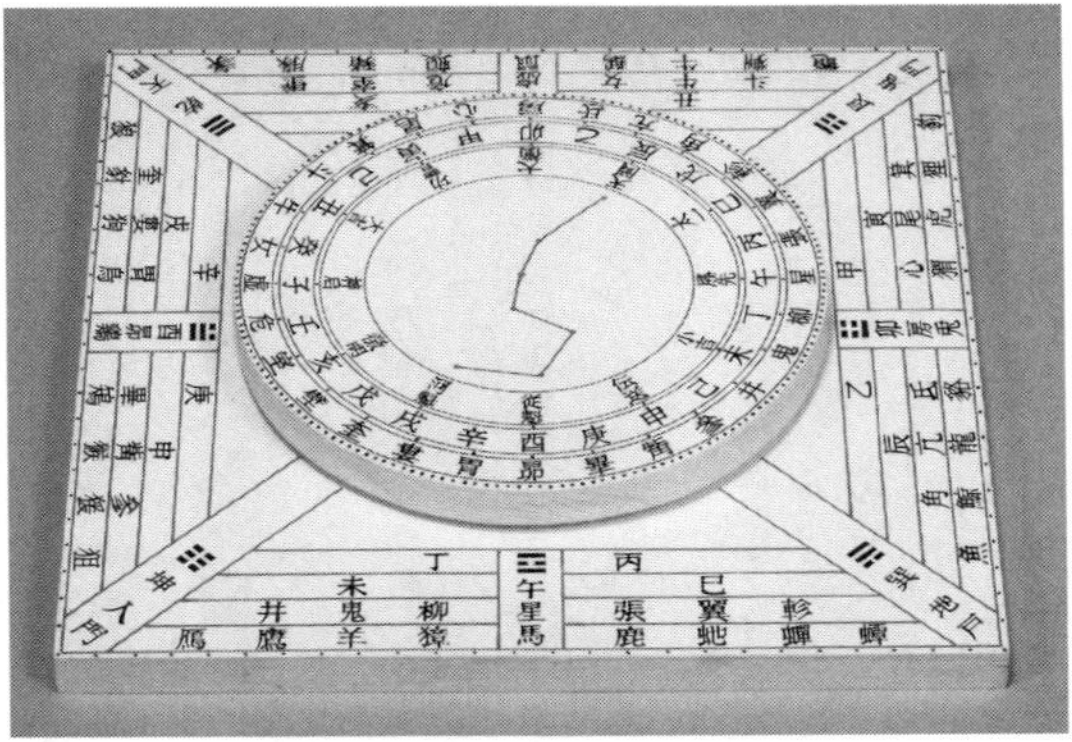

図1－12　六壬式盤（復元模型／小坂眞二氏監修）

将神」という神々である。

徴明《ちょうめい》（一月）　河魁《かかい》（二月）　従魁《じゅうかい》（三月）
伝送《でんそう》（四月）　小吉《しょうきつ》（五月）　勝先《しょうせん》（六月）
太一《たいいつ》（七月）　天岡《てんこう》（八月）　大衝《だいしょう》（九月）
功曹《こうそう》（一〇月）　大吉《だいきつ》（一一月）　神后《じんごう》（一二月）

その月の神・精霊の名前ということだろう。たとえば陰陽道の基本図書とされた隋の蕭吉《しょうきつ》撰『五行大義』によると、「甲《きのえ》、戊《つちのえ》、庚《かのえ》の日の朝に政を行なうのは「大吉」であり、夕方に行なうのは「小吉」である……」（巻第五）といった、日の吉凶に関わる説明に用いられる。また式占の手順では、十二天将と呼ばれる「天」の気を作る神々を求めて、占う現象の内容を決定づけるという。それは以下のような神々だ。

青龍《せいりゅう》・勾陳《こうちん》（陣《じん》）・六合《りくごう》・朱雀《すざく》・騰蛇《とうだ》・

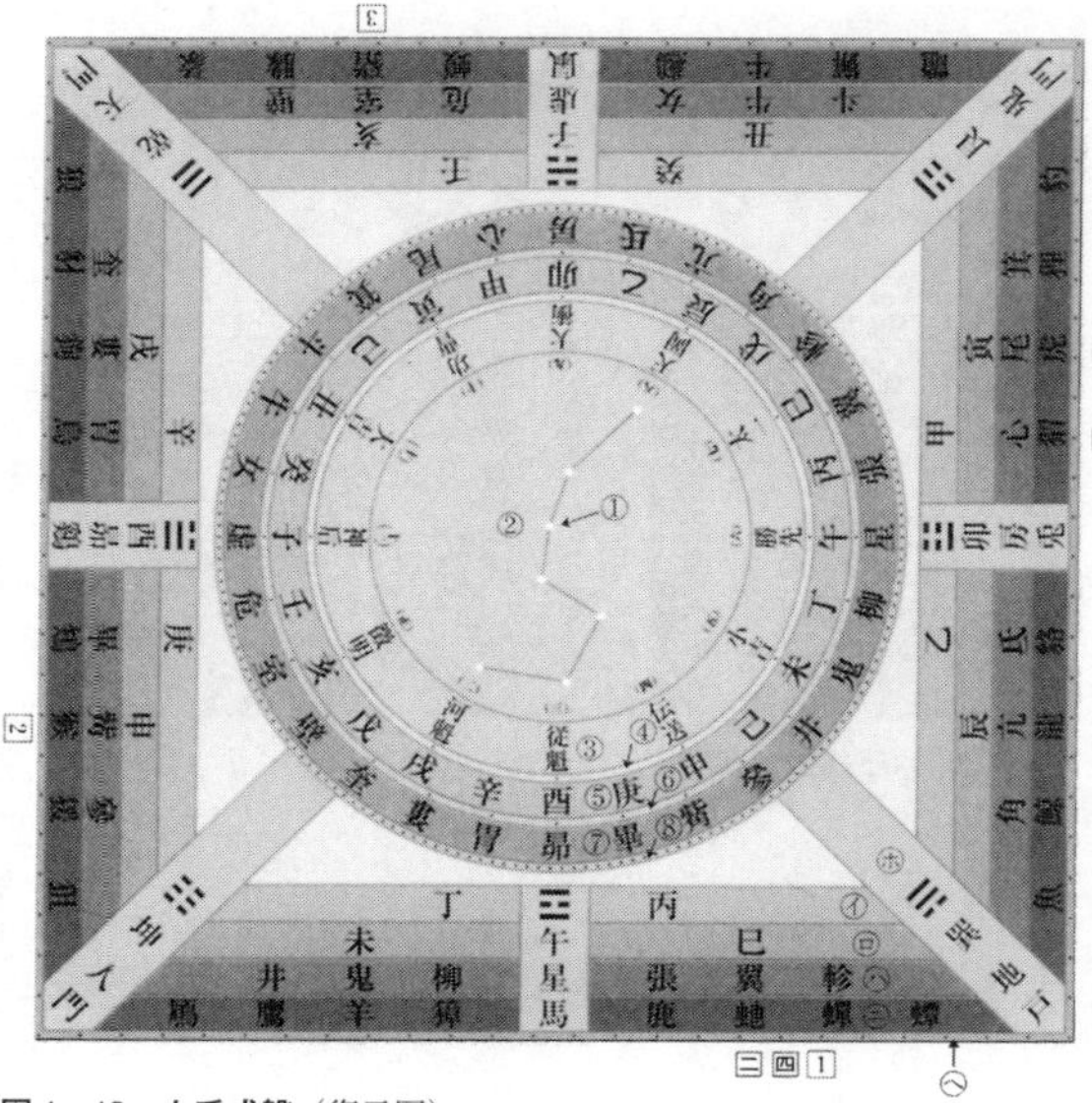

図 1－13　六壬式盤（復元図）

【天盤】
①北斗七星
②（十二月将）
③十二月将
④十二支分度点
⑤十干十二支
⑥二十八宿分度点
⑦二十八宿
⑧天周分度点
（百八十二点）

【地盤】
㋑八干
㋺十二支
㋩二十八宿
㊁三十六禽
㋭八卦八門
㋬時刻点（百刻点）

天盤・地盤の組み合わせ方は、『本朝世紀』（46）の安倍晴明の占例より、天盤は二月将河魁・戌、地盤は未の刻の状態。地盤の外側に示した一～四は四課、1～3は三伝（小坂眞二氏監修）。

貴人《きじん》・天后《てんこう》・大陰《たいいん》・玄武《げんぶ》・大裳《たいそう》・白虎《びやつこ》・天一《てんいつ》

『五行大義』によれば、「騰蛇は、驚恐《きようきよう》（驚き恐れること）を主《つかさど》り、朱雀は文書を主り、六合は慶賀を主り、勾陣は拘礙《こうがい》（とらえさまたげること）を主り、青龍は福助を主り、天后は猶ほ是神后《しんこう》のごとく、天一の妃《き》なり。大陰は陰私《いんし》（内密のこと）を主り、玄武は死病を主り、大裳は賜賞《ししよう》を主り、白虎は闘訟《とうしよう》を主り……」（巻第五）とある。天の気がそれぞれ支配する部署・任務をもつ神としてイメージされるわけである。これらの神々を式盤の上に召喚してきて、占いをたてて、怪異や災厄の内容を推断していくのだ。どうやら、陰陽師が使役する式神とは、こうした式占の神々を指すと考えることができよう。式神は多く「十二神」と認識されていたからだ。「式神」の「式」は、まさしく式占の「式」であった（なお、他に仏教経典の「識神《しきじん》」説や薬師如来の十二神将説もある）。

この点、鈴木一馨氏はさらに、式神とは陰陽師の行なう式占の神秘的な力の神格化と説いている（鈴木「式神の起源について」）。そして式神が呪詛などに用いられたことを次のように考えている。式占で占われる怪異現象は、それに出会った人が災いを受けるということから、災厄を占う式占の力が逆転して、相手に災い＝死をもたらす式神という神へと具現化されたのだと。災いの原因を知る力が、反転して災いを自由に括り、他人にそれが振りかかる力として認識されたのである。

このように陰陽師が式神を自由に駆使できるかどうかは、彼の式占の技、陰陽道の知識がどれほど深いか、にかかっていたことがいえよう。

式神が教えてくれた文様

陰陽師自身の側が書き記した資料のなかで、式神のことが出てくるとても興味深い例がある。鎌倉時代前期に、安倍家で作られた『陰陽道旧記抄《おんみようどうきゆうきしよう》』という書物に記された一文である（安倍孝重が著者の候補とされている）。以下、その記事を要約してみると——。

天徳四年（九六〇）に内裏が火災に遭って、温明殿《うんめいでん》に納められた四十二柄の剣が灰燼に帰した。四十柄の剣は復元することができたが、あと二柄には、特別な文様が記されていたために鋳造することができなかった。そこで安倍晴明は、式神に問うた。「汝は、神通をめぐらして、二柄の剣を復元することができるか」と。すると式神は、「その文様については、非常によく覚えています。造りましょう」と答えた。これによって晴明は、二柄の剣の文様を書きとめ、朝廷に進上した。すると天皇は、「剣の文様の形は定めることが難しい。もしかしてお前は焼ける以前の姿を見たことがあるのか」と晴明に問うた。晴明は「ただ今造形したものではありません。式神の神通によって造ったものです」と答えた。よって、文様の型紙を愛宕山に送り、七日七夜をかけて二柄の剣を鋳造した。この功績によって、晴明は上役三人を超えて、陰陽寮の「属《さかん》」（四等官）に昇進したという。

天徳四年に内裏に火災があり、温明殿収蔵の天皇家の宝物が被災したことは歴史的事実である。そのおり、焼失した「大刀契《だいとけい》」と呼ばれる、天皇を守護する霊剣の再鋳造に晴明が関与したことも史料上、確認されている（『中右記』）。焼失した霊剣のうち二柄は「破敵」「守護」という名前で、それぞれ剣には「十二神・日月・五星の体」の文様が刻まれていたのだが、その文様を復元したのが晴明であった。（晴明が陰陽寮の「属」になったことは史料上、確認されていない）。

出来事の大枠は「史実」なのだが、霊験の文様を復元した云々は、じつは晴明が後に語った、「自己宣伝」の一種らしい（晴明自身の語りは『中右記』裏書「蔵人信経私記」にある。天徳四年から三七年後のこと）。実際のところは、晴明の師であり陰陽寮の上司である賀茂保憲が、霊剣鋳造の責任者であったことはまちがいない。天徳四年には、晴明は「天文得業生」という学生身分であり、保憲はその師・上司たる天文博士の職にあったからだ。どうやら晴明は師の功績をあたかも自分のものであるかのように語ったらしい。なお、この「事件」をめぐる歴史的な経緯については、山下克明氏の研究に詳しい（山下『平安時代の宗教文化と陰陽道』）。

したがって、いま見た『陰陽道旧記抄』の記述も、晴明が語ったことを安倍家が、「家祖」の功績として代々伝えたものの一種といえよう。こういう「家伝」から、多様な晴明伝説・説話が生み出されていったことが想像されよう。そしてここにもまた「式神」が登場してくるのだ。

興味深いのは、ここでの式神の役割だ。晴明が知らなかった霊験の文様を式神から教えてもらったのである。その式神の力を「神通」という。式神は一種の知恵の神として、人間が知らないこと（天皇さえも文様のことは知らなかった）を認知しているのである。それもまた、人間が予測できない未来のことや、災いの原因などを占い、推断していく式占の神格化といってもいいだろう。あるいは、晴明は、霊剣の文様を調べるために、実際に式盤で占いをたててみたのかもしれない。とくに剣に鏤刻《るこく》された文様が「十二神・日月・五星の体」であったことは見逃せない。そう、それら天体の神々は、式盤のうえにも刻まれていたのだから。式占の知識、技と、天皇を守護する霊剣の文様は、同じ陰陽道の知識・思想にもとづくものであったのだ。

ところで、晴明は、本当に式占の占いの名手だったのだろうか。彼の唯一の著作である『占事略决《せんじりやつけつ》』という式占のマニュアル本の後書きで「わたしは六壬式占のことには疎いので、老後になってからその核心に迫りたい……」といったようなことを記している。自己宣伝が得意な晴明にしてはめずらしく、弱気な一面を見せたところだが、彼が式占の知識には疎かったというのは、どうやら本音らしい（小坂眞二「晴明公と『占事略决』」）。

＊＊＊

陰陽師が使役する式神という神。それはまさしく陰陽道の知識、式占の技の神格化といえよう。陰陽師の式神は、後には修験道の「護法童子」ともクロスしつつ、さらに独自の使役神の呪術＝神働術《しんどうじゅつ》を生み出していくことになる。それをもっともラディカルに実践したものこそ、いざなぎ流の「式王子」であった。

式王子という神については、第五章であらためて述べることにしよう。

補注1 「式神」については、その後の研究に、山下克明『平安時代陰陽道史研究』（思文閣出版、二〇一五年）。

「神働術」とグノーシス

それにしても、神を自在に使役するという発想は、それこそキリスト教やイスラム教などの一神教の信仰世界では考えられないものだ。絶対者たる神を人間が召し使うなどという発想は、一神教ではない、まさにアジア的な多神教の発想ということだろう。

しかし、キリスト教を受け入れたヨーロッパ世界、あるいは同じ「一神教」のイスラム世界においても、一神教の体系や歴史の背後に脈々と続いている「魔術」の世界があった。キリスト教以前という時代のみならず、ルネサンス期にも魔術が花開いていったことも忘れてはならない。「人間復興」などと教科書に出てくるルネサンスとは、じつは「魔術」の時代でもあったのだ。キリスト教によって封印された「古代」の叡智こそが魔術だった。それを「復興」したのがルネサンス期なのだ。

ルネサンス期の魔術には「霊気魔術」「神霊魔術」などがあるが、そこで有名なのが「交霊術」「降神術」などの魔術である。近年の魔術研究、オカルティズム研究においては、従来「降神術」と訳されていたtheurgy（テウルギー）という言葉を「神働術」と訳すことが始められている（『エリアーデ・オカルト事典』）。意味は、「神（theos）を働かせる（ergon）術」あるいは「神の働きを得る術」という内容から解釈された用語であった。西洋魔術などでいう「神を働かせる術」とは、まさしく陰陽師の「式神」や験者の「護法」と繋がることが見えてこよう。その意味では、「式神」とは、けっして特殊なことではなく、ヨーロッパ世界やイスラム世界にも見られる魔術の一形式であったといえよう。

「交霊術」「降神術」などというと、それこそ悪魔や死者霊の召喚術みたいなイメージがあるが、イスラムの魔術でいう「神働術」は、天体の惑星や星の力を利用することと認識されている。またルネサンス時代の有名な「魔術師」ジョン・ディーは、「超天空界の力を引き出そうとする」「至高の霊力を行使すること」をその魔術の核心においていたようだ（ピーター・J・フレンチ『ジョン・ディー　エリザベス朝の魔術師』）。

図1－14　ジョン・ディーの大印章の意匠。大英博物館，スローン写本(Sloane MS.), 3188, fol.30.

神働術とは、けっして低位な悪魔や精霊を対象としているわけではない。神働術は、魔術師の「魔術」の知識の深さと比例していることがわかろう。それを「霊智」（グノーシス）とも呼ぶ。

第二章　冥府と現世を支配する神

安倍晴明ブーム真っ盛りの平成一三年（二〇〇一）に公開された映画『陰陽師』で、もっとも印象的なシーンは、殺された友人の源《みなもとの》博雅《ひろまさ》を蘇生させるため、野村萬斎演じる安倍晴明が華麗な舞姿を見せてくれた「泰山府君《たいざんふくん》の法」の場面ではないだろうか。

もちろん、舞いを舞うことはフィクションだが、説話世界のなかの安倍晴明も「泰山府君祭」を行なって瀕死の僧侶の命を救い、また歴史記録のうえでも、史料上最初に確認できる泰山府君祭の記事は、安倍晴明が行なったものであった。そして、泰山府君は、晴明に発する安倍家陰陽道にとって、最重要な神として祭られてきた神格であったのだ。

泰山府君。冥府において人々の寿命を管理して、さらにこの世における栄達を左右する神。そして天皇や幕府の将軍たちを守護する神。泰山府君に関する史料（若杉家文書）には、室町幕府の三代将軍・足利義満や江戸幕府の三代将軍・徳川家光のために行なわれた泰山府君の「都状《とじょう》」（祭文）も残されている（『陰陽道基礎史料集成』に収録）。陰陽道なるものが、現世の支配権力ともっとも深く繋がったのは、この泰山府君なる神を媒介してであったのだ。そして泰山府君という神の祭祀を一手に独占したのは、陰陽道の「宗家」として君臨していく安倍家にほかならなかったのである。

あらためて、「泰山府君」とはいかなる神なのか。なぜそれは陰陽道の神々の中枢を担うことになるのか。陰陽道の神々のなかで、もっともメジャーな神、泰山府君の謎に迫ってみよう（なお資料によって「太山府君」の表記もあるが、本書では「泰山府君」に統一）。

1　冥府神としての泰山府君

泰山府君とコンタクトする晴明

まずは、泰山府君をめぐる著名な説話エピソードを読み直してみよう。

ある寺の高僧（三井寺の智興《ちこう》）が重い病に罹った。弟子たちが必死に加持祈禱《かじきとう》を行なったがまったく効果がなかった。そこで陰陽道の術者として名高き陰陽師の安倍晴明が呼ばれ、「泰山府君」の祭を執行し、高僧の病を癒すことになった。だが、晴明は、僧の病があまりにも重たいので、その命の身代わりとなるものが必要であると説いた。高い位の弟子たちのなかからは、誰も師匠の身代わりに名乗りをあげる者はいなかったが、一番下の、修行もそれほど進んでいない弟子（証空《しょうくう》）が身代わりを申し出た。晴明はその弟子の名前を祭りの都状に書き記し、祭祀を始めた。やがて祭りの効果が現れ、師匠のほうは病が癒えた。身代わりの弟子はまもなく死ぬことだろうと皆が見守っていたが、その兆しはなかった。翌朝、晴明がやってきて、師匠も弟子もともに助かることになったと語った。泰山府君という冥道《みょうどう》の神が、弟子を哀れんで、ともども救ってくれたのであろう。

（『今昔物語集』巻第一九・二四）

『今昔物語集』に載るこの有名な説話からは、泰山府君の祭祀が、病気平癒・延命長寿を目的として行なわれたことがわかる。密教の加持祈禱ですら治すことができなかった重い病が、泰山府君を祭ることで治ったというのだ。そしてその祭りの執行者こそ、「道に付て止事無《やんごとな》かりける者」＝陰陽師として高名な安倍晴明であった。晴明のカリスマ性と泰山府君という神の力は一体のものとして認識されていたといえよう。

泰山府君が寿命を延ばす力があるという信仰は、何にもとづくのだろうか。そもそも泰山府君の来歴とは？

いうまでもなく泰山府君なる神は、『古事記』『日本書紀』の神話には一切登場しない、文字どおり「外来の神」である。その素性は、中国・五岳のひとつ「東嶽《とうがく》泰山」の信仰による。泰山は万物の生ずる東方に配されつつ、一方では生命の帰結としての死霊の集まる山ともされた。「山中他界」の信仰にもとづくものだ。後には、泰山には人間の寿命を記した戸籍（死籍）が保管され、それを管理する組織の長官職にあたるのが、泰山の「府君」と考えられた。泰山府君の配下には司命《しめい》・司禄《しろく》なる事務方の神たちも登場してくる。

人々は、泰山府君に数多くの供物を供え祭り、寿命が書かれた帳簿を書き替えてもらうことを「都状」という手紙にしたため、命の長からんことを祈ったのである。その信仰は中国の道教信仰によるものという。後にそこに仏教が関わり、地獄の冥官《めいかん》・閻魔《えんま》大王の信仰とも習合し、きわめて複雑な展開を遂げていった……。ほぼ以上が、泰山府君の来歴のあらましである（酒井忠夫「太山信仰の研究」など）。

こうした泰山府君信仰がいつごろから日本列島に入ってきたかは定かではない。奈良時代末期に編纂された仏教説話集『日本霊異記』には、まだその名前は出てこない。だが、平安時代後期、一一世紀初頭には宮廷貴族たちのあいだで、泰山府君信仰が広まったことはたしかなようだ。平安末期・院政期には、衆生の生き死についての評定を泰山の頂上で行なったなどという話が広く伝わっている（小峯和明「泰山逍遙」）。晴明にまつわる泰山府君説話も、そうした院政期の流行の一角をしめるものといえよう。

さて、説話エピソードでは、泰山府君へ病気平癒・長命を祈るにあたっては、身代わりとなる者が必要とされた。そこから、師匠の身代わりを買って出た弟子の誠意とそれを哀れむ泰山府君という、「お涙頂戴」風な物語が生まれた。さらにこのエピソードは、『発心《ほっしん》集《しゅう》』『宝物集《ほうぶつしゅう》』などにも伝わり、そこでは弟子の証空が信仰していた不動明王の効験を語る「泣き不動縁起」へ変容していった。有名な、安倍晴明が式神を従えて祈禱するシーンを描く『不動利益縁起絵巻』は、この物語にもとづくものである。

さて、高僧の病を癒す泰山府君の祭りには身代わりが必要なこと、さらに身代わりとなった弟子も高僧ともども救ってくれたという経緯は、すべて安倍晴明の言葉を通して人々に伝えられている。説話はそのように晴明の語り＝視点から語られていく。晴明がいなければ、なにも始まらないのだ。

ここからは、晴明が泰山府君という神とコンタクトをとること、つまり人々と神との「中継ぎ」をはたすのが「陰陽師」の役割であったという認識が読み取れよう。したがって、この説話は、泰山府君という神の絶大さとともに、その神と意思を疎通させることができる安倍晴明という陰陽師のカリスマ性を強調しているのである。泰山府君が陰陽道の中枢を担う神となることと、陰陽道の第一人者としての安倍晴明の存在とは、密接な繋がりがあったといえよう。

では、歴史記録（史料）には、泰山府君祭はどのように登場してくるのだろうか。

現在、史料のうえで最初のものと確認されている泰山府君祭の記事は、じつは安倍晴明が執行したものであった。史料のうえからも、安倍晴明と泰山府君祭との関係は密接であった可能性が高いのだ。それはどんな記事か。次にそれを紹介しよう。

史料のうえの泰山府君祭

歴史記録のうえで、晴明が執行した泰山府君祭は二例が確認されている。ひとつは、一条天皇のために泰山府君祭を執行した記録。もうひとつは、能書家として有名な藤原行成《ゆきなり》のために執行した例である。そのふたつの事例は、泰山府君祭をめぐる、とても貴重な歴史的現場を、われわれに見せてくれる。

まずはひとつ目の記事――。

昨日、院（円融法皇《えんゆうほうおう》）が、一条天皇の気色がよくないと仰せられたことを、私（藤原実資《さねすけ》）は本日、摂政の藤原兼家《かねいえ》に申し上げた。そこで尊勝法《そんしょうほう》と泰山府君祭執行のことを具申《ぐしん》した。「尊勝法」の執行は、天台座主《ざす》の尋禅《じんぜん》（藤原師輔《もろすけ》の息子）に命じられた。また「泰山府君祭」のことは、安倍晴明が奉仕することになった。私（実資）は、晩方に退出した。今夜、南庭において、南山（泰山のことか）を祈り申した。これは上（一条天皇）の身の御事である。（藤原実資『小右記』永祚元年〈九八九〉二月一一日）

これが記録上、最初の泰山府君祭執行の場面である。藤原実資という貴族の日記＝『小《しょう》右記《ゆうき》』に記されたものだ。病気がちであった一〇歳の幼帝・一条天皇のために、密教による尊勝法の修法と、陰陽道の泰山府君祭が一緒に行なわれたのである。当時は貴人の病気治癒のために、ふたつの異なった方法・立場の修法、祭祀を併行して行なうのが一般的であった。ふたつの祈禱を同時に行なって、どちらかの効き目があればよいという、きわめて功利的な発想だ。現代でいえば、漢方医学と西洋医学を併行させるといったところだろうか。

だが、病気を治すために祈禱・祭祀を実行する側からいえば、当然、自分の行なうほうに効き目があることを主張することになる。どちらに効き目があるかということは、術を施す当事者にとっては、まさに自分の「腕」の見せ所となるわけだ。複数の儀礼執行とは、それを実践する宗教者たちの術の競合の現場であったのである。先に紹介した『今昔物語集』の説話が、密教の加持祈禱では駄目で、陰陽道の泰山府君祭で治癒したという展開も、「陰陽道」側の自己宣伝の主張があると予想されよう（武田比呂男「〈安倍晴明〉説話の生成」）。

この記録を、そうした儀礼執行者の立場から眺めたとき、安倍晴明が一条天皇のために泰山府君祭を執行したことは、きわめて大きな意味をもってくる。じつは、この前日まで、泰山府君祭のことは予定されていなかったからだ。

『小右記』の記録によれば、前日の二月一〇日に予定された密教側の祈禱は「尊勝御修法《そんしょうみしほ》・焔魔天供《えんまてんく》」であり、一方、陰陽道側は「代厄御祭《だいやくぎょさい》」という祭祀であった。だが、二月一一日、実際に行なわれたのは、密教は「尊勝御修法」、陰陽道は「泰山府君祭」となったのである。

陰陽道の代厄御祭は、カタシロに身の厄を移して祓う祭りで、平安時代前期から執行された、オーソドックスなもの。晴明は、これに代わって新しい泰山府君祭を行なったわけだ。さらに注意したいのは、密教側の「焔魔天供」も執行されなかったこと。泰山府君祭は、密教の焔魔天供の代わりにもなる効力があったということが、晴明の側から主張されていたのではないだろうか。なぜなら、泰山府君と焔魔天は、ともに「冥府」の神（王）という共通点があったからだ。さらにその点を探ってみよう。

焔魔天と泰山府君との関係は

焔魔天とは、おなじみの「エンマ様」のこと（図2－1）。焔魔王・閻羅王《えんらおう》・閻魔王などいくつもの呼び名・表記があるが、もともとはインドの古い神である。死者の楽園の王とも、死んで天界にある先祖を支配する神とも考えられた。後に死者の審判を行なう冥府の王ともされ、地蔵信仰とも混ざりながら中国へと伝来し、地獄の裁判官の十王《じゅうおう》のひとりと信仰された。「焔魔天」という名称は、密教サイドの呼び名である。密教では、焔魔天とともに、冥界の諸官たちを供養して、除病・延命・除災をはかる祈禱を「焔魔天供《えんまてんく》」という。その密教祈禱を病気がちの一条天皇にたいして行なう予定だったのである。

一般に、泰山府君と閻魔王とは、地獄信仰のなかで習合し、一体のものと考えられたというが、はたして最初からそうだったのだろうか。

焔魔天供の修法は、唐代密教の焔羅法を説く経文、不空三蔵《ふくうさんぞう》撰『焔羅王供行法次第《えんらおうくぎょうぼうしだい》』に

図 2－1　焔魔天（『覚禅鈔』より）

図2－2　焔魔天と眷属たち（『覚禅鈔』より）

もとづいて行なわれる（長部和雄「唐代密教における閻羅王と太山府君」）。この経文では、右手に人の頭が着いた杖を持ち、臥す牛の上に半跏《はんか》する焔魔天を中心に、左右前後に焔魔天妃、焔魔天后、その周りを泰山府君や五道冥官、司命・司禄、さらに毘那夜迦《びなやきや》、成就仙《りようじゆせん》、荼吉尼《だきに》、遮文荼《しやもんだ》などの眷属たちを配する曼荼羅世界を作り出していく（**図2－2**）。すなわち、密教の焔魔天供の行法では、泰山府君は、焔魔天の眷属（家来）のひとりにすぎないのだ。

だが、そこで注意されるのは、病人の前で行なわれる行法の作法である。

能《よ》く王（閻魔王）に乞ひて死籍を削り、生籍に付す。病者の家に到らば、多く太山府君（泰山府君）

（『焔羅王供行法次第』）

の呪を誦す。

閻魔王に祈り、死者の戸籍を削除してもらい、生者としての戸籍に書き替えてもらう。だが、そのために行者が誦するのは、泰山府君の呪、すなわち「オン・アミリテイ・ガノウ・ガノウ・ウン・ソバカ」であった。ここで泰山府君への呪を唱えるのは、病気治療の祈禱に際しては、焔魔天への「中継ぎ」としての泰山府君が重視されたからだ。なお『冥《みょう》報記《ほうき》』という唐代小説では、閻魔は人間界の「天子」、泰山府君は「尚書令録」（総理大臣）、さらにその下に諸尚書（各大臣）としての五道神というランクづけがあったという（澤田瑞穂『地獄変』）。

このように冥界・冥府の体制では、泰山府君はナンバー2であるが、しかし実際の病人祈禱の場では泰山府君が重視されることが密教経典に書かれていた。安倍晴明は、おそらく、その経典にもとづき、密教の「焔魔天供」よりも、直接、泰山府君を祭祀するほうが、より効果があると主張したのではないだろうか。

いうまでもなく、泰山府君祭の源流に、道教系の信仰があることはたしかである。泰山府君祭のベースとなっているのは、延喜一九年（九一八）五月に行なわれた「七献上章《しちけんじょうしょう》祭《さい》」であった（『貞信公記』）。「七献」とは、司命・司禄・本命《ほんみょう》・天官《てんかん》・地官《ちかん》・水官《すいかん》に泰山府君を加えた、一〇世紀初期段階における冥府の神々を祭る祭祀であった（小坂眞二「陰陽道の成立と展開」）。そうした道教系の冥府祭祀と泰山府君祭とは、当然繫がりがあっただろう。だが、晴明の時代に行なわれた泰山府君祭は、道教系の信仰だけではなかった。そこに必要とされたのが、密教の焔魔天信仰・経典であったのである。そうした泰山府君祭執行を実践したのが、安倍晴明であった（斎藤英喜『安倍晴明――陰陽の達者なり』）。

もちろん記録では、儀礼の実修は藤原実資の発言がリードしている。だが晴明が、泰山府君祭の執行を提言したことを実資が受け入れ、それを摂政の藤原兼家に具申したという背景が考えられるのである。じつは、実資と晴明とのあいだには、密接な繋がりがあったらしい。たとえば実資の妻の出産に際しては「解除《げじょ》（祓え）」に携わり（寛和元年〈九八五〉四月）、またその子供のために「鬼気祭《ききさい》」を行ない（永延二年〈九八八〉七月）、あるいは一条天皇のために務めた御禊《ぎょけい》に験があって加階されたことを、わざわざ実資宅に出向いて自慢げに報告する（正暦四年〈九九三〉二月）など、晴明は実資のもとに足しげく通っていたことがわかる。そこから実資が、当代一流の陰陽師たる安倍晴明に全幅の信頼を置いていたことは、充分想像できよう。

藤原行成のための泰山府君祭

「泰山府君祭」という、晴明が開発した新しい陰陽道祭祀が貴族社会のなかに定着していく一端を示すのが、ふたつ目の史料。能筆家として有名な藤原行成の日記『権記《ごんき》』に記された泰山府君祭の記録である。

A晴明朝臣《あそん》に、泰山府君を祭らせた。祭りの料物は、米二石五斗、紙五帖、鏡一面、硯一面、筆一管、墨一廷、刀一柄、家よりこれらを送る。晩方、都状など、一三通、署名をして送る。（長保四年〈一〇〇二〉一一月九日）

B日の出。左京権大夫《さきょうごんのたいふ》晴明朝臣が説くことに従って、泰山府君に幣帛、紙銭を捧げる。延年長命を祈るためである。（同年、一一月二八日）

Aの記事には、泰山府君祭を行なうときの祭物が詳しく記されている。目をひくのは「硯・筆・墨」という筆記用具。文字どおり、泰山府君に死者の戸籍を書き替えてもらうため筆や墨、硯を用意しているのだ。なお泰山府君祭に硯・墨・筆が欠かせない祭具となるのは、鎌倉時代中期の陰陽師側の資料（安倍泰俊『陰陽道祭用物帳』）からも確認できる。また、「都状」とは、陰陽道祭に用いられる祭文の一種である。直接、泰山府君に依頼するための書簡の形式になっている。それを「都状」という。したがって、そこには泰山府君に依頼する当事者・藤原行成自身の署名が施される。その都状が一三通用意されたのは、後から見るように、泰山府君祭はひとりの神が相手ではなく、冥界の複数の神たちが対象となることを意味している。以上がAの記録からわかってこよう。

続くBのほうは、晴明の指示に従って、行成自身が自分の延命長寿を祈りつつ、朝早くから泰山府君にむけて供え物（紙でできた銭）を捧げている様子が見えてくる。Bの祭りから行成は自分自身でも泰山府君祭への祈りを続けていたのだろう。その背景には、晴明が貴族たちにむけて泰山府君の信仰、その効験や作法を積極的に宣伝している姿が浮かんでくる（繁田信一『陰陽師と貴族社会』）。ちなみに行成はその半月ほど前に、出産の失敗によって女児とともに妻を喪っている（黒板伸夫『藤原行成』）。なにか思うところがあったのだろう。

もうひとつ、Bの記事で見過ごせないのは、晴明の身分が「左京権大夫晴明朝臣」とあること。このとき彼は、すでに陰陽寮とは一切関係がない。泰山府君祭は陰陽寮の役人としてではなく、それを離れた、ひとりの宗教者としての「陰陽師」が行なう宗教儀礼なのである。この年、安倍晴明は八二歳。神秘な力を有する老翁として、人々の信頼を得ていく様子が想像しえよう。

ここでわかってくるのは、「陰陽道」なるものが、それまでの卜占《ぼくせん》や祓えという領域から、平安時代中期の貴族たちの精神世界に深く関わっていく、あらたな「宗教」としての力を持ちはじめたことだ。陰陽道という新しい宗教が、貴族たちの延命長寿を祈る信仰対象としての泰山府君を見出したのである。それは陰陽寮の役人の世界とは違う、宗教家としての「陰陽師」の成立とリンクする。

「個人」救済の時代のなかで

宗教としての「陰陽道」を成立させた時代的な背景とは何か。

それは平安貴族たちの「個人救済」信仰、願望の広がりである。共同体から離れた「平安京」という都市社会の成立、都市に生きる貴族たちの「個人」を強く自覚させたのは、源信《げんしん》（九四二〜一〇一七）によって発展した「浄土教」（天台浄土教）であり、もう一方は天台・真言の「密教」の隆盛であった。

一〇世紀、律令的な身分秩序が崩壊し、様々な社会的変動のもとで不安・緊張にさらされる「個人」としての平安貴族たちは、現世否定的な浄土教に向かった。個人の来世の救済・安穏を阿弥陀信仰・浄土信仰に求めたのである。そうした個人救済の信仰は、同時に「現世」における除病・延命などを希求する密教修法を発達させていく。一〇世紀の密教は、それまでの国家護持という機能から、個人の病気を治し、呪詛《じゆそ》などの災いを除去してくれる個人祈禱へと展開していったのである。このとき、平安貴族たちにとって、浄土教と密教は「来世」と「現世」における救済をそれぞれ分担するような、相互補完的存在となったというわけだ（速水侑『平安貴族社会と仏教』）。

かくして、一〇世紀後半の貴族社会において、密教と浄土教とが車の両輪のように隆盛していく時代のただ中にあって、「陰陽道」なるものが、まさしく第三の新興勢力として屹立していったのである。その時代の流れをキャッチして、密教との対抗のなかから、新しい個人救済の神としての「泰山府君」を発見したのが、ほかならぬ安倍晴明だったのである。後の説話に語られる安倍晴明のカリスマ性が、「泰山府君」という神の存在と不可分な関係にあったことは、彼が生きていた時代の現場のなかで作られていたといえよう。
平安時代中期、貴族たちの精神世界に深く関与する冥府神・泰山府君。その神の性格をさらに教えてくれるのが、泰山府君祭の場で誦み唱えられた「都状」という祭文である。残念ながら安倍晴明本人の「泰山府君都状」は伝わっていないが、彼が生きた時代にもっとも近い頃の都状が残されている。そこからは、泰山府君という神の、さらに驚くべき姿が見えてくるのだ。

泰山府君と冥道諸神

現在伝わっている「泰山府君都状」でもっとも古い時代のものは、永承五年（一〇五〇）一〇月一八日付の、後冷泉《ごれいぜい》天皇のために執行された泰山府君祭の「都状」である。その本文を紹介しよう。

右親仁《ちかひと》御筆は、謹んで泰山府君、冥道《みょうどう》の諸神等に啓す。御践祚《せんそ》の後、いまだ幾年も経ずして、頃日《けいじつ》、蒼天変をなし、黄地妖を致す。物怪《もっけ》数々、夢想紛々たり。司天《してん》・陰陽の勘奏《かんそう》軽からず。その徴尤《しるしもっと》も重し。もし冥道の恩助を蒙らずんば、何ぞ人間《じんかん》の凶厄《きょうやく》を攘《はら》はんや。仍《より》て禍胎《かたい》を未萌《みもう》に攘ひ、宝祚《ほうそ》を将来に保たんがために、敬つて礼奠《れいてん》を設け、謹んで諸神に献ず。（中略）伏して願はくは、彼の玄鏡《げんきょう》を垂れ、この丹祈《たんき》に答へ、災厄を払ひ除き、将に宝祚を保たむことを。死籍《しせき》を北宮より刪《けず》り、生名を南簡《なんかん》に録し、年を延ばし、算を増し、長生久しく視《み》んことを。

(『朝野群載』巻第一五「陰陽道」)

「親仁」(後冷泉天皇)は泰山府君、冥道の諸神たちに謹んで申し上げる。私はまだ即位して間もないのに、天変・地変が続き、物怪が惹起し、夢想もよろしくない。また陰陽寮の卜占などもみな悪い徴を示していた。ここで冥府の神である泰山府君の恩恵を蒙らねば、とても災厄を祓うことはできない。災いを未然に防ぎ、天皇の寿命を将来に保つために、恭しく、冥府の諸神に供え物を奉る。この祈りにどうぞ答えて、北宮にある死者としての戸籍を削り、南簡にある生者としての戸籍に再登録してほしい……。

都状では、あくまでも延命を祈る当事者が直接、泰山府君に申し上げねばならない。だから、都状の署名は自分でしなければならない。それで「御筆」となる。ただし、その祈りを泰山府君に届けてくれるのは、あくまでも陰陽師である。だから儀礼の場で陰陽師が「都状」を読み上げるのだ。

ここで「泰山府君、冥道の諸神」とあるように、泰山府君祭は、複数のグループ神の祭祀として認識されていた。その数は「十二座」と決まっている。

閻羅天子・五道大神・泰山府君・天官《てんかん》・地官《ちかん》・水官《すいかん》・司命《しめい》・司禄《しろく》・本命神・開路将軍・土地霊祇・家親丈人

これが冥道の神々。古代神話とはまったく異なる「異国」の神たちだ。その由来は、中国の道教に求められるが、それらを独特な陰陽道神へと統一したのであろう。そして彼ら

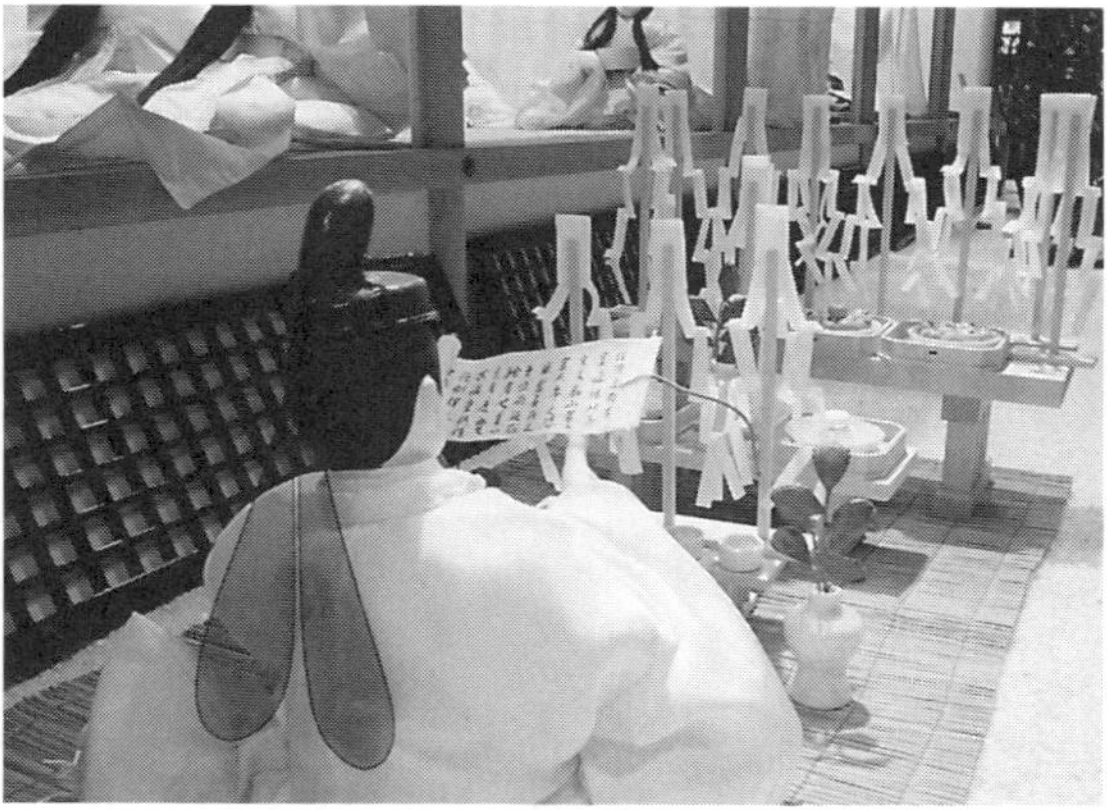

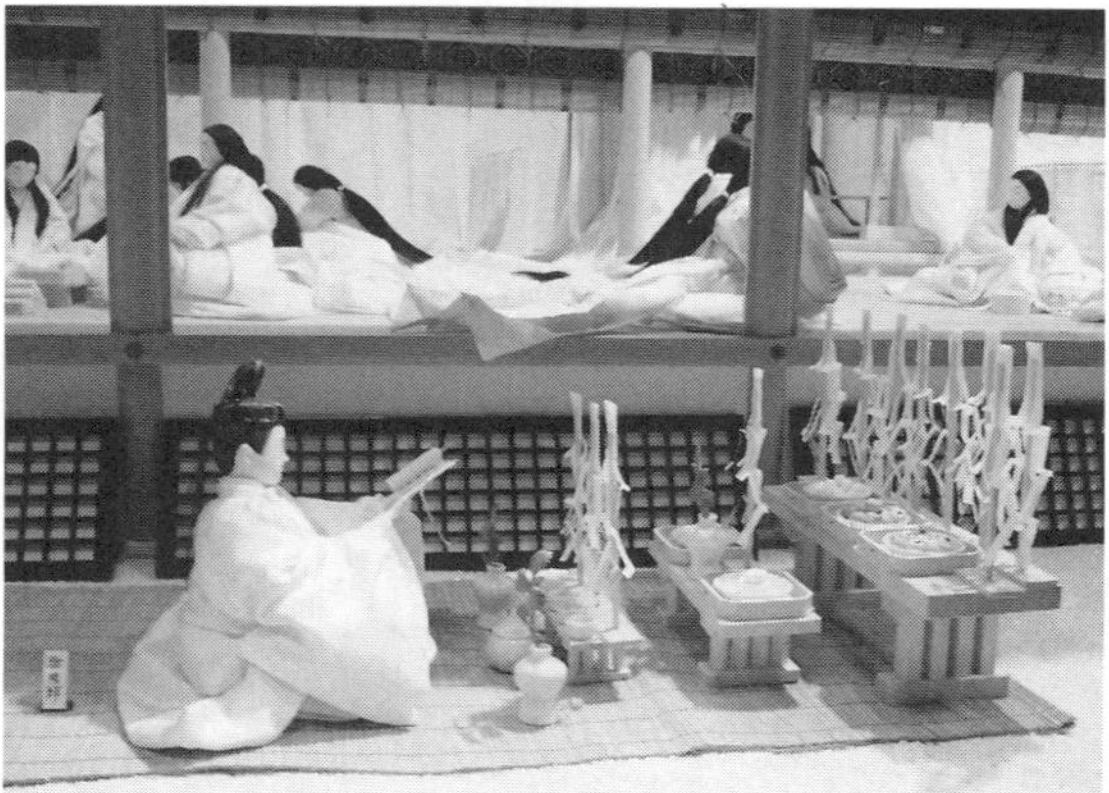

図2-3・4　再現された陰陽道祭の様子。手にする祭文には「泰山府君」の名前が見える（京都・風俗博物館）。

冥道神とコミュニケーションがとれるのは、陰陽師だけなのだ。

北斗七星と結びつく

さらに都状の末尾に注目しよう。「死籍を北宮より刪り、生名を南簡に録し……」。泰山府君は「泰山」＝冥府にある死者の戸籍を管理している長官だ。だから彼に祈って、死者の戸籍を抹消してもらう。それが泰山府君祭の目的である。ところで、その死者の戸籍は「北宮」にあり、生者としての戸籍は「南」にあるという。その地理・方角は何にもとづくのだろうか。

速水侑氏によれば、「死籍を北宮より刪り、生名を南簡に録し」の発想は、中国の『捜《そう》神記《じんき》』という説話の、死を司る「北斗」、生を司る「南斗」の思想が背景にあるという（速水、前出書）。「北斗」とは、いうまでもなく北斗七星のこと。ということは、泰山府君が死者の戸籍を管理している「泰山」という山は、宇宙空間の北斗七星でもあったということになる。ここで人間の生死を掌る「冥府」のイメージは、一気に天界の世界へと飛翔していくことになるのだ。

平安時代後期、人間の寿命・運命を支配しているのは北斗七星であったという信仰が広がっていく。人は生まれ年の干支《かんし》から、北斗七星のいずれかの星に属しているという考え方である。それは陰陽道の基本テキスト『五行大義』にも記されていた。以下のようにな

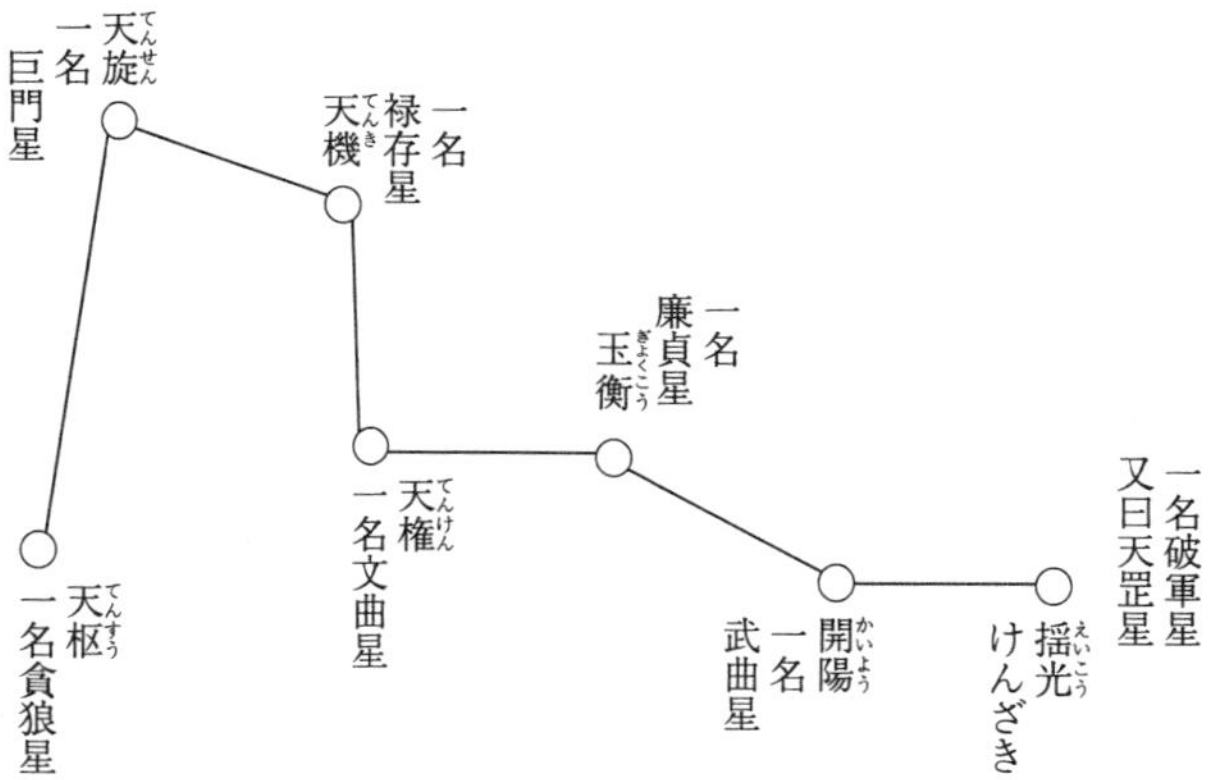

図2-5　北斗星の図説（『万暦大成』より）

る（星の位置は、**図2-5**参照）。

貪狼星《とんろうせい》　子年
廉貞星《れんていせい》　辰・申年
巨門星《きょもんせい》　丑・亥年
武曲星《ぶきょくせい》　巳・未年
禄存星《ろくそんせい》　寅・戌年
破軍星《はぐんせい》　午年
文曲星《ぶんきょくせい》　卯・酉年

ここから人の生まれ年による「属星《ぞくしょう》」という考え方が定まり、延命長寿のために、自分の属星を祈る北斗七星祭祀が出来上がっていくのである。

泰山という山＝冥府は、ここにおいて宇宙空間へと上昇していく。人間の寿命、運命を支配しているのは天体の星の世界に求められるのだ。十二支による生まれ年の選定、そして天体の星の世界との結びつき。

それは天と人との相関関係を前提とする陰陽道の思想にとって、もっともふさわしい世界観といえよう。平安時代前期までの陰陽寮の「天文」は国家の運命を占う占星術であったが、ここではそれに加えて個人の運命を掌る「星」の姿が浮かび上がってくる。それもまた、陰陽道が個人救済の宗教として成熟していく過程といえよう。泰山府君は、まさしくそこにリンクしていくわけだ。

もちろん北斗七星信仰は、陰陽道のオリジナルではない。人の運命、寿命を支配する北斗七星の信仰は、唐代の密教のなかで展開し、様々な経典が生み出される。たとえば一《いち》行《ぎょう》撰『宿曜儀軌《すくようぎき》』、金剛智《こんごうち》訳『北斗七星延命経』、一行『梵天火羅九曜《ぼんてんからくよう》』などの経典だ。北斗七星を祭ることで延命を請う儀礼が作られたのである。また『宿曜儀軌』には、北斗七星とともに「泰山府君・司命・司禄」への供養を、また「葛仙公礼北斗《かっせんこうれいほくと》法《ほう》」（『梵天火羅九曜』に引用）には「閻羅天子・五道大神・太山府君・司命・司禄」といった冥府の神々が「十二宮神・七曜《しちよう》・九執《きゅうしつ》・二十八宿」といった天体の星々とともに供養される次第が見出される（山下克明『平安時代の宗教文化と陰陽道』）。天体の星辰《しょうしん》と泰山＝冥府の神々とが一体となっていく信仰は、密教がリードしたといえよう。

したがって、「泰山府君都状」に見られる冥府と北斗七星信仰との結合は、同じ時代の密教系星宿信仰との競合、影響関係のなかで果たされていったものと考えられる。そうした他の宗教者との競合のなかで、「陰陽道」の神々は、あらたな力を獲得していくのだ。

2　変貌していく泰山府君

泰山府君祭の多様化

平安時代後期から院政期にむかって、泰山府君祭は、貴族社会に定着していった。そのなかで、陰陽道の神・泰山府君の力は、さらに多様な領域へと広がっていく。

たとえば天仁二年（一一〇九）六月には、六月祓《みなづきのはらえ》に続けて泰山府君祭が行なわれている。その理由は「夢想の告げ」によるものという（『殿暦』）。また承保四年（一〇七七）九月の泰山府君祭の都状では、藤原伊房《これふさ》が、「父の愛子《まなご》」である病気の娘のために泰山府君を祭ったという（『三十五文集』）。女性に関わる泰山府君祭としてめずらしいものだ。あるいは永久二年（一一一四）一一月の泰山府君都状には、泰山府君を祭れば「加給思ひの如く」なるといったように、官位の昇進を祈る文言も見える（『朝野群載』）。冥府において寿命を掌る泰山府君は、現世における栄達をも可能にしてくれる神として信仰されていったようだ。泰山府君は人間の運命すべてを掌握する神となったのである。

このように多様化する泰山府君祭では、祭りの執行者は安倍家や賀茂家の陰陽師の場合でも、都状の執筆者は儒学系の学者であることが多い。陰陽道と儒学とが互いに接点をもち、競合するような関係になっていくことは、平安末期の「招魂祭《しょうこんさい》」や「金神《こんじん》の方位の忌み」をめぐる議論のなかに見ることができる（第四章、参照）。「陰陽道」といっても別にきちんとした体系があるわけではない。その時代の精神的な動向のなかで、「陰陽道」はつねに作られていくのだ。それはあらたな「陰陽道」の神々が導きだされていくこととクロスする。多様な思想や信仰との影響関係や競合関係のなかで変動している様子が、平安時代末期のあたりには見られよう。だからこそ、この時代の陰陽道はいろいろな可能性を孕んでいるともいえる。

儒学者と陰陽師との関係として、ひじょうに興味深いのが、院政期の藤原頼長《よりなが》（一一二〇～一一五六）と安倍泰親《やすちか》とのあいだに見ることができる。ふたりともかなり癖のある人物だ。まず頼長は関白藤原忠実《ただざね》の二男。そうとう学問に秀でた人物で「天下一の大学生」と称えられたという。院政期の政治的な動乱に巻き込まれ（自ら渦中にはいって?）、保元の乱では崇徳《すとく》上皇方について挙兵し、敗北して死去した。その日記『台記《たいき》』には「男色」関連の記述も多数見られ、個性的な性格の持ち主であったようだ。

一方の安倍泰親は、晴明の五代目の子孫である。自分の陰陽道・占術を「晴明流」と名乗り、その占いが的中することが多く、世間からは、「指《さ》すの神子」と呼ばれたという（『平家物語』）。近年の研究では、平安末期の安倍晴明伝説を作り上げたキーパーソンのひとりと見られている（山下克明「安倍晴明の「土御門の家」と晴明伝承」）。泰親は頼長のお抱え陰陽師的存在であったようだ。

この泰親が頼長のために泰山府君祭を行なっている。その目的・理由が面白い。頼長が『周易《しゅうえき》』を学ぼうとしたとき「素人」がそれに手を出すと凶事があるとされるので、その凶事を避けるために泰山府君祭を行なわせたというのだ（『台記』康治二年〈一一四三〉一二月）。さらに泰山府君祭は、一二月三日に予定していたのだが雨のために中止した。そこで七日の日、雪がちらつくなか頼長が束帯姿で河原に立ち、「易を学ぶことは天地の理を極めようとすることであり、正道である云々」と易を学ぶことの正当性を泰山府君に訴え、続けて泰親が泰山府君の祭りを始めるとたちまち雪は止んだという。泰親はその褒章として御衣を賜った。陰陽師の泰親と儒学者の頼長が共同して泰山府君に祈り祭る場面といえよう。ここでは泰山府君は「天地の理」そのものを表象する神として認識されているのだ。

さらに泰親は、源平争乱の時代のさなか、源頼朝と提携した九条兼実《くじょうかねざね》（一一四九～一二〇七）のための泰山府君祭も行なっている。承安元年（一一七一）四月二五日、兼実の本《ほん》命日《みょうにち》（生まれ年の干支）にあたる日、泰親は泰山府君祭を執行した（『玉葉』）。兼実が「本命日」に泰山府君祭を行なうのは定例のことであったようだ（新川哲雄「鎌倉と京の陰陽道」）。本命日に泰山府君を祭ることは、文字どおりその生まれ年の人の運命を泰山府君という神に祈ることになる。泰山府君が北斗七星と結びついたところとも関係があるだろう。

かくして泰山府君は、冥界において人の寿命の戸籍を管理している神から、さらに個人の多様な欲望・利益に効験を発揮してくれる、オールマイティな神として貴族社会に君臨しつつあることが、これらの記録から見えてこよう。いうまでもなく、その後押しをしたのは、陰陽師、とくに安倍家の陰陽師たちであった。晴明が泰山府君を祭る『今昔物語集』のエピソードは、泰山府君信仰を喧伝するための、いわばコマーシャル的物語でもあったといえよう。安倍晴明の名は宣伝効果抜群であったようだ。

平安時代末期、泰山府君は、貴族社会の個人的で多様な欲望を充足してくれる神として信仰を集めた。現世と冥府にわたる個人救済の神である。しかし泰山府君への祈りを自分の「本命日」に行なわせた兼実自身が、泰山府君を祭ることは「天下静謐《せいひつ》」たらんことを祈るとも主張している（『玉葉』）のは見逃せない。中世の初頭、泰山府君という神は、個人の運命を支配する神でありつつ、さらに「天下」＝国家全体を守護する神にもなっていくのだ。それが決定的になるのは、中世、鎌倉時代以降であった。陰陽道の神が「権力」そのものと結びつくのである。

鎌倉幕府の陰陽師と泰山府君

中世は武士たちの時代である。戦場に生きる彼らには、王朝貴族たちのような神経質なまでの穢れ忌避や日時・方位などの禁忌には縛られない、自由で合理的な精神が発達したというようなイメージがあるだろう。しかし、近年の研究では、そのイメージが大きく変わってきた。たとえば鎌倉幕府は鶴岡八幡宮を拠点とした密教僧や禅僧による祈禱が盛んに行なわれ、さらに陰陽師が多数、鎌倉に下向し、平安王朝に匹敵する、いやそれ以上の数と種類の「陰陽道祭」を開発、発展させていったことがわかってきた（佐々木馨「鎌倉幕府と陰陽道」）。さらに密教・陰陽道にプラスして、密教系占星術の流派である「宿曜師《すくようじ》」たちが、独特な宿曜祈禱を行なっていることも明らかになってきた（戸田雄介「鎌倉幕府の宿曜師」）。鎌倉幕府は密教・禅・陰陽道・宿曜道が連結した、あらたな祈禱システムを作り出したのである。

鎌倉幕府の陰陽道祭は、三代将軍実朝《さねとも》の死後、都から迎えられた頼経《よりつね》将軍の時代に入ってから、さらに顕著になっていく。陰陽道は「都文化」の一環として、たとえば蹴鞠《けまり》の遊びと同じように、鎌倉の地にもたらされたともいえる。また関東にやってきた陰陽師たちはほぼ安倍家の支流の人たちが多いようだ。とくに実朝暗殺以降、実朝の祈禱の任を解かれた陰陽師たちが帰郷することができず、そのまま関東に土着したものも多いという（新川、前出論文）。その後、陰陽師は「御簡衆《おふだしゅう》」と呼ばれる、幕府を構成する一員になった。幕府陰陽師の誕生である。陰陽師から見れば、たんなる個人の祈禱師といった役割から、幕府権力を霊的に防御するための、より公的な存在へとレベルアップしたといえよう。

では、幕府の陰陽師たちは、どんな陰陽道祭祀を行なったのか。『吾妻鏡』に登場する陰陽道の祭りを紹介しよう。

天地災変《さいへん》祭・属星《ぞくしょう》祭・太白星《たいはくせい》祭・鬼気祭・三万六千神祭・呪詛神祭・熒惑星《けいわくせい》祭・大《だい》土公《どくう》祭・泰山府君祭・天曹地府《てんそうちふ》祭・風伯《ふうはく》祭・水神祭・鷺祭《ろのまつり》・百怪《ひゃっけ》祭・月曜祭……

平安貴族社会においても執行されたものも多いが、なかには鎌倉時代に新しく始まったと推定される祭りも少なくない。とくに「風伯祭・水神祭・鷺祭」など、鎌倉の陰陽師たちは武士社会のなかで、貴族社会とは違うあらたな陰陽道祭を作り出したようだ（室田辰雄「『文肝抄』所収荒神祓についての一考察」）。また陰陽道の祭りを補助するという形で、安倍家の専門陰陽師ではない、いわば臨時雇い的な「素人陰陽師」たちも多数登場しはじめたという（赤澤晴彦「陰陽師と鎌倉幕府」）。列島社会の信仰的な磁場に、「陰陽道」があらたな地殻変動を起こしていく時代が始まったといえよう。

では鎌倉幕府において「泰山府君」は、どのように信仰されているのだろうか。

注目されるのは、「泰山府君祭・歳星《さいせい》祭」を同時に行なうといったように（建暦元年〈一二一一〉一一月三日）と陰陽道祭祀が複数ペアで行なう事例がふえることだ。とくに北条政子の病に際しては、天地災変祭・呪詛祭・属星祭・三万六千神祭・大土公祭などの多数の陰陽道祭祀とともに泰山府君祭を行なわせている（嘉禄元年〈一二二五〉六月二日）。泰山府君祭が単独の陰陽道祭祀というよりも、他の陰陽道にもとづく祭りとペアで行なうスタイルが増えていくのだ。泰山府君が陰陽道のメインの神であることから、他の神と併行して祭られるような「その他大勢」的な扱いを受けている印象が強くなっていくのである。

それは絶大な力をもつ泰山府君が、そのトップの地位を譲りはじめたということだろうか。

ここでわかってくるのは、泰山府君が特定の個人の運命を支配している冥府神から変容したことである。たとえ将軍個人のために行なわれているとはいえ、それは幕府権力の象徴的存在をガードする、多数の神々のひとつという役割になっているのだ。幕府権力を維持するためには多数の陰陽道祭祀が必要となった。泰山府君祭は、そのなかのひとつという位置付けになるのである。

もちろんそれは、陰陽道が政治的な権力と強く結び付いていくことを意味しよう。そのことから見れば、陰陽道の「発展」といえるかもしれない。だがそのとき、陰陽道の神自身はどう変わっていったのだろうか。

天曹地府とは何か

ところで、泰山府君祭と一緒に行なわれる祭祀として、注目されるのが「天曹地府《てんそうちふ》」祭祀である。それ自体は一一世紀、平安貴族社会においても執行されていたものである。この祭りは、天曹・地府・水官・北帝大王・五道大王・泰山府君・司命君・司禄君・六曹判官・南斗好星・北斗七星・家親丈人など、まさに陰陽道系の諸神・十二座を総動員して、延命除災などを目的に行なわれるものだ。その形態、また読誦される祭文（都状）は、泰山府君祭とほとんど変わらないが、平安中期の泰山府君祭を「六道信仰」にもとづいて再編成したものとされている（増尾伸一郎「〈天曹地府祭〉成立考」）。その意味では、天曹地府祭も、冥界信仰と深く関わった陰陽道の神々の世界であったが、こちらも中世以降、現世の権力との結び付きを強くもっていくのである。

それを象徴するのが、「天曹地府」のネーミングである。安倍家では「天曹」の文字は皇位を継承する重要な内容のもので畏れ多いので、天曹の字を一画欠けた「天曺」と書いて「てんちゅう」と読むことを家の秘伝・口伝としたという。それがいつ出来たものかは確定できないが、「天曺《てんちゅう》地府」は安倍家唯一人の口訣《くけつ》、不許相伝とされ、天皇即位の大礼や将軍代替わりごとに修する、安倍家だけの秘儀として伝えられたようだ（村山、前出書）。泰山府君祭から、さらに天皇や将軍の権力と結び付く陰陽道神が、「天曹地府」なる神々の連合体へ展開する。それは天皇即位、将軍代替わりの儀礼の一環に組み込まれた、政治的な神格への変貌といえよう。

ちなみに江戸時代、慶長六年（一六〇一）の後陽成天皇、元和四年（一六一八）の後水尾天皇、寛永二〇年（一六四三）の後光明天皇など複数の「天曹地府祭都状」が土御門《つちみかど》家（安倍家）に旧蔵されていた。都状には各天皇の自筆（宸筆）の署名、年号明記がされているために、そのことが畏れ多いということで、明治期の土御門晴栄《はるよし》が皇室に献上したという（『枚岡市史』第三巻）。都状のテキスト自体が、「天皇」の権威そのものと認識されていったわけだ。

泰山府君・天曹（冑）地府神は、安倍家陰陽道にとって、家祖・安倍晴明のカリスマ性と結び付いた最強神であった。だが、それは安倍家そのものが権力と結び付くことと一体の問題であったのである。

陰陽道の「繁栄」の時代？

鎌倉幕府と陰陽道との関係に注目した研究と併行して、もうひとつ室町幕府と陰陽道との繋がりがクローズアップされてきた。そこでは安倍家は「土御門家」を名乗り、とくに安倍有世《ありよ》は、家祖の安倍晴明をぬいて、従二位の官位にまでのぼりつめていく。一方の賀茂家も、賀茂在弘《あきひろ》は同様に従二位に昇り、昇殿を許された。賀茂家も「勘解由小路《かでのこうじ》家」を名乗るのである。その意味では、室町時代は陰陽道の「繁栄期」とみなすこともできるほどだ。その背景には、将軍・足利義満が観念の領域で王朝勢力にたいして優位を占めようとし、また王朝勢力の権限を吸収しようとする政治的な意図が、陰陽道の「繁栄」を導いたと考えられる（柳原敏昭「室町政権と陰陽道」）。

では、室町幕府では、どのような陰陽道祭祀が行なわれていたのだろうか。

柳原氏の研究によれば、室町時代の陰陽道祭祀は、鎌倉時代のそれにくらべると、圧倒的に種類が減少しているという。主に行なわれているのは「泰山府君祭」「天曹地府祭」そして「三万六千神祭」であった。鎌倉期に見られた、多様な陰陽道祭祀はほとんど姿を消し、まさに権力と結びついた神の祭祀が行なわれているにすぎないともいえる。政治的な要請からは高位についた陰陽師たちも、その主体的な力量の面では圧倒的に劣っていたということになる（柳原、前出論文）。残されている足利義満の厄年を祓う目的の「泰山府君祭都状」（応永二年〈一三九五〉）をみると、もはやそれはワンパターンの文言しか記されていない。また同じく「三万六千神祭都状」（明徳四年〈一三九三〉六月八日）などでは、多種多様な陰陽道神たちを列挙し、それらをただただ祭ることで、「将軍」への加護を祈るといった、きわめて形式的な形になっているのがわかる。そこに見られる陰陽道の神々は、はたして個別的な「神」としての来歴や働きとして祭られているのか、ただ単に名前だけが羅列されているにすぎないのではないか……。

鎌倉時代後期から南北朝の動乱期、そして室町時代へという時代の流れは、安倍・賀茂家の陰陽道を「権力」と強く結び付け、彼らの政治的な地位をたしかなものにしていった。平安時代の「陰陽師」からは想像できないほどの「栄達」である。だが、それは宗教者としての陰陽師のリアリティを失っていくことではなかっただろうか。彼らはもはや、時代の精神的動向に即した、新しい陰陽道祭を開発し、実践することはできないのである。

その時代、陰陽道の神々は、「都状」という書かれた文字のなかにしか存在しえない、文字どおり観念上の存在になっていく。そこには、神々の生きた姿や声は失われていったのではないか……。

あらためて平安時代、一〇世紀末期に出現した泰山府君という神は、個人の運命を支配する冥府神として、人々に敬い恐れられていた。その神霊は、天体の星々の世界へと飛翔して、冥府をめぐる信仰を一気に拡大していった。それにくらべて、中世後期の時代の泰山府君、天曹地府神たちは、冥府神として存在性を失い、もはや現世の支配にしか関心をしめそうとしない。陰陽道の神々は、地上的な存在へと下落したのである。もちろん、それは「陰陽道」が現世の権力・地位を得たことでもあったのだが……。

けれども、中世後期の社会全体に目をむけてみると、じつは、もうひとつ別の系統の陰陽道の神々の姿が見えてくる。それは宮廷・武家社会の周辺、民間社会を活動の場とする、多種多様な「陰陽師」たちとリンクしている。彼らは唱門師《しょうもんじ》、聖《ひじり》、博士、法者《ほさ》、暦売りなど、多様な名前で呼ばれ、あるときは社会的に賤視される存在でもあった。その活動の現場のただ中に、安倍家が陰陽道の最高神として祭る泰山府君を凌駕する、あらたな神々が誕生していったのだ。

泰山府君を圧倒する、あらたな陰陽道の神……。その名を牛頭《ごず》天王《てんのう》という。

第三章　牛頭天王、来臨す

1　牛頭天王を求めて

京都鉾町《ほこちょう》の辻々に建てられた山車《だし》や鉾《ほこ》。コンチキチンという、祇園囃子《ぎおんばやし》の音。宵山《よいやま》の夜、薄暗い路地に浮き上がる駒形提灯《こまがたちょうちん》の群れ。そして華やかに飾られた山鉾が車の音をきしませて進む市中巡行……。京都の夏の風物詩として有名な「祇園祭」の情景である。

祇園祭は古く「祇園御霊会《ごりょうえ》」と呼ばれ、夏の真っ盛りに疫病が流行することを防ぐために行疫神《ぎょうえきしん》を祭り鎮める祭りとして始まったという。その起源については諸説があるが、平安時代初期、貞観《じょうがん》一一年（八六九）六月七日、天下に疫病が流行ったために六六本の鉾を立てて、祇園社《ぎおんしゃ》から神泉苑《しんせんえん》へ送ったことに始まるというのが、一般的に知られる説である（『祇園社本縁録』）。そして現在のように、数多くの山鉾が繰り出し「町衆」が中心となる形は、一四世紀頃からとされる。応仁の乱前には、下京《しもぎょう》の町衆を中心として、すでに五八基の山鉾が出ていたという（真弓常忠「祇園社と町衆の形成」）。

かくして「日本を代表する祭り」と称えられる祇園祭だが、しかし、その祭りの祭神が陰陽道の重要な神であることを知る人は、そんなにはいないだろう。その神の名は「牛頭《ごず》天王《てんのう》」。祇園祭の深層には、陰陽道が深く関わっているのであった。

まずは、祇園祭の祭神を祀る、京都・八坂神社へと赴くことにしよう。

祇園祭の祭神の本当の名前は

図3－1　宵山の提灯

祇園祭のハイライトとして「山鉾巡行《やまほこじゅんこう》」が有名だが、じつは、祭りの「本番」は、その巡行が終わった夕刻、神社から三基の神輿《みこし》が市中へと繰り出すことに始まる（神幸祭《しんこうさい》）。三基の神輿は、「お旅所《たびしょ》」に留まり（**図3－2**）、七日七夜を過ごして、後祭《あとまつり》の夜にふたたび巡行して、神社に戻ってくるのである（還幸祭《かんこうさい》）。つまり、祭りの目的は神輿の渡御であり、その神輿を迎えるために都大路のお祓いとして、町衆による山鉾巡行が行なわれたというのである。ちなみに、現在では山鉾巡行は七月一七日だけであるが、かつては二四日の後祭と二回あったが、昭和四一年（一九六六）から一七日に一本

図3－2　お旅所・三基の神輿が並ぶ（四条寺町）

化された。〔補注1〕

では、神輿三基で渡御する神々とは？彼らこそ、まさしく八坂神社に祭られる神々である。その三神は——、

西間・稲田姫《いなだひめ》
中央・素戔嗚尊《すさのをのみこと》
東間・八柱御子《やはしらのみこ》神《がみ》

いうまでもなくスサノヲは、古代神話のなかの代表的な神。高天《たかま》の原での荒ぶる行為から出雲へと追放され、その後は八岐大蛇《やまたのおろち》を退治し、生贄《いけにえ》のクシナダヒメを助けた英雄神となる。そしてスサノヲ・クシナダヒメのあいだから生まれた御子神たちのうちには出雲大社の祭神・オホクニヌシもいる。

それにしても、出雲を舞台とする古代神話の神々が、どういう理由があって、

図３－３　**八坂神社**（西楼門）

京都の神社に祭られているのだろうか。まずは、その疑問から出発しよう。

　ところで、現在の「八坂神社」という名称は、明治以降に付けられた名前である（明治元年五月に改称）。古い記録・史料では、八坂神社は「祇園社」「祇園感神院《かんじいん》」、あるいは「祇園天神堂」と呼ばれ、もともとは観慶寺という寺院に付随する神社であった。平安時代末期には、奈良の興福寺の末寺、後に比叡山延暦寺の末寺になったという。つまり「八坂神社」は寺院と神社が結合した空間としてあった。日本の古来の信仰形態である「神仏習合」の姿を伝える場所なのである。そして平安時代後期、祇園社の祭神は「牛頭天王」と呼ばれていた。だが、中世のあるときからスサノヲと同体であることが説かれて、さらに明治初年の神仏分離、廃仏毀釈《はいぶつきしゃく》のなかで牛

図3-4　稚児と禿の両親（右）が長刀鉾保存会役員と向かい合って粛々と行なわれた結納の儀（京都市左京区）。「祇園牛頭天皇（王）」の掛け軸が見える。

頭天王の名前は抹消され、スサノヲに固定されてしまったというわけだ。

現在、祇園祭の神事祭で、八坂神社の祭神として、神輿に鎮座して市中を巡行するスサノヲ。だが、彼の過去には、「牛頭天王」という、もうひとつの姿が隠されていたのである。その「過去」を抹消したものこそ、明治初年、列島社会に吹き荒れた神仏分離、廃仏毀釈という宗教統制のあらしであった。このとき、祇園社（感神院）の名称も、「八坂神社」に変更される。牛頭天王は、まさしく明治の近代国家によって消された神であったのだ。

近代国家によって、なぜ牛頭天王は封印されたのか。それは神仏分離、廃仏毀釈＝「国家神道」を志向する明治国家にとって、牛頭天王は純粋な「神道」に属さない存在であったからだ。神道とも仏教とも定かではない牛頭天王は、「国家神道」をめざす明治国家の格好の標的とされたのである。

もっとも現代にあっても、祇園界隈の老人たちは八坂神社の祭神を「天王さん」と呼ぶ人も少なくない。また鉾町の祇園祭の会所などには、「祇園牛頭天王」の掛け軸が掛けられているところを見る。さらに祇園祭の稚児の「結納の儀」は、「祇園牛頭天皇（王）」の掛け軸を前に行なわれている（**図3-4**参照）。近代の国家が封印した「牛頭天王」は、いまも祇園祭の片隅でしたたかに生きているようだ。さらに京都付近には、牛頭天王に関わる土地も少なくない（コラム2、参照）。

あらためて、牛頭天王とはいかなる神なのか。それはどのように陰陽道と繋がるのか。そのことを探求することは、近代国家によって、無理やり「素戔嗚尊」にされてしまった神が本来の自分の名前を取り戻し、そこに隠された「歴史」の記憶を呼び起こすこと、といえよう。

「祇園社」と「牛頭天王」をめぐる歴史

一般に、牛頭天王は、天竺の祇園精舎《ぎおんしょうじゃ》（インドにおける釈迦の修行道場）の守護神であったことから、京の「祇園社」に祭られたといわれている。その出自は天竺＝インド、仏教を守護する神であったわけだ。

〈コラム1〉

本居宣長、祇園祭を観る

日本神話研究の一大画期をなした『古事記伝』全四四巻を、三四年の歳月をかけて書きあげた本居宣長《もとおりのりなが》（一七三〇〜一八〇一）は、二〇代のころ、京都に遊学している。宝暦二年（一七五二）三月、上京した宣長は、以後五年間にわたる修業時代を京都で送った。広島藩出入りの儒医・堀景山《ほりけいざん》の家に下宿し、医学や『史記』などの中国古典の勉強をするとともに、京都の歌人たちのグループにも加わり、和漢にわたる宣長の基礎学問はこの時代に培われたという。

ところで、宣長は「記録魔」といっていいほど、詳細な日記を書く人だ。京都時代についても『在京日記』（全集・第一六巻）というのがある。それを読むと、上京した翌年、宣長が「祇園祭」を見物したときの記事にぶつかる。ちょっとそれを紹介しよう（読みやすいように、一部表記を変更）。

（五月）廿九日、けふは御輿《みこし》あらひ、日和よければ、見にゆかばやと思ふに、午の時より雨ふり出て、ひねもす晴れやらず、いと口惜し。

四条河原に神輿を担ぎ出し、川水で清め・祓いをする行事である。いまは七月一〇日に行なわれている。蒸し暑くなってくるこの頃、「すべてはや此比は暑くもあれば、四條河原のわたり、夜ごとににぎはしく侍る」と記している。
そして宵山の情景——。

（六月）六日はよみや（宵山）、にぎはしきことといはんかたなし、まづ鉾は、四條東洞院の西に長刀鉾、同烏丸〔東〕西に函谷鉾、俗にかんこ鉾といふ、同室町の西に月鉾、室町四條の北に菊水鉾、同四條の南に鶏鉾、新町四條の北にすはま鉾……、よみやには、星のごとくに、てふちん（提灯）多くともし侍りて、かね太鼓笛にてはやし侍る、いとはなやかに、にぎはしきことかぎりなし。

いまとほとんど変わらない宵山の四条通りを宣長も見物しながら歩いている。ちょっと感動モノだ。「はじめて京にのぼりて見る人は、目をおどろかすわざ也」と、松坂から上京した若き宣長が体験した興奮と驚きが伝わってくる。

ちなみに、宣長は祇園祭の祭神・牛頭天王についてはどう考えているのか。「牛頭天王と申す神号は、例の仏家より出たるなれば、論におよばず」（『答問録』全集・第一巻）とすげない。仏教嫌いの宣長らしい一言だ。

図3－5　宣長修学の碑（下京区綾小路通新町）

あらためて、八坂神社の古い時代を探索してみると、そこは神社というよりも、寺院と神社とが結合した空間が浮かんでくる。その創建の記録をたどってみると、平安時代、一〇世紀の史料に、ひとりの修行僧が「祇園天神堂」を建立したという記事がある（『日本紀略』延長四年〈九二六〉六月二六日）。また貞観年中（八五九～八七六）に「祇園寺」として、十禅師円如《じゅうぜんじえんにょ》が託宣を受けて「山城国愛宕郡八坂郷樹下」に創立されたという記録もある（ただし、その官符は、室町時代に編纂された『二十二社註式』にしか載っていない）。なんと祇園社は「祇園寺」と呼ばれていたのだ。実際、一〇世紀半ばには、「祇園寺感神院」の名前で、奉幣された記録もある（『本朝世紀』天慶五年〈九四二〉六月二一日）。あるいは康保三年〈九六六〉七月七日には、天下疫病に際して、七大寺・延暦寺・東西寺・御霊堂などの諸寺とともに「祇園」において、読経を行なわせたとある（『日本紀略』）。そこでも「祇園」は寺院の扱いを受けていたといえよう。

このように古代において「祇園社（祇園感神院）」は、まさしく「寺院」でもあった。そこに仏道修行者を守る神として牛頭天王が祭られたということも、なるほど納得がいく。では牛頭天王の名前は、いつごろ記録に現れるのか。そしてそれは、どのように疫神祭・御霊祭と結びつくのか。

祇園社に祭られる牛頭天王。その名前が史料のうえに現れるのは、平安時代後期、一一世紀あたりからだ。延久二年（一〇七〇）一〇月一四日、「祇園感神院」で火災があり、大廻廊、舞殿、鐘楼などことごとく灰燼に帰した。ただし「天神」の御体は、無事に取り出すことができたという。続いて一一月一八日では、「八王子四体」「蛇毒気《じゃどつけ》神《しん》・大将軍《だいしょうぐん》」の安否を検分すること、「祇園天神」は、新造の神殿に遷座させたという記録がある（『扶桑略記』）。そこでは牛頭天王の名前は見えないが、『玉蕊《ぎょくずい》』に引かれた「祇園社焼亡例事」では、同日の火災について「牛頭天王御足焼損す」と記されている。どうやら祇園社の祭神は、「祇園天神」という天神信仰に関わる神格が、祇園御霊会の展開のなかで、いつからか「牛頭天王」と同一視されるようになったと考えられよう（今堀太逸『本地垂迹信仰と念仏』）。

図3－6　牛頭天王像（京都・松尾神社）

しかし、あらためて注目したいのは、祇園社に祭られる神たちの素性だ。八王子、蛇毒気神、大将軍、そして牛頭天王……。それは明らかに『記』『紀』にもとづく「日本神話」の神々とは異質な名前をもっている。彼らは、異国に出自をもつ、まさしく「異神」たち（山本ひろ子『異神』）と呼んでいいだろう。祇園社に仕える社僧たち（神社付設の寺に所属し、仏事を行なう僧）のなかには、それら異国の神々を信仰の対象としてきた者たちがいたのであろう。そして後に見るように、八王子・蛇毒気神・大将軍・牛頭天王は、すべて陰陽道に関わる恐ろしい「暦《れき》神《しん》」たちであったのだ。祇園社の信仰圏のなかに、「陰陽道」が入り込んでいることはたしかなようだ。

祇園社の祭神・牛頭天王。彼は寺院を守護する神から、いつか祇園御霊会の流行のなかで、恐ろしい行疫神としての神格を獲得していったのではないか。その背景にあるのは、どうやら陰陽道の思想であったようだ。そしてここにおいては、いまだスサノヲという古代神話の神と同一視する主張はまったく見られなかった……。

祇園祭の隠れた祭神・牛頭天王。ようやくその姿を見せてきた、この神の素性を、さらに追ってみよう。

「播磨国」に顕現した牛頭天王

祇園社に祭られる牛頭天王は、最初から八坂の地に鎮座していなかった。あるとき、他所の地から遷り来た神であったようだ。たとえば、次のような記録がある。

牛頭天王。初めは播磨国の明石浦に垂迹《すいじゃく》し、後に同国広峯《ひろみね》に遷った。さらにその後北白河の東光寺に遷り、人皇五十七代・陽成院の元慶年中（八七七〜八八四）に感神院

図3－7　元祇園社（中京区壬生梛ノ宮町・梛神社）

に遷ってきた。　　　（『二十二社註式』）

牛頭天王は、まずは播磨国の明石浦に顕現した。そこからいくつかのルートをたどって、京の祇園感神院に鎮座したというのだ。では、なぜ牛頭天王は、播磨国に「垂迹」したのか。その理由を語る、こんな伝承がある。

老僧が語ったことには、元正天皇の時代、霊亀二年（七一六）に吉備真備大臣《きびのまきびのおとど》は入唐した。それから聖武天皇の時代、天平五年（七三三）に帰朝したが、その折に播磨国・広峯の麓に宿泊した。このとき、夢とも現《うつ》つともわからないが、一人の貴人が現れて、私は古丹《こたん》（巨旦）の家を追い出され、蘇民《そみん》によって助けられたが、浪人になってからこのかた、住

図3－8　粟田神社の鳥居（東山区粟田口鍛冶町）

むところを定めることができない。だから、あなたと唐国で約束したように、追いかけてきた、と告げた——。これこそが、当山（広峯社）でお祭りする牛頭天王の来歴である。数年をへて後、平安京が作られた時、牛頭天王は東方を守護するために祇園荒町に勧請されたという。

（『峰相記』）

牛頭天王が播磨国広峯の地に来臨した理由。牛頭天王は巨旦の家を追い出され、蘇民に救われたが住所不定であったので、吉備真備との唐国での約束を思いだして、真備のいる広峯の地に姿を現したという。

これは明らかに「歴史的な事実」ではないだろう。だが、そうした伝承が生まれ、伝えられた歴史的な背景には、京の祇園社の勢力が拡大し、播磨国の広峯が祇園社の重要な社領になったことが考えられる（西田長男「『祇園牛頭天王縁起』の成立」）。本来、広峯社（現・兵庫県姫路市の広峯神社）は祇園社の分社であるが、伝承では広峯こそが祇園社の本社・元祇園社であったとなるのである。他にも、自分たちの神社こそが「元祇園社」、つまり遠い国から来臨した牛頭天王が、祇園社に鎮座する以前に立ち寄ったところという伝承は、京都のなかにも複数ある（コラム2、参照）。

遠国から来臨した牛頭天王。その伝承の奥には、彼が「日本」在来の神ではなく、「異国」から渡来してきた神であるという記憶が秘められていよう。

また『峰相記』の伝承で興味深いのは、吉備真備が登場するところ。奈良時代に実在した学者政治家の真備は、後世には「陰陽道の祖」と仰がれた人物でもある。後に紹介する

図3－9　粽の「蘇民将来之子孫也」

〈コラム2〉

いまも京都に棲息する牛頭天王

ようやく春めいてきた三月のある日、京都生まれの妻に案内してもらいながら、京都に残る「牛頭天王」の痕跡を訪ねてみた。

まずは黒谷・金戒光明寺《こんかいこうみょうじ》から坂を下ったところにある「岡崎神社」（左京区岡崎東天王町）。なんの変哲もない神社だが、かつてここは「東天王社」と呼ばれ、「東光寺」という寺院があった。その伽藍神《がらんしん》が牛頭天王とされる。この東光寺とは、広峯から遷ってきた牛頭天王が最初に鎮座した「北白河の東光寺」にあたるようだ。ただし、現在の神社の由来書きの看板には、スサノヲがやってきたと書かれている。「東天王町」と町名が残っているのがうれしい。

ちなみに「東天王社」にたいして「西天王社」というのがある。現在は「須賀神社」（左京区聖護院円頓美町）と呼ばれているが、祭神は牛頭天王。また節分のときに「懸《け》想文売《そうぶみう》り」の行事が行なわれるが、懸想文売りの覆面姿は祇園社の「犬神人（つるめそ）」からきているようだ。

岡崎神社から車に乗って、粟田《あわた》口《ぐち》に向かう。そこに鎮座するのは「粟田天王社」。現在の「粟田神社」（東山区粟田口鍛冶町）である。ここも祭神は牛頭天王。室町時代、祇園祭が執行できない場合、この神社の祭りをもって祇園会の代わりとしたという。神社の参道の入り口にある鳥居の額に「感神院新宮」の名前がいま残されていたのは、感動だった（図3－8）。山の中腹にある神社の境内からは、京都の街並みが一望できる。雪が残る北山も見えた。

安永九年（一七八〇）刊行の『都名所図会』を眺めると、けっこうあちこちに「牛頭天王」にまつわる神社が出てくる。たとえば「牛王地社《ごおうちしゃ》」。下河原の南にあり、現在地は不明。「播州広峯より初めて鎮座し給ふ地なり」とある。また一乗寺山下里松の東にある「天王社」。舞楽寺の社となっている。「北の天王社」ともいう。あるいは京田辺市にある「牛頭天王社」。普賢寺谷の山上に鎮座。現在も「天王」の地名が残っている。さらに『拾遺都名所図会』にも、「烏丸通高辻の北、古祇園の御旅所なり」という「牛頭天王社」がある。現在は、烏丸仏光寺下ルに「八坂神社大政所御旅所旧址」の碑がある。また下鳥羽の東、伏見区下鳥羽にある「田中天王社」。八坂神社からの勧請されたという。その他、中京区壬生梛ノ宮町の「梛神社《なぎじんじゃ》」は、広峯から牛頭天王を勧請したという「元祇園社」と呼ばれている（図3－7）。こうやって探してみると、けっこう京都には、牛頭天王の棲息地があるようだ。

安倍晴明をめぐる「神話」（第四章、参照）にも、唐へと赴いた吉備真備が重要な役割をもつ。また吉備真備が疫神祭祀に関わる「八所御霊社」のなかに入ることも、見過ごせないところだろう（三崎良周『密教と神祇思想』）。

そしてもうひとつは「播磨国」という場所。こちらも『今昔物語集』や『古事談』などでおなじみの知徳《ちとく》法師、道満《どうまん》法師など「法師陰陽師」と呼ばれた民間系の陰陽師たちが多数活躍するところであった。また『今昔』には、賀茂保憲の弟で、出家した慶滋保胤《よししげのやすたね》（寂心）が、播磨国で祓えをしている法師陰陽師と出会う説話もあった。播磨国は、どうやら法師陰陽師と呼ばれる非官人系の陰陽師たちの重要な拠点であったようだ（田中久夫「法道仙人と播磨の陰陽師」）。そうした地に牛頭天王が最初に来臨したという伝承は、無視できないところだろう。牛頭天王信仰の担い手たちの原イメージが、こういうあたりから少しずつ見えてきそうだ。

ところで『峰相記』の物語に、牛頭天王が「我は古丹（巨旦）が家を追い出され、蘇民が為に助けられて……」といったくだりがあった。巨旦、そして蘇民。そう、祇園祭の粽にも記される「蘇民将来之子孫也」の札（図3-9）、その札に書かれていた人物である。巨旦と蘇民というふたりの人物こそが、恐ろしい行疫神としての牛頭天王の本性を語る、重要な存在であった。

ここで浮上してくるのが、牛頭天王の来歴を語る物語、「祇園牛頭天王縁起」というテキストである。それはどんな物語なのか。じつのところ、意外と知られている、あの話……。

2　中世神話としての「祇園牛頭天王縁起」

「祇園牛頭天王縁起」の物語、紹介

牛頭天王と巨旦、蘇民との関係を物語る物語。それを語るのは、室町時代以降に広く伝わった「祇園牛頭天王縁起」と呼ばれるテキストである。享保時代の祇園社務執行宝寿院《しこうほうじゅいん》行快《ぎょうかい》が編纂した『祇園社記』には、漢文体のものと、仮名文体のものがふたつ収録されているが、さらに多くの異本・バリアントが伝わっている。その成立過程はかなり複雑で、はっきりとした経緯はわかっていない。

ともあれ、まずはその縁起譚の物語の概要を紹介することにしよう。

(1)豊饒国《ぶにょうこく》という国に武答天王《むとうてんのう》という王がいた。国王に皇子が生まれたが、七歳で身長は七尺五寸もあり、頭上には三尺の牛頭、赤色の角が生えていた。国王は、その子を「牛頭天王」と名づけ、太子の位につけた。

(2)ところが顔があまりに恐ろしいので、后のなり手が見つからなかった。ある時山鳩が飛んできて、八海龍王のひとり娑竭羅龍王《しゃからりゅうおう》の第三女・波梨采女《はりさいめ》が后となることを告げた。

(3)そこで牛頭天王は、数万騎の家来とともに山鳩の案内で波梨采女の住む龍宮へとむかった。旅の途中、日が暮れたので巨旦《こたん》将来という長者の家に宿を乞うたが、自分は「貧者」であるからと宿を貸すことを断った。牛頭天王はたいそう立腹し、蹴殺そうとしたが、家来たちの忠告で思いとどまった。

(4)さらに宿をとる場所を探していると、「貧者」であるが「慈悲」の心をもっている蘇《そ》民《みん》将来という人が宿を貸してくれた。牛頭天王はそのお礼に「牛王」という宝物を授けた。

(5)龍宮に到着した牛頭天王は、波梨采女の宮殿に入り、八年間ともにすごした。そのあいだに八人の王子が誕生した。

(6)やがて牛頭天王は后と八人の王子を引き連れて本国に帰国したが、その途中でふたたび蘇民将来のもとに行き、再会した。

(7)一方、巨旦は牛頭天王が襲ってくることを占い師の占いによって察知していた。その攻撃を防ぐために巨旦は、千人の法師に七日七夜『大般若経』を読ませていた。その様子を知った天王はさらに怒り、八万四千の家来にむかって、巨旦の一族をことごとく滅ぼすことを命じた。

(8)だが、巨旦の館は千人の法師たちの読経の力で鉄の築地が出来て、侵入する隙がなかったが、一人の片目の僧侶が経典の一字を読み落としたので、そこに隙間が出来た。家来たちはその隙間から侵入し、巨旦の一族を皆殺しにした。

(9)そのとき、蘇民将来の娘が巨旦の家に嫁いでいたので、天王は「茅の輪」と「蘇民将来の子孫」と書かれた札を娘の腰の帯に付けさせた。そうすれば、災難から免れられようと指示し、蘇民将来の娘だけを救った。

そして物語の結末のあとには、

六月一日より十五日にいたるまで毎日七へん、南無天薬神・南無牛頭天王、厄病消除、災難擁護と唱え奉らば、息災・安穏、寿命長遠ならん。もし不信のやからあらば、たちまちに天王の御罰を蒙って、厄病現来せんこと、うたがひなし

（仮名本『牛頭天王縁起』）

といったように、祇園社・牛頭天王への信仰を訴えかける言葉がつくのである。また結末に語られるエピソードは、「茅の輪」や「蘇民将来之子孫也」という札を玄関に張り出せば、災難を避けることができるという民間習俗の由来となっているところだ。

さて、この物語、一読すればたちどころに、どこかで聞いたことのある話のパターンと気がつくだろう。裕福だが強欲な巨旦は復讐され、貧者だが慈悲深い蘇民将来は、宝物を授けられるというストーリー。そう、昔話や伝説でよく知られている「隣の爺型」と呼ばれる物語のパターンだ。昔話に通じる牛頭天王縁起からは、牛頭天王の信仰が「庶民」の

あいだにも親しまれ、その信仰が広がっていく背景が見てとれるだろう。そうした親しみ深い昔話のパターンを使うことで、牛頭天王が恐ろしい疫神であるとともに、それをきちんと祭り、崇めれば疫病から守ってくれるという両面性をもつことを強く印象づけることになるわけだ。

それにしても見事な物語の構成だ。いったい、誰が、いつ、こうした「縁起」を作り出したのか。もはやそれは歴史の彼方に消え去ったことで定かではないが、祇園社の社僧たちのあいだから編み出され、語り伝えられたものであることはまちがいないだろう。とはいえ、これはけっして彼らの独創的な「創作」ではなかった。「祇園牛頭天王縁起」の元となっている話があったのだ。そしてそれはまた、牛頭天王とスサノヲとを結びつける役割もはたす、重要なテキストであった。

「吾は速須佐雄の神そ」

「祇園牛頭天王縁起」の源流とされるのは、「備後国風土記に曰く」と伝わる「疫隈《えのくま》の国社」の縁起譚である。以下のような話だ。

昔、北の海に住む武塔《むとう》の神が、南の海にいる神の娘のところへ妻訪いに通っていた。旅の途中、日が暮れたので、宿を探した。そこには蘇民将来というふたりの兄弟がいた。兄の蘇民将来はたいそう貧しく、弟の将来（巨旦）は裕福だった。武塔の神が弟の将来（巨旦）に宿を借りようとしたが、惜しんで泊めてくれず、一方、兄の蘇民将来は宿を貸してくれ、粟柄で編んだ円座に座らせ、丁寧にもてなしてくれた。その後、武塔の神が八人の子供たちを引き連れて帰国する途中、「もてなしてくれた蘇民将来の行ないに報いよう、弟の家にお前の身内はいるか」と尋ねたところ、蘇民は「自分の娘がいる」と答えたので、「では、腰に茅の輪をつけておくように」と教えた。その夜、蘇民の娘だけを残して、弟の一族は皆殺しにした。そして武塔の神は、「わたしはスサノヲの神である。後の世に悪い疫病が流行ったら、おまえたちは蘇民将来の子孫と称して、茅の輪を腰につけたものは災いから免れられよう」と告げた。

一般に『風土記』といえば、奈良時代初期に編纂された「古風土記」をさす（現存しているのは、出雲国・常陸国・播磨国・豊後国・肥前国の五カ国）。だが、この「備後国風土記に曰く」と伝えられる武塔神の伝承は、平安時代末期から鎌倉時代に作られた「偽作」であるらしい。奈良時代の「古風土記」そのものではないようだ。もちろんなんらかの古伝承を伝えてはいるのだろうが、けっこう素性が怪しいテキストなのだ。なお、近年の説では、「武塔の神」は朝鮮のシャーマンである「ムータン」であり、「北の海」は朝鮮を指すという説もある（新編日本古典文学全集『風土記』頭注）。

それはともかく、「疫隈の国社」の縁起譚が「祇園牛頭天王縁起」と瓜二つのストーリーであることは見てのとおりだ。これをベースにして、牛頭天王の物語が作り出されたのはまちがいない。

しかし、武塔神の伝承を読めばすぐに気がつくように、ここには「牛頭天王」の名前は一切ない。ただ武塔神が「吾は速須佐雄《はやすさのを》の神そ」と語っているだけなのだ。それなのに、この伝承は「祇園社の本縁」として認識され、そこから牛頭天王＝スサノオという説が派生していったのである。

たしかに物語の構成は、「祇園牛頭天王縁起」と類似しているし、また「縁起」では、牛頭天王の父親を「武答天王」と呼ぶバージョンもある。あるいは鎌倉時代の辞書『伊呂波字類抄《いろはじるいしよう》』には、「牛頭天王、又の名武塔天神と曰ふ」という一節がある。武塔神と牛頭天王とを結びつける、繋がりはなくはない。牛頭天王と武塔神とは同じ神、そして武塔神とはスサノヲのこと、だから牛頭天王とスサノヲも一体の神であるという主張が導かれることになる。

いったい誰が、いつ、牛頭天王とスサノヲとを結びつけたのだろうか。

誰が牛頭天王＝スサノヲ説を作ったのか

祇園牛頭天王とスサノヲとを一体化させたもの。それは鎌倉時代中期、一三世紀後半に、卜部《うらべ》兼方《かねかた》（懐賢）が編纂した『釈日本紀《しやくにほんぎ》』という、『日本書紀』の注釈書においてであった。

『日本書紀』の一書［第三］で、イザナギから追放されたスサノヲが神々に宿を借りようとしたとき、「おまえは自分の行ないが悪くて追放されたのに、どうしてわれわれに宿を乞うのか」と、神々から宿を貸してもらえなかった場面がある。その場面を注釈するところで、『釈日本紀』は、先の武塔神の伝承を「備後国風土記に曰く……」と引用したのだ。武塔神が宿を拒否されたエピソードの一部が、『日本書紀』のスサノヲ神話と類似しているとはいえよう。

しかし、問題は、この風土記の話を引いたあとに、こう述べているところだ。

先師申して曰く、これ則ち祇園社本縁なり。（『釈日本紀』巻第七）

「先師」とは、卜部兼方の父・兼文《かねふみ》のこと。兼文の説として、武塔神の伝承を「祇園社」の縁起譚と説いていくのだ。さらに『釈日本紀』は、「先師」が関白の一条実経《さねつね》とのあいだで交わした問答をいくつか引用して、武塔神の伝承と祇園社祭神との結びつきを補強している。すなわち、祇園社の三神とは、スサノヲ＝武塔天神、クシナダヒメ＝本御前・少将井、南海の神の娘＝今御前のことであり、祇園御霊会のとき、四条京極に粟飯を供えるのは、この蘇民将来の話にもとづくこと。また祇園社の神殿の下に龍宮に繋がる穴があると伝わるのは、北海の神の娘に通ったことと符合すると説かれていくのである。

さらに「先師」の説は、祇園社の祭神＝牛頭天王とスサノヲとの結びつきをこのように強調する。祇園社の祭神は「異国神」である。そしてスサノヲもはじめ新羅《しらぎ》国に降り、後

図3－10　吉田神社（左京区神楽岡町）

に日本に帰ってきたと『日本書紀』一書［第四］に記されている。だから両神には類似点がある、と。祇園社の祭神・牛頭天王とスサノヲとの同体化を強く主張したのは、この『釈日本紀』に始まることは、どうやらまちがいないようだ（久保田収『八坂神社の研究』）。

それにしても、どうして『釈日本紀』は、祇園社の祭神を古代神話の神・スサノヲと結びつけたのだろうか。そしてそれを主張する卜部兼文、兼方とは何者なのか。

卜部氏といえば、神祇官において中臣氏の配下で主に祓えや卜占に従事する神祇系氏族として有名だ。彼らは平安時代後期には、朝廷儀礼の故実や古典研究を「家学」とするようになり、鎌倉時代には『日本書紀』研究の権威となった。後には「日本記（紀）の家」（『太平記』）と呼ばれている。卜部氏は、一一世紀には、吉田社（現・吉田神社。京都市左京区神楽岡町）の神主を務める卜部吉田家と、平野社（現・平野神社。京都市北区平野宮本町）の神主を務める卜部平野家に分かれる（岡田荘司『平安時代の国家と祭祀』）。『釈日本紀』を編述した兼文・兼方の親子は、その平野系の卜部氏である。彼らはまさしく中世における神話学者といえよう。

『釈日本紀』には、卜部平野家に集積された『日本書紀』注釈の知識、書物がふんだんに活用、引用されており、とくに平安時代の「日本紀講」（宮廷主宰の『日本書紀』の講読会）の博士たちの「私記」（講義ノート）が多く引用されている。武塔神の伝承を伝える『備後国風土記』の逸文も、彼らの家に伝来した古書のひとつなのだろう。

図3－11　平野神社（北区平野宮本町）

あらためて、卜部兼文・兼方親子が、武塔神伝承を祇園社の縁起と結びつけたのはなぜなのだろうか。

兼文は、祇園社が「行疫神」を祭る神社であることから、行疫神としての武塔神＝スサノヲとの繋がりを見出している。行疫神は「異国」から来臨するという信仰が新羅に渡ったスサノヲとの接点を導いたことは考えられる。だが現代の目からみれば、かなり無理な飛躍やこじつけが感じられることもたしかだろう。

牛頭天王とスサノヲとの同体説。そうした神話言説を生み出す背景にあるのは、現代のわれわれの合理的な解釈とは異なる、中世固有な「神話論理」の世界である。それは中世という時代に膨大に生み出されていった「古代神話」の読み替え、「神話」の再創造のムーブメントと連動していた。

「中世神話」の世界から

中世という時代、『古事記』『日本書紀』の古代神話の世界は、大きく読み替えられ、中世固有の神話世界が生み出されていった。近年の研究では、それを「中世日本紀」「中世神話」と呼ぶ。そこでは古代神話の神々が、密教や禅、陰陽・五行説などの多様な信仰・知識と結びつき、古代神話からは想像できないような「神」へと変貌していった。たとえば伊勢神宮の祭神であり、皇祖神でもあるアマテラスは密教の教主・大日如来の化身とされ、あるいは稲荷信仰の荼吉尼天《だきにてん》と結びつき、さらには蛇体の神へとメタモルフォーゼを遂げていくのである（斎藤英喜『読み替えられた日本神話』）。

こうした「中世神話」の担い手たちは、伊勢神宮の神官たちをはじめ、関東の金沢称《しょう》名寺《みょうじ》、尾張の真福寺《しんぷくじ》、奈良の西大寺《さいだいじ》の寺院の僧侶たち、あるいは天台・叡山の記家《きけ》の学僧など、その担い手には多くの僧侶たちがいた。中世にあっては、仏教僧侶たちが、『日本書紀』神話の学問・注釈の中心となっていたのである。そして彼ら、仏教系の神話学者たちから影響を受けつつ、また対抗していったのが、「日本記（紀）の家」と呼ばれる卜部平野家、あるいは吉田家の学者たちであった。

あらためて、中世神話の現場へと降り立ったとき、祇園牛頭天王がスサノヲと同体視される言説もまた、そうした中世における神々の変貌のひとつの姿であることが見えてこよう〔補注2〕。卜部平野家の神話学者たちは、『日本書紀』を注釈するという学問的な営為のなかで、荒ぶる神・スサノヲを行疫神・牛頭天王へと読み替えていったわけだ。そこには「牛頭天王」という「異国神」を、日本の神々のもうひとつの姿であると解釈しようとする、中世的なナショナリズムの発想が伏流していたのである。

もう一方の卜部氏である吉田家においてなされたスサノヲ＝牛頭天王説を紹介しておこう。室町時代の『日本書紀』注釈の一節である。

（スサノヲは）此時に我は北海無道（武塔カ）天神と名乗られたぞ。無道天神も、牛頭天王も外国の名ぞ。其後にあまり疫病のはやるに、外国の名をとりて、祇園の感神院で祭るぞ。

（吉田兼倶『神書聞塵』）

ここでは「外国」の神々も、もとをただせば「日本」の神々の別様の姿・名前であるという発想が濃厚に見える。行疫神であったために「外国」の神の名前に変換されたのだ。

　なおこの言説の主・吉田兼倶《かねとも》とは、室町時代に「唯一《ゆいいつ》神道」なるものを提唱していく、まさしく宗教的オルガナイザーである。京都・吉田神社の神域に建つ、八角形の不思議な形の社殿をもつ「大元宮《だいげんぐう》」は、吉田兼倶の神道思想を具現化した建物であった。彼の魅力あふれる生涯や思想について詳しく述べる余裕はないが、その「唯一神道」（吉田神道）は、陰陽道ぬきには語ることができない一面をもっていたことは指摘しておこう。

図3－12　大元宮

　卜部平野家によって、読み替えられ、新しい解釈がほどこされていく「日本紀」。その神話の変貌のひとつに、牛頭天王＝スサノヲ説が作られていったのである。後にそれが卜部吉田家にも連動して、祇園社の神たちを「古代神話」の神、スサノヲやクシナダヒメに読み替えることが定着していく。それが、近代における八坂神社の祭神＝スサノヲ説を生み出す基盤となっていることはあきらかであろう。

一方、天台密教の事相書である『阿娑縛抄《あさばしょう》』四「薬師法」では、祇園牛頭天王の本地を「薬師如来」とする言説もあらわれる。この世に垂迹した神は、もともとの本地＝本来の姿をもつ。本地垂迹説と呼ばれるものだ。行疫神でありつつ、その災厄を防いでくれる牛頭天王は、本来の姿は薬師如来であったというわけだ。薬師如来は、衆生を病苦から救ってくれる如来である。別系統の「牛頭天王縁起」では、「本地の医王」「垂迹の大王」という言説も見える（西田、前出論文）。それは浄土宗の宗祖・法然《ほうねん》に結びつけられて語られている。知恩院と祇園社とのあいだに、なんらかの交流があったことをうかがわせるところだ。

ちなみに明治以前までは、祇園社の本殿西隣に南面してあった薬師堂に薬師如来像が祭られていたが、明治以降は、京都府大蓮寺に遷されたという（『祇園信仰の美術』）。

このように祇園社の祭神・牛頭天王は、その時代、時代のなかで様々な「名前」「由来」をもったことがわかってきただろう。では、いつ陰陽道の神としての姿を見せてくるのだろうか。

牛頭天王、第三の名前

室町時代に編纂された『祇園社略記』という資料に、こういう言説が見られる。

天道《てんどう》神家《しんけ》には、祇園を素盞烏尊《すさのをのみこと》と称す。仏家《ぶつけ》には、是を牛頭天王となし、暦家《れきけ》には、天道神《しん》と配す。

室町期には、祇園社の祭神は、複数の名前をもって認識されていた。「神家」とは、神道家、直接には卜部吉田家をさすのだろう。そこではスサノヲと呼ばれる。一方、牛頭天王の名前は、「仏家」によるという。祇園感神院における社僧たちの言説に発するからだ。さらに、第三の名前が登場する。「天道神《てんどうしん》」という名前。それは「暦家《れきけ》」の人々が名づけたものという。ひとりの神は、同時に三つの名前をもつ。三つともすべてが「本名」なのだ。そしてその名前には、それぞれの信仰世界が反映していたのである。中世後期の「牛頭天王」は、そんな多面体の顔をもつ神であったのだ。

だが、ここで問題は、三番目の名前「天道神」である。祇園社の祭神の名を「天道神」と呼ぶ「暦家」とは何か。

「暦家」とは、もともとは陰陽寮において造暦《ぞうれき》、暦注書などを作成・管轄する暦部署が、平安時代後期からは賀茂家によって独占され、「家業」として位置づけられたことのネーミングである。したがって「暦家」といえば、一般的に賀茂家をさす（山下克明『平安時代の宗教文化と陰陽道』）。

たとえば賀茂家が編纂した暦注書である『陰陽雑書《おんようざつしよ》』（賀茂家栄《いえよし》撰・一二世紀）には、「蔵胞衣《えな》吉日」の項目で、「吉方・天徳・月徳・天道方吉」として、胞衣（胎児を包んでいる膜、胎盤のこと）を埋める吉方の方角として「天道」が出てくる。天道とは、「天地自然の順理に則し、旅行・移転・結婚などすべてに大吉」とされる「吉方位の一つ」である（岡田芳朗・阿久根末忠編著『現代　こよみ読み解き事典』）。したがって、「天道神」とは、陰陽道における吉なる方角の神格化、またはその方角に鎮座する神、ということになろう。ここにおいて、祇園社の牛頭天王は、陰陽道の吉方神という、第三の名前を得ていくのである。それは「暦家」の信仰・言説としてあった。

もちろん、『祇園社略記』のいう「暦家」が、平安時代以来の宮廷陰陽道の賀茂家をさすとは、そう単純にはいえないのだが。中世後期の、あらたな「陰陽道」の世界が登場してくることは、さらにこの先の話からわかってくるだろう。

中世後期、室町時代において、祇園牛頭天王は、ついに「陰陽道」との接点を明確に見せてきた。それも暦・方角に関わる神として——。

『祇園社略記』には、さらにこういう一節もある。

簠簋《ほき》内伝《ないでん》、八将神《はっしょうしん》方を挙げて、以て牛頭天王の八王子となす。又八行疫神と称す。春夏秋冬及び四土用是なり。或は暦家は稲田姫を立てて歳徳神《としとくじん》となす。其を名づけて波梨《はり》采女《さいめ》と曰ふ。即ち八将神の母なりと云ふ。

祇園社の東間の「八大王子」、西間の「稲田姫」についての解説である。ここでもそれぞれ「暦家」によって名づけられ、解釈された名前があった。

注目したいのは、その根拠となる書物である。その名前は、『簠簋内伝《ほきないでん》』。その書物によって、「八大王子」は、牛頭天王と波梨采女とのあいだから誕生した「八将神」「八行疫神」と呼ばれることになるのだ。

『簠簋内伝』。この書物こそ、祇園社の牛頭天王を「陰陽道の神」として語っていく、まさしく陰陽道の〝シークレットブック〟であった。

次に『簠簋内伝』が語る牛頭天王譚にスポットをあてて、陰陽道の神としての牛頭天王の相貌を見ていくこととしよう。

3　牛頭天王、陰陽道の神へ

『簠簋内伝』。正式名称は、『三国相伝陰陽管轄《さんごくそうでんいんようかんかつ》簠簋内伝金烏玉兎集《きんうぎょくとしゅう》』という。べつに『簠簋』『簠簋袖裏《しゅうり》伝』『金烏玉兎集』など複数の呼び名がある。そしてその書物は「天文《てんもん》司郎《しろう》安部博士吉備後胤《きびのこういん》清明朝臣《あそん》撰」とされる。なんと『簠簋内伝』の著者は「安部晴明」、すなわちあの安倍晴明だというのだ。もちろん、それは後世の仮託で、実際には鎌倉時代末期から南北朝時代のあいだに作られた書物とされる。

ならば『簠簋内伝』とは、誰が、どういう目的で作ったのか。それはいかなる書物なのか。その謎に関しては、あらためて第四章で取り上げることにして、ここでは、『簠簋内伝』に記された牛頭天王譚を解読していくことにしぼることにしよう。とくに「祇園牛頭天王縁起」と比較しながら、その特徴を見ていくことが課題である。

なお中村璋八氏の研究によれば、『簠簋内伝』の鈔本は、一三本ほど確認され、また江戸時代には膨大な数の版本も出回っている（『日本陰陽道書の研究』）。ここでは中村氏が定本としたテキスト（続群書類従本）にもとづいて、内容の読み取りを進めていくことにする。

牛頭天王と天刑星

『簠簋内伝』の牛頭天王譚のストーリーは、基本的には巨旦・蘇民に関わる物語として、大枠は「祇園牛頭天王縁起」とさほど違いはない。だが、その細部には、見過ごせない言説が張り巡らされていた。

まず冒頭、牛頭天王の素性について――。

北天竺摩訶国　霊鷲山《りょうじゅせん》の丑寅、波尸那城《はしなじょう》の西に、吉祥天源王舎城《おうしゃじょう》大王がいた。その名を「商貴帝《しょうきてい》」（疫神を祓う鐘馗によるか）という。かつて帝釈天に仕え、善現天《ぜんげんてん》に住まいし、三界《さんがい》のうちに遊戯《ゆうげ》し、星々の監督を行なった。そのときの名を「天刑星《てんぎょうしょう》」という。信敬する志は深く、今、衆生を救うべく娑婆世界に下って（下生《げしょう》）、名前をあ

図3－13「素盞烏尊蘇民に宿を乞」（『伊勢参宮名所図会』より）

らためて「牛頭天王」と号した。元は「毘《び》盧《る》遮那《しゃな》如来《にょらい》」の化身でもあった。

『簠簋内伝』における牛頭天王。ここで彼は複数の名前・素性をもつ。なによりも注目したいのは、帝釈天のもとに仕えていたときの名前、「天刑星」である。

天刑星は、「星宿信仰の中で人間の行為の善悪に応じて、吉凶禍福を下す神」（山下克明・真下美弥子『日本古典偽書叢刊3　簠簋内伝金烏玉兎集』補注）とされる。また古代中国の天文占星術書である『晋書《しんじょ》・天文志』には、歳星《さいせい》（木星）から生じた七つの星のひとつという説がある（漢代の京房『風角書』を引用）。こちらの説では、「天刑」は、月の傍らに現れる「妖星《ようせい》」として認識されている。ちなみに『晋書・天文志』は陰陽寮の天文生の必読学習図書のひとつ。陰陽道における天文占星術の重要な典拠とされるテキストである。牛頭天王譚が、一気に「陰陽道」の世界へと接近してくることがたしかめられよう。

だが、同時に、娑婆《しゃば》世界に「下生」した牛頭天王は、もとは「毘盧遮那如来」の化身でもあったという。毘盧遮那如来は、密教の教主・大日如来《だいにちにょらい》のこと。牛頭天王の来歴には密教の最高位の尊格もあった。さらに『簠簋内伝』の記述には「善現天」（色欲・食欲から離れた者の住む世界）、「三界」（欲界・色界・無色界）、「下生」（仏が天上界より下って衆生を救う）などの仏教語が頻繁に使われていることも注意しよう。

なお『簠簋内伝』と同じ時代に編纂されたという『神道集』巻三の「祇園大明神事」も、牛頭天王と天刑星・武塔天神との同体を説くが、そこには『仏説武塔天神秘密心点如意蔵王陀羅尼経』『武塔天神王経』『八王子真言』などといった経典類が多数引用されている。それらの経典を根拠としているのだが、それらが後の「偽経」であることは、江戸時代末期の平田《ひらた》篤胤《あつたね》が早く指摘しているところだ（平田篤胤「牛頭天王暦神辯」）。さらに台密《たいみつ》（天台系の密教）において製作された偽経・偽軌の類いとみなす説もある（西田、前出論文）。

『簠簋内伝』――。「安倍晴明」に仮託された陰陽道の秘書。そこに語られる牛頭天王の来歴譚。だが、じつのところそこには、仏教の教義や言葉がふんだんに使われていた。中世後期における「陰陽道」が、平安時代以来の宮廷陰陽道とは大きく変貌しつつあることが、少しずつ見えてくるだろう。それはあきらかに、安倍・賀茂家がリードした宮廷の陰陽道とは異なる信仰世界をめざす……。

「太山府君王法」を破る

続いて物語は、牛頭天王が娑竭羅龍王の娘・頗梨采女《はりさいめ》（波梨采女）を求める旅へと展開していく。そのあたりは、ほぼ「祇園牛頭天王縁起」と同じだ。だが、注目されるのは、牛頭天王が巨旦へ復讐する場面。「祇園牛頭天王縁起」では、牛頭天王の災厄を防ぐために巨旦は、千人の法師に七日七夜『大般若経』を読ませたとなっている。ところが、その場面、『簠簋内伝』はこう語る。

鬼王（巨旦のこと）がいかなる法を修すればよいかと問うと、博士が答えた。「太山府《たいざんふ》君王法《くんおうほう》を行ないなさい。それが最高の祓え（解除《げじょ》）となるでしょう」と。

巨旦のことを「鬼王」と呼ぶ点も面白いが、注目したいのは、牛頭天王と八王子たちの災厄を防ぐために行なわれたのが「太山府君王法」と呼ばれていることだ。太山府君王法（泰山府君）。そう、第二章で見たように、陰陽師・安倍晴明が開発し、安倍家陰陽道の主神となった「陰陽道」最高の神格である。それが様々な災厄を除き、延命長寿の法として修されたことは、歴史上多くの史料が語るところだ。それをここでは、牛頭天王・八王子の攻撃を防ぐために修するというのである。

だが、物語の結末は、「祇園牛頭天王縁起」と同じように、居眠りをしていた比丘《びく》のために修法のガードに隙が出来て、牛頭天王・八王子は、そこから一気に巨旦の一族に襲いかかり、殲滅してしまう。ただ巨旦の館にいた「賤女《はしため》」（巨旦の館から拒否されたあとに、蘇民将来の館を案内してくれたという伏線がある）だけは助けるために、「急急如律令《きゆうきゆうによりつりよう》」と書いた桃の木の札を持たせた……。

牛頭天王・八王子の災厄を防ぐために修された「太山府君王法」。それは、ものの見事に打ち破られてしまう。修法の効験は発揮できなかったのだ。

それにしても、『簠簋内伝』は、どうしてこの場面で「太山府君王法」を執り行なわせるのだろうか。「泰山府君祭」は、それこそ陰陽道の祖・安倍晴明が開発した最強の陰陽道祭であった。それがここでは効験がなかったことになってしまう。

じつは、『簠簋内伝』が語る「太山府君王法」の執行場面を読むと、

内には、玉を敷き詰めた宝殿を造り、清浄の床を飾り、嬉慢歌舞《きまんかぶ》の八句の大衆は四維《しゆい》に安座する。鉤索《こうさく》・鏁鈴《されい》の四衆の薩埵《さった》は四方に侍る。同じく高い位の僧侶が坐す高坐の上に羅綾の打敷を掛け、ならびに天蓋の瓔珞《ようらく》・幢幡の花慢《けまん》は四維の風に翻る。その中に、清浄なる高僧たちが大陀羅尼を唱える声が満ちた。

といった描写が続く。「太山府君王法」といっていながら、実際に行なわれているのは、どう見ても密教の修法に近い（また『簠簋内伝』の別系統のテキストでは、「太山府君王法」が「祭星《さいせい》の法」となっているものもある。「祭星の法」は、北斗七星を祭る延命の呪術（山下・真

下、前出書)）。

このように、物語中で修される「太山府君王法」は、あきらかに仏教儀礼となっているのだが、それならば、どうして『簠簋内伝』の語り手は、それを「太山府君王法」と名づけたのだろうか。「泰山府君（祭）」は、なんといっても、陰陽道の祖・安倍晴明が得意とした延命長寿の陰陽道最強の祈禱・呪術だ。それが牛頭天王・八王子の災厄には、効き目がなかったという展開は、いったいどう理解したらいいのだろうか。

たとえば、物語中の「太山府君王法」とは陰陽道の祭りや仏教経典読誦による従来の疫病対策儀礼を象徴し、牛頭天王が「太山府君王法」を破ることは、旧来の信仰に替わる新しい疫病対策を喧伝する意図があったと考えることもできよう（今堀、前出書）。たしかに『簠簋内伝』は、中世後期という転換期の時代に成立したテキストであった。

だが問題を「陰陽道」そのものの歴史的な展開に絞り込んでみたとき、ここには、泰山府君祭に代表される平安時代以降の宮廷陰陽道と、それを凌駕しようとする、あらたな「陰陽道」の誕生を語ろうとしていることが見えてこないか。仏教と習合していく陰陽道儀礼・信仰である。

もっとも、その「新しい陰陽道」のテキスト＝『簠簋内伝』が、宮廷陰陽道の祖「安倍晴明」が書いたとするところには、問題の複雑さが潜んでいるのだが……。この点は、さらに第四章で考えよう。

「五節の祭礼」と「二六の秘文」

「太山府君王法」も効き目がなかった牛頭天王とその眷属・八王子の災厄。それを防ぐためには、牛頭天王そのものへの信仰を深め、その力で災厄をもたらす八王子たちを統御してもらうしかない。その恩恵に預かることができるのは、牛頭天王をもてなした蘇民将来の一族だけである。そこで天王は、蘇民に「二六《にろく》の秘文《ひもん》」なるものを授けた。

さらに『簠簋内伝』はこう語る。

濁世末代の衆生は、必ず三毒（「貪欲《とんよく》」「瞋恚《しんい》」「愚癡《ぐち》」）に耽り、煩悩を増長させ、四大を不調にして、寒熱の二病を身に受けるだろうが、それはすべて牛頭天王とその部類・眷属の仕業である。もしその病・痛みを退けようとするなら、外に現す行ないとして五節の祭礼をまちがわないようにし、内には「二六の秘文」を収めて、信じ敬うべきである。

末世を生きる人々が受ける病の苦しみ。それは人間そのものがもつ欲望や煩悩が原因である。そしてそれをもたらすのは、すべて牛頭天王たちである。牛頭天王は、行疫神でありつつ、それを防いでくれる神という発想をこえて、病気の原因は人間の煩悩にあるという、もっと根底的な存在性を刻印されていくのである。いうまでもなく、それは仏教の教義にもとづくだろう。

そうした病の苦しみを退けるために、内に納めておく「二六の秘文」。その秘文とは、

「〓蘇民将来子孫⛤是也」のことで、「〓字」は天王の本地が薬師如来であることにもとづくという（『簠簋諺解《げんかい》大全』）。「二」は「〓⛤」をいい、「六」は「蘇民将来子孫」の六字をあらわすという説もある（平田篤胤「牛頭天王暦神辯」）。

一方、外に現す行為として守るべきは「五節《ごせち》の祭礼」である。五節とは、一月一日（元旦）、三月三日（上巳《じょうし》）、五月五日（端午）、七月七日（七夕）、九月九日（重陽《ちょうよう》）の、いわゆる五節句である。現在でも日本人の生活習慣としてなじみ深いものだ。古代中国の習俗に由来するものというが、それは「暦」の思想にもとづく。『簠簋内伝』が暦家の言説であることを示すところであろう。

それにしても、どうして五節の祭礼を誤りなく行なうことが疫病から身を守ることになるのか。『簠簋内伝』は五節の祭礼の由来を次のように説明していく。

切断された巨旦、その呪詛と調伏

『簠簋内伝』は語る。「五節の祭礼」の由来とは——、

正月一日の赤白の鏡餅は巨旦が骨肉
三月三日の蓬莱《ほうらい》の草餅は巨旦が皮膚
五月五日の菖蒲結粽《しょうぶのちまき》は巨旦が鬢髪
七月七日の小麦素麪《そうめん》は巨旦が継《すじ》

九月九日の黄菊の酒水は巨旦が血脈
総て蹴《け》鞠《まり》は巨端の頭、的は眼。門松は巨旦の墓験。
修正会《しゅじょうえ》の導師、葬礼の威儀は、これらは皆、巨旦を調伏する儀礼であると。

しかれば、牛頭天王が龍宮界より閻浮《えんぶ》提《だい》に帰還した、長保元年六月一日、祇園精舎《ぎおんしょうじゃ》において、三十日間、巨旦を調伏した。今の世に至り、その時の威儀を学ぶこと、とくに六月一日の歯堅は肝要である。

元旦、上巳、端午、七夕、重陽……。おなじみの五節句の風習は、なんと牛頭天王と八王子たちに殲滅され、切断された巨旦の死体の部位を食することに由来するのだ。「五節の祭礼」は、ここで呪詛《じゅそ》・調伏《ちょうぶく》の儀礼と化す。それを実修した場こそ「祇園精舎」、すなわち祇園社であった。長保元年（九九九）とは、安倍晴明が活躍していた時代である。その調伏儀礼を安倍晴明が執行したことを暗示しているのだろう。

それにしても、行疫神の災厄から身を守るための「五節の祭礼」とは、巨旦を呪詛・調伏することにあったとは……。

『簠簋内伝』は、牛頭天王譚を、こう結んでいく。

悪《にく》んでも悪むべきは、巨旦の邪気《じゃき》残族《ざんぞく》、魑魅《ちみ》魍魎《もうりょう》の類。信じても信ずべきは、牛頭天王・八王子である。その八王子とは、大歳《たいさい》・大将軍《だいしょうぐん》・大陰《たいおん》・歳刑《さいぎょう》・歳破《さいは》・歳殺《さいせつ》・黄《おう》幡《ばん》・豹尾《ひょうび》などのことである。

暦にもとづく「五節の祭礼」をまちがわず行なうこと。それは憎むべき巨旦とその残族をことごとく調伏したという「起源」を再現することだ。牛頭天王を邪険に扱った巨旦とは、欲望にまみれ煩悩に生き、三毒にふける衆生そのものを象徴する。だから、巨旦を調伏することは、三毒・煩悩を超越することを意味し、ひいてはそれを原因とする寒熱の二病から身を守ることになるというのだ。そうした仏教的な教義が、「五節の祭礼」という暦の思想と結びついているところが注目されよう。まさしく「暦家」＝陰陽道と仏教とが習合していく、あらたな牛頭天王信仰が、ここに現出してくるのである。

暦神としての牛頭天王へ

さらに『簠簋内伝』は、牛頭天王の来歴の物語を語り終わったあとに続けて、

天道神方　歳徳神方　八将神方　天徳神方　金神七殺方　金神七殺異説事　金神毎月遊行　金神四季遊行　金神四季間日事　日塞之方事　時塞之方事　三鏡之方事

といった、方角・日時の禁忌のことを記していく。まさに「暦家」の言説である。だが、それら方角・日時の禁忌と、牛頭天王の物語はどういう関係があるのか。

じつは、暦・方角のタブーが、すべて牛頭天王の物語に由来すると語っていくのだ。冒頭の天道神。

一、天道神方

正月は南行、二月は西南行、三月は北行、四月は西行、五月は西北行、六月は東行、七月は北行、八月は東北行、九月は南行、十月は東行、十一月は東南行、雪月は西行

右天道神は、牛頭天王のことである。万事が大吉。この方角に向いて胞衣を収めること、鞍置きの始めなど、一切、求むることが成就する方角である。

ここであきらかになるだろう。先に紹介した『祇園社略記』が「暦家」の説とした牛頭天王＝天道神の言説は、この『簠簋内伝』にもとづくのだ。

「天道」という一二世紀の宮廷陰陽道においても用いられていた方角の禁忌、すなわち「天地自然の順理」に則した吉方という方角の禁忌が、「天道神」として神格化され、それを牛頭天王と一体化させていく。ここにおいて、牛頭天王は、恐ろしい行疫神、それを制御する守護神という性格から、さらに陰陽道の方角・暦の神へと変貌していくのだ。祇園社の祭神たる牛頭天王のなかに、あらたに「暦神《れきしん》」という神格が生成したわけだ（谷口勝紀「『簠簋内伝』の宗教世界」）。牛頭天王への信仰。その絶大なる力。それは暦や方角の禁忌を守り、生活することで、その効験に浴することができるという思想である。

以下、『簠簋内伝』は、牛頭天王の物語に登場した神々、頗梨采女、八王子、そして巨旦や蘇民たちをも、すべて「暦神」へと再編成していく。牛頭天王の物語こそが「暦注」（詳しくは第四章）という、陰陽道の知識の源泉・典拠とされていくのである。

それにしても、陰陽道＝暦注の書たる『簠簋内伝』は、安倍・賀茂家の宮廷陰陽道の系

〈コラム3〉

平田篤胤の牛頭天王研究

江戸時代末期の国学者・平田《ひらた》篤胤《あつたね》（一七七六〜一八四三）には「牛頭《ごず》天王暦神辯《てんのうれきしんべん》」という、牛頭天王について研究した著作がある。

篤胤は本居宣長の弟子だ。もっとも宣長の没後に入門した「弟子」だが、篤胤の場合、夢のなかで宣長に弟子入りを許されたと宣長の嫡子・春庭《はるにわ》に申し出て、自分と宣長には霊的なつながりがあると喧伝するなど、ちょっと「山師的」な人物とされている。

それほど宣長との結び付きを強調する篤胤だが、彼の学問は、宣長とはそうとう毛色が異なっている。宣長はスサノヲ＝牛頭天王説について「例の仏家より出たるなれば、論におよばず」（『答問録』）と、一瞥だにしないのだが、弟子の篤胤は、かなり牛頭天王にたいするこだわりが強かったようだ。それで「牛頭天王暦神辯」という文章も書いたのである。そのなかで、篤胤は『峰相記』のなかに語られた吉備真備と牛頭天王との関係に注目し、「然れば須佐之男命を牛頭天王と為たるは、吉備公の所為《しわざ》なること著明《あきらか》なり」と述べている。牛頭天王・スサノヲ同体説を唱えたのは、奈良時代の吉備真備に始まるというのだ。なぜ真備がそんなことをしたかといえば、「陰陽暦学」に長《た》けていた真備が、その学によって一家を興そうとしたとき、「天道」に関わる神々を、『記』『紀』神話の在来の神々に出自を求めて、わかりやすいように説いていったというのだ。師匠の宣長は、牛頭天王＝スサノヲを「仏家」の取るに足らない妄説と退けたが、篤胤は、牛頭天王を「暦神」と捉え、中国の陰陽学、暦学との接点を探ろうとしたようだ。

実際、篤胤は「暦学」にも相当知識があった。『弘仁暦運記考』『太昊古《たいこうこ》暦伝《れきでん》』など暦に関する著作も少なくない。また『印度蔵志』という著書で、「仏教」は吠陀（ヴエーダー）やサーンキヤ学派の迦毘羅《かびら》仙《せん》の説を模倣したものにすぎないと、膨大な数の仏典を引用しながら論じていくが、そのなかで「暦術は、天地間に流行する造化の気運を予に測量して知る法なれば、謂ゆる天文学ぞ本なる」（全集・第一〇巻）と、暦と天文との関係を明確に論じる一節がある。さらに『印度蔵志』には、『宿曜経《すくようきょう》』や『摩《ま》登迦経《とうがきょう》』などのインド系占星術テキストなども多数引用する。彼は宿曜道（密教系の天文占星術）にも通じていたらしい。篤胤の暦や天文に関する知識・学問にとって、「暦神」牛頭天王は、かなり興味をそそられる存在であったことはまちがいない。

ちなみに、篤胤は『簠簋内伝』の著者が安倍晴明であることを疑っていない。

譜とどのように繋がり、どこが異なっているのか。それはどのような新しい「陰陽道」の世界を作っているのか。そして、そもそも『簠簋内伝』は、誰が作ったのか。なぜ「安倍晴明」に仮託されているのか。

次の章では、いくたの謎を秘める『簠簋内伝』の世界へ、さらに分け入ってみることにしよう。そこには、これまで知らなかった、あらたな「陰陽道」の神たちが待ち受けているのだから……。

補注1　昭和四一年（一九六六）に前祭と後祭は統合されたが、その五〇年のち、平成二六年（二〇一四）に前祭（七月一七日）、後祭（七月二四日）が復活した。

補注2　中世スサノヲ神話をめぐる、その後の研究に、斎藤英喜『荒ぶるスサノヲ、七変化』（吉川弘文館、二〇一四年）。

第四章　暦と方位の神話世界――『簠簋内伝』の神々――

1　『簠簋内伝』という謎

『簠簋内伝《ほきないでん》』。祇園社の祭神・牛頭天王を「天道神《てんどうしん》」という暦神へとシフトさせていった、陰陽道のシークレットブック。そこには、さらにどのような陰陽道の神々が登場してくるのか。それは伝統的な宮廷系陰陽道とどこが違うのか。そして、そもそも〈安倍晴明〉に仮託された、この書物は、ほんとうは誰の手によって作られたのか。

深く冥《くら》い森のような多くの謎を秘める『簠簋内伝』。その迷宮世界へとさらに足を踏み入れることにしよう。

土御門家が否定した書物

『簠簋内伝』が、安倍晴明の書ではないことを最初に主張したのは、じつは安倍家自身の側であった。その発言者は、江戸時代中期の安倍家・当主である陰陽頭《おんみようのかみ》・土御門《つちみかど》泰福《やすとみ》

（一六五五～一七一七）である。彼は、『簠簋内伝』はもともと安倍家に伝わったものではなく、真言の僧侶が作ったものだと明確に否定した。土御門家には多く安倍晴明の「真筆」の書が伝わっておりその筆様は空海に似ているが、この書物はそれとは違うというのである。

この見解は、山崎闇斎《あんさい》門下の神道家・谷重遠《たにしげとお》（一六六三～一七一八）の書物・『秦山集《じんざんしゅう》』「壬癸《じんき》録《ろく》」に記されている（鈴木一馨「『簠簋内伝』の陰陽道書としての位置付けに関する検討」）。それにしても、なぜ土御門家の当主がわざわざこんな発言をしたのだろうか。それは、彼らが無視できないほど、この書物が〈安倍晴明〉の名前で世間に出回っていたからだ。近世には『簠簋内伝』を仮名書きでやさしく解説した書物『簠簋抄』（他に『簠簋袖裏《しゅうり》集捷径《しゅうしょうけい》』『簠簋冠註大全《かんちゅうたいぜん》』『簠簋諺解大全《げんかいたいぜん》』などなど）というのも、多数作られている。安倍晴明を家祖と仰ぐ土御門家の当主としては、黙ってはいられない理由があったのだろう。

ここで泰福が生きた時代の「陰陽道」の動向を見てみよう。じつは、泰福の時代とは、「陰陽道」が大きく変容していく、まさしく時代のエポックメーキングであった。

天和三年（一六八三）五月、泰福の尽力によって、「諸国陰陽師」の支配を土御門家に一任するという霊元天皇の勅許が出された。これ以降、地方社会で陰陽師を名乗り、暦売りや祓え、祈禱などの商売をしている唱門師《しょうもんじ》・博士・万歳・暦師《れきし》・院内《いんない》などと呼ばれた民間宗教者たちは、土御門家から免許をもらい、その見返りとしての上納金を納めていくというシステムが出来上がったのである。まさに土御門家による全国の陰陽師支配が始まったのだ。そこでは土御門家が考えているような「陰陽師」の仕事が定められ、とくに死者霊を降ろすような技は「梓神子《あずさみこ》」の仕業として、禁止したのである。その条件を守らなければ、「陰陽師」として認定しないというわけだ（木場明志「近世日本の陰陽道」）。

土御門泰福は、晴明伝来の「陰陽道」を、近世の時代にマッチした新しい「神道」に変えようとしたようだ。彼は山崎闇斎《あんさい》門下に入り「垂加《すいか》神道」を教授され（このとき、同じ門下に谷重遠がいた）、また中川経晃《なかがわつねてる》（一六五〇～一七二四）からは「伊勢流」の神道を学んでいる。それらは近世初期に発達した「儒学系神道」の流れである。泰福は、それらの近世神道説と自家の「陰陽道」とを総合させて「土御門神道」「安家《あんけ》神道」「天社《てんしゃ》神道」などと呼ばれる、独自な神道宗派を作り出そうとしたのである（村山修一『日本陰陽道史総説』）。そのとき、諸国の民間陰陽師たちにも「土御門神道」に従わせようとしたわけだ。

こうした時代の動向を知ると、泰福がなぜ『簠簋内伝』を安倍家のものではないと否定したかの理由も見えてこよう。すなわち、『簠簋内伝』に記されている陰陽道は、仏家の神である「牛頭天王」の信仰を説き、さらにそこには仏教と神道とを習合させるような言説（本地垂迹説）が多数含まれていた。そういった仏教的神道（ただし中世では、それが「神道」の主流）と結びついた「陰陽道」は、泰福がめざした「土御門神道」とは相容れない。彼は、仏教と分離した純粋性や清浄性を強調する「神道」と「陰陽道」との結合を求

〈コラム1〉

『簠簋抄』と安倍晴明伝承

信太《しのだ》の森の妖狐を母とする、陰陽師安倍晴明――。このよく知られている安倍晴明伝説のルーツこそ、『簠簋内伝』をわかりやすく解説した『簠簋抄』のなかにあった。あらためてその話を紹介しよう。

元正天皇の時代、遣唐使として唐土《とうど》にわたった吉備真備は、そのずば抜けた才能ゆえに唐の人々から虐めにあう。だが「赤鬼」となった阿倍仲麻呂《あべのなかまろ》の霊に助けられて、唐人たちの試練を乗り越える。唐の武帝に認められた真備は『簠簋』『金烏玉兎集《きんうぎょくとしゅう》』なる秘書を授けられる。やがて聖武天皇の時代に帰朝した真備は、唐土で助けられた仲麻呂の子孫に『簠簋』『金烏玉兎集』を伝えようと思い、子孫の消息を探る。そこで常陸国の筑波山の麓の吉生《よしう》、猫島という地に子孫がいることを聞いて尋ねたところ、天から降りてきた天蓋《てんがい》に覆われた不思議な少年に出会う。彼こそが仲麻呂の子孫、「安部の童子」であった。真備はこの童子に『簠簋』『金烏玉兎集』を伝えた。この童子こそ、後の安倍晴明である――。

なんとこの物語によれば、安倍晴明は常陸国の生まれであったとなるのだ。物語中の吉生、猫島の地には、現在も「晴明稲荷」「晴明井戸」などの遺跡が多く伝わっている。(図序-7・茨城県明野町の「猫島・晴明稲荷」)。晴明の母である「信太の森」の妖狐が、「遊女往来の者」としてこの地を訪れたときに、土地の男とのあいだに晴明を宿したというのだ。

成長した「安部の童子」は、鹿島明神に龍って修行しているときに「小蛇」を助け、それが龍宮乙姫となって龍宮城に招待してくれた。龍宮城で童子は、「四寸の石の匣《ひつ》」「烏薬《うやく》」などを授かった。地上にもどって烏薬の力でカラスたちの言葉を聞き取ることが出来た童子は、都に上って、帝の病を癒した。その褒美で、三月の「清明節」（二十四節気のひとつ）にちなんで「清明」の名前を賜った……。

このあとにライバルの蘆屋道満との占い合戦に勝つエピソード、妻に裏切られて『簠簋』の秘書が道満の手にわたってしまうこと、そして道満にいったんは殺されてしまうが、伯道《はくどう》上人《しょうにん》の術によって蘇生するなど、現代のファンタジー小説なみの波乱万丈の物語が展開していく。それをベースにして説経、浄瑠璃、歌舞伎、仮名草子、さらに近代の小説や映画、マンガへと、多種多様な〈安倍晴明〉が語り作られていったことは、あらためていうまでもないだろう。そうした物語のルーツが、『簠簋内伝』と『簠簋抄』のなかに内蔵されていたわけだ。

それにしても、全国各地に点在する「晴明神社」の存在は、安倍晴明もまた、陰陽道の神々のひとりであったことを教えてくれよう。牛頭天王、八王子、盤牛王（盤古王）、五帝龍王、土公神《どくうじん》……、彼ら陰陽道の神々とは、じつはそうした「安倍晴明」と同次元に存在していたのである。

めたからだ。諸国陰陽師たちに「穢れ」に触れる死霊祈禱を禁止したのも、そのことと繫がるだろう。「神道」というならば、なによりも清浄さを重んじねばならないからだ（木場、前出論文）。

さらに泰福が、『簠簋内伝』を「真言僧」の偽作と主張した意味もわかってくる。真言僧たちこそが、神道と仏教を結びつけ、さらにそこに陰陽道までも習合させる神道説の担い手であったからだ。ようするに、『簠簋内伝』に語られる牛頭天王は、土御門系の「陰陽道の神」ではなかったということになる。たとえ〈安倍晴明〉に仮託されていても、それは土御門系の陰陽道とは違う「もうひとつの陰陽道」なのだ。このことは、第三章で具体的に見てきたところとも、リンクしてこよう。

では『簠簋内伝』を作った「もうひとつの陰陽道」とは何か。さらにその謎に迫っていこう。

作成者は祇園社の社僧か

『簠簋内伝』の実際の作り手は誰か。その鍵は、やはり牛頭天王のなかにあった。江戸時代末期の松浦道輔《まつうらみちすけ》（一八〇一〜一八六六）の『感神院牛頭天王考《かんじいんごずてんのうこう》』に示されていた説によれば、牛頭天王を祭る祇園社の社僧である「晴朝《せいちょう》」という人物が、鎌倉時代末期に作ったというのだ。この説を受けて、西田長男氏、村山修一氏は、さらに次のように推定を進めている。

祇園社の社務家を務めた行円《ぎようえん》の孫に晴算《せいさん》（一二〇二〜一二七一）という人物がいた。彼は陰陽道を学び、その子孫たちは安倍晴明にちなんで「晴」の字の付く名を名乗った。『簠簋内伝』を作ったのは、晴算の曾孫にあたる「晴朝」で、彼は法眼となったが、元亨二年（一三二二）に父に義絶され祠官を追い出された。ここから『簠簋内伝』が作られたのは、鎌倉末期だろうという。さらに西田氏は、祇園社の社務家は天台末寺の僧侶でありつつ、安倍家の流れをくんだ陰陽師、いわゆる「法師陰陽師」であっただろうと推定している。そうした流れをくんだ人物が『簠簋内伝』を作ったというのである（西田「『祇園牛頭天王縁起』の成立」）。また村山氏は、宿曜道《すくようどう》（密教系の占星術）に縁の深い安倍家の一派が、祇園執行《しこう》家と結びついたのではないかと述べている。平安後期には、祇園社のなかに「蛇毒気神・大将軍などの宿曜道の祭神」が安置されていた（第三章、参照）ことは、早く祇園社が宿曜道、陰陽道を取り込んでいたことの証明であるという（村山『日本陰陽道史総説』）。

以上のように、『簠簋内伝』の編纂者のイメージは、かなり具体的に見えてくるのだが、実際のところ、近年の研究では、西田説、村山説ともに「確実な資料に拠るものではなく、必ずしも納得できるものではない」（中村璋八『日本陰陽道書の研究』）という疑問が提示されている。だが、だからといって、西田説、村山説にかわる「新説」が打ち立てられてい

〈コラム2〉

「神道」と「陰陽道」との結合とは

一般に「神道」といえば、仏教や儒教、道教などが伝来する以前の、日本列島の「固有信仰」「在地信仰」がイメージされよう。

しかし、最近の研究では「神道」という用語が自覚的に用いられるのは中世からとされる。それも「神道」は、仏教のなかからはじめて見出され、ある意味では仏教の一部という認識すらもあった。仏教僧侶が「神道」の担い手でもあったのだ。それがもっとも華々しく展開するのは、中世の両部《りょうぶ》神道、山王《さんのう》神道、あるいは伊勢神道と呼ばれる信仰世界である。

さらに「神道」の意味は時代によって大きく変化していく。けっして不変的な「固有信仰」などではなかった。明治以降の、いわゆる「国家神道」と中世の「神道」とは、これを同じ「神道」と呼んでいいものかと思えるほど、まったく違う信仰世界であった。

土御門泰福が、自分たちの「土御門神道」「天社神道」のお手本にしようとした、山崎闇斎《あんさい》(一六一八～一六八二)の「垂加《すいか》神道」は、儒家神道とも呼ばれるように、儒教、とくに朱子学の理論を使った神道説といえる。それは徹底的に中世的な仏教系神道の否定としてあった。「垂加神道」は、儒学の「天人合一」の思想の実践を唱えた。その「天」と「人」との相関性は、まさしく陰陽道の基本にも通じている。土御門泰福《やすとみ》が垂加神道を自らの「神道」のモデルにしようとしたことは、その意味では必然的であったといえよう。

　また彼が「神道」にこだわったのは、吉田家との対抗関係もあったようだ。吉田家は中世末期に「吉田神道」なる独特の教義体系を作り出したが、そのなかには「陰陽道」も取り込まれていた。陰陽道抜きにしては「吉田神道」は完成しなかったほどだ。したがって、応仁の乱によって若狭の地に移住し「陰陽道」の知識・技術・書籍を多く失った安倍家は、吉田家に「教え」を乞うたという。それゆえ地方の陰陽師支配を進めようとした土御門泰福としては、吉田神道との差異を際立たせることが、どうしても必要だったのだろう。吉田家の「門人」たちにもじつは民間系の陰陽師が多数いたからだ。

図４－１　おおい町名田庄の天社土御門神道本庁

　ちなみに、「天社神道」を現在伝えているのは、若狭名田庄村《なたしょうむら》（福井県遠敷郡おおい町名田庄）である。

るわけでもない。ようするに、『簠簋内伝』のほんとうの作り手は、いぜんとして謎に包まれたままなのである。

そこであらためて、江戸時代中期の土御門家当主が、『簠簋内伝』を安倍家のものではないと、明確に否定していることに注意したい。西田説、村山説ともに、『簠簋内伝』の作り手を祇園社内部の「安家《あんけ》の流れをくんだ陰陽師」「安倍流の一派」と、安倍家との繋がりを強調している。それは『簠簋内伝』が安倍晴明に仮託されていることから、必然的に「安倍家」との繋がりを強調することになるのだろう。だが、後に見るように、べつに「安倍晴明」の名前を語るのは、安倍家流の陰陽道とはかぎらないのだ。『簠簋内伝』の作り手は、安倍家の流れとは無関係と考えてみたほうがいいのではないだろうか。第三章で紹介した『祇園社略記』が、牛頭天王＝天道神説を「暦家《れきか》」の説と呼んでいたことも、あらためて想起しておこう。安倍家の流れの陰陽道は「暦家」ではない。彼らは「天文家」であったのである。

さて、『簠簋内伝』の作り手の実像については、ひとまず措いておいて、『簠簋内伝』そのものの内容を検証してみよう。内部検証から、作り手の姿も見えてくるかもしれない。

『簠簋内伝』の構成、その成立過程

現在、一般に知られている『簠簋内伝』は、全五巻仕立てになっている。その内容は、

以下のようだ。
◇巻一　牛頭天王の縁起。天道神・歳徳神《としとくじん》・八将神《はっしょうじん》・金神《こんじん》などの方位の禁忌。
◇巻二　盤牛《ばんご》王《おう》の縁起。五行神《ごぎょうしん》・十干神《じっかんしん》・十二支《じゅうにし》神《じん》などの暦神の説明と暦の吉凶。
◇巻三　大将軍遊行・土《ど》公神《くうじん》変化・三宝吉日・神吉日などの雑多な禁忌。
◇巻四　「造屋」に関する禁忌。
◇巻五　「文殊曜宿経《もんじゅようしゅくきょう》」。宿曜《すくよう》占星術に関する説明。

すなわち『簠簋内伝』とは、方位や暦に関する禁忌の注釈書＝暦注の書ということになる。たとえば、前章で紹介したように、牛頭天王は「天道神方」であり、それぞれの月ごとの天道神がいる方角は「万事に大吉」であるといった注釈が記されていた。これが「暦注」だ。『簠簋内伝』には、全体で百十数例の暦と方位の吉凶・禁忌のことを記している。この本の目的がどこにあるかがわかってこよう。

　暦注の問題は、後にあらためて詳しく述べるとして、まずはその成立の過程をめぐる中村璋八氏の説を紹介しておこう。中村氏は現存する『簠簋内伝』の写本（抄本）、版本を調査した結果、次のような成立過程を想定している（中村『日本陰陽道書の研究』）。

　すなわち、元来は『宣明暦経《せんみょうれききょう》』（「宣明暦」とは、貞観三年〈八六一〉に採用された公式の暦法。『簠簋内伝』は、その暦法にもとづく注釈書という形式をもつ。宣明暦は貞享《じょうきょう》元年〈一六八四〉の改暦まで使用された）の注解である巻一から巻三までが最初に成立し、それが「安倍晴明の撰」として流布していた。これが『簠簋内伝』の原型である。その後、この『宣明暦経』三巻本に「造屋篇」が追加された四巻本となり、さらに「文殊曜宿経」が付されて、現在の五巻本になり、その冒頭に「由来事」という安倍晴明に関する伝説も付く形に発展した。したがって、「真言僧」が書いたという説は、高野山の真言僧によって作成され、また真言僧のあいだで通行していた「文殊曜宿経」を組み入れたためではないかという。

『簠簋内伝』の成立過程については、この中村説が現在のところ、もっとも説得力のある見解である。ともあれ、最初の三巻が原型であるとすれば、その冒頭に牛頭天王のことが書かれていることからは、やはり祇園社との関係ははずせないことになる。だが、『簠簋内伝』の牛頭天王は「祇園社の祭神」というだけではなかったのだ。

暦注書としての意味

あらためて『簠簋内伝』は、暦注書であったことに立ち戻ろう。冒頭に牛頭天王のことが記されているといっても、べつに祇園社の縁起を記す本ではない（その場合は「祇園牛頭天王縁起」といったテキストとなる）。牛頭天王の縁起・物語も、じつはこの「暦注」ということと深く繋がっているのだ。それはどういうことか。以下、詳しく見てみよう。

まずは、そもそも「暦注書」とは何か。

「暦注」は旧くは平安時代の「具中暦《ぐちゆうれき》」が基本である。上段に日付・曜日・二十四節気《にじゆうしせつき》

（暦の上に季節の推移を示す二四の基準点）の事項が記される。いわばカレンダーの部分。その中段・下段には、日時・方角の吉凶禍福・禁忌などについての「非科学的・迷信的事項」が記される。これを「暦注」という。つまりその月、その日の善し悪し、方位の禁忌などを細かく注したところという意味である。その暦注の根拠となっているのが陰陽・五行説や十干、十二支説である。まさに陰陽道の基本である。暦注の典拠は、唐代の『大衍《だいえん》暦《れき》』の注釈書である『大唐陰陽書《だいとうおんようしょ》』が基本的文献とされる。さらに安倍・賀茂家では暦注作成のためのマニュアルとして、安倍泰忠書写『陰陽略書《おんようりやくしょ》』（一二世紀）、賀茂保憲《やすのり》撰『暦《れき》林《りん》』（一〇世紀）、賀茂家栄《いえよし》撰『陰陽雑書《おんようざつしょ》』（一一世紀末）、賀茂在方《あきかた》『暦林問答集《れきりんもんどうしゅう》』一五世紀初期）などが多数作られていた。

　さて、『簠簋内伝』という書物も、基本的には、こうした安倍・賀茂の宮廷陰陽道が作り出した暦注書（暦注作成のマニュアル本）のスタイルを継承するものである。実際、「三宝吉日」「神事吉日」「蔵胞衣」「歳徳神方」など、宮廷陰陽道の暦注の項目と『簠簋内伝』のそれとは共通するところが多い。暦注書としての『簠簋内伝』が、安倍・賀茂が宮廷社会で使用した暦注の吉凶・禁忌の内容を受け継いでいることはたしかだろう（中村、前出書）。

　では、宮廷陰陽道の暦注書と『簠簋内伝』との違いはどこにあるのだろうか。一番、重要なところである。

安倍・賀茂の暦注書では、暦や方位などの禁忌を示す場合、その典拠となっている文献や、あるいは安倍晴明説や賀茂保憲説といった、権威ある先人の説を多くひく。たとえば、以下のような形だ。

◇賀茂家栄《いえよし》撰『陰陽雑書』(一二世紀後半)

・天一《てんいち》方、陰陽雑書云。所遊之方、遷移・入宮・行師・征伐……、神の所在を知り、明らかに計り、これを避く。

・太白《たいはく》方、宿曜経云、太白の所在、出行、および一切の動用、抵犯《ていはん》することを得ざれ、避くれば吉。

◇安倍泰忠《やすただ》書写『陰陽略書』(一二世紀後半)

・凡そ三宝吉日は、吉備大臣・波羅門僧正《ばらもんそうじょう》・春苑玉成《はるそののたまなり》の説あり、暦家、大臣の説を用ゆ……。

・保憲抄《やすのりしょう》云。衰日《すいび》避くるべきの由。川人《かはひと》序中に見ゆといへども、祈禱に至らば、尤もこれを用ゆべし。

◇賀茂在方《あきかた》『暦林問答集』(一五世紀中半)

・新撰陰陽書に云。大将軍は太白の精、天下の上客……。

「天一」(「中神」ともいう。人間の吉凶禍福を掌る遊行神)や「太白」(金星の精)が所在する方位の禁忌や「三宝」という仏教行事を行なう吉日の根拠として、それぞれその理由を説明するための典拠をもってくるわけだ。陰陽道では、禁忌、祭祀などにおいても、その典拠となる書物を提示することが前提となっている（山下克明『平安時代の宗教文化と陰陽道』）。どれだけ、権威ある証拠＝典拠の知識を有しているかが、「陰陽師」の技や術の優劣に関わってくるのである。

『簠簋内伝』の場合も暦注書である以上、その方法・立場は同じである。しかし、『簠簋内伝』では、禁忌・吉凶の典拠の示し方が、決定的に宮廷陰陽道の書物とは異なっていたのだ。

暦注の神々の世界

たとえば「歳徳神の方」は、宮廷陰陽道の暦注でも重んじられた吉方の方位である。『陰陽略書』に「歳徳の所在。万福在焉」とあって、歳徳神のいる方位は「万福」であるという。また『暦林問答集』でも「五行書」という典拠にもとづきながら、その「有徳《うとく》の方」であることを説いている。

では、これを『簠簋内伝』はどう説明していくか。

歳徳神の方

甲己《きのえつちのと》の年、東宮の甲、寅と卯の間に在る。

乙庚《きのとかのえ》の年、西宮の庚、申と酉の間に在る。

図4-2　歳徳神（『万暦大成』より）

戊《つちのえ》癸《みずのと》の年、中宮の戊、丑、未、辰、戌の間に在る、或は巳と午の間。

丙《ひのえ》辛《かのと》の年、南宮の丙、巳と午の間に在る。

丁《ひのと》壬《みずのえ》の年、北宮の壬、亥と子の間に在る。

右、此の方位にいる歳徳神とは頗梨《はり》采女《さいめ》のことである。また八将神の母である。容顔美麗、忍辱《にんにく》慈悲の姿をあらわす。故に、あらゆる諸事に用いることができる。


その年ごとに歳徳神が所在している方位を示し、それが吉方であることを記す。そしてその方位が吉なのは歳徳神が「頗梨采女」であったからと説明する。もはや明らかであろう。『簠簋内伝』では歳徳神は、牛頭天王の妻・頗梨采女と同体化され、また八将神の母とされるのである。歳徳神がいる方位が「吉方」なのは、彼女が牛頭天王の妻、八将神の母親であるから、という説明になるのだ。彼女は美しい姿で、また慈悲深い女性であった。『簠簋内伝』では、禁忌、吉凶の典拠は、権威ある陰陽道書や晴明、保憲の説ではなく、巻一の冒頭に記されていた牛頭天王の縁起譚のなかに求められるのだ（谷口勝紀「『簠簋内伝』の宗教世界」）。つまり縁起に登場する神々、人物たちの役割が暦や方位の禁忌、吉凶の起源・根拠とされるのである。

たとえば人間の誕生にまつわる胞衣《えな》を納めるための一番いい方角は「天道神」の方位であった。なぜならば天道神とは、「信じて信ずべきは」とされる牛頭天王のことであったからだ（第三章）。天道神と牛頭天王とが結びついたとき、暦注が示す吉凶、禁忌の根源となるのである。まさにそれこそが、『祇園社略記』が記す「暦家」の説ということになろう。

さらに続けて『簠簋内伝』は、八将神の方位を説く。一般に「八将神」とは、年によって各々の方位の吉凶を司る八神のことである。『簠簋内伝』は、これを牛頭天王の八人の王子たちのこととする。そして彼らを次のような暦注の神に仕立てていく。

八将神の方
大歳神《だいさいじん》の方位　子丑寅卯辰巳午未申酉戌亥
大将軍《だいしょうぐん》の方位　酉酉子子卯卯卯午午午酉
大陰神《たいおんじん》の方位　戌亥子丑寅卯辰巳午未申酉
歳刑神《さいぎょうしん》の方位　卯戌巳子辰申午丑寅酉未亥
歳破神《さいはしん》の方位　午未申酉戌亥子丑寅卯辰巳

歳殺神《さいせつしん》の方位　未辰丑戌未辰丑戌未辰丑戌
黄幡神《おうばんしん》の方位　辰丑戌未辰丑戌未辰丑戌未
豹尾神《ひょうびしん》の方位　戌未辰丑戌未辰丑戌未辰丑

右の八将神は、牛頭天王の王子である。春夏秋冬、四季の土用に遊行する行疫神《ぎょうえきしん》である。大歳神の方位は、その年の十二支に等しい。そこで大歳神の方位から、残る七神のいる方位も知らねばならない。

後世、「暦の初めは八将神」といわれるほど、八将神の方位は、陰陽道の暦注の基本とされた。その八将神の起源を、牛頭天王と頗梨采女のあいだから生まれた八人の王子＝八王子としたわけだ。さらに、八将神たちの異名、本地をも定め、それぞれの吉凶を記している。

第一　大歳神は総光天王のこと。本地は薬師如来である。
この神の方角に向かって家造りなど造作すれば大吉。その方位の木は伐採してはならない。

第二　大将軍は魔王天王のこと。本地は他化自在天《たけじざいてん》である。
この神の方位に向かえば、すべては凶。それで世間では「三年塞《ふさがり》」という。

第三　大陰神は倶摩羅《ぐまら》天王のこと。本地は聖観自在天《しょうかんじざいてん》である。
この神の方位もすべては凶。とくに嫁娶結婚には凶である。

図４－３・４　大歳神（右）・豹尾神（左）（『万暦大成』より）

第四

歳刑神は得達神《とくだつしん》天王のこと。本地は堅牢地神《けんろうちじん》である。

この神の方位に向かって土を掘ったりすると凶。ただし兵具を収めるには大吉である。

第五

歳破神は良侍《りょうじ》天王のこと。本地は河伯大水神《かはくだいすいじん》である。

この神の方位に向かって海河を渡ってはならない。また家造りなどすれば、牛馬が死ぬ。

第六

歳殺神は侍神相《じしんそう》天王のこと。本地は大威徳《だいいとく》である。

この神の方位にむかって弓矢を取ってはならない。嫁娶結婚にも凶である。

第七

黄幡神は宅神相《たくしんそう》天王のこと。本地は摩利支天《まりしてん》である。

この神の方位にむかって軍陣の旛を開くのは吉である。財宝を収めるのは尤も凶である。

第八　豹尾神は、蛇毒気《じゃどつけ》神《しん》のこと。本地は三宝大荒神《さんぽうだいこうじん》である。

この神の方位にむかって大小便をするのは凶。また六畜を収めてはならない。

ここでは八将神たちが、さらに仏教的世界観のなかの「本地」をもつ存在とされていくのである。それぞれの本地がこの世に垂迹したのが、八将神たちとなる。陰陽道の神が如来・天などの本地をもつということは、『簠簋内伝』の大きな特徴といえよう。中世の本地垂迹説のなかに暦の神々が再編成されていくのである。

続けて「天徳神の方位」については、「蘇民将来の方」として、あるいはこれを「武塔《むとう》天神」とも記している。この方位にむかって、病を避けるべきであると説く。牛頭天王を饗応したことによって、疫神の災厄から逃れた蘇民将来は、さらに方位神として次のように記される。

牛頭天王の大檀那《だんな》である。八万四千の疫神が流行しても、この方位を犯すことはない。大吉の方位と知るべきである。

「八万四千の疫神」とは中世後期の陰陽道祭でも祭られる、恐るべき行疫神である。それさえも犯すことのない方位が天徳神＝蘇民将来なのである。

以上のように『簠簋内伝』では、暦注の典拠をすべて、牛頭天王の物語に結びつけてい

図4－5　八坂神社の摂社　疫神社

くことがわかってきた。『簠簋内伝』が語る牛頭天王の物語とは、じつは方位、暦の禁忌・吉凶の起源神話でもあったわけだ。ここには暦注の典拠を、安倍・賀茂の宮廷陰陽道のような、過去の権威ある陰陽道書や晴明、保憲らの説ではなく、人々になじみのある牛頭天王の物語に結びつけることで、宮廷陰陽道とは一線を画す、『簠簋内伝』の特徴が浮かび上がってくる。祇園社の祭神でもある牛頭天王の縁起をもちだすことで、方位の禁忌や吉凶の由来を人々に説得させていく方法。それはきわめて意図的に仕組まれた、あらたな陰陽道の神々の「創造」といえよう。ここにおいて、牛頭天王以下、頗梨采女、八王子、蘇民将来は、宮廷系の陰陽道とは異なる、文字どおり新しい「陰陽道の神」となって、中世後期の社会に屹立してきたのである。

ところで、牛頭天王物語の最大の悪役、巨旦《こたん》大王はどうなるのか。調伏され、死体をバラバラに解体され、「五節の祭礼」のなかで、鏡餅、草餅、粽《ちまき》、素麵《そうめん》として食されてしまう巨旦大王。暦注の世界で彼はいかなる方位神へと変貌するのか。

「右此の金神は、巨旦大王の精魂なり」

最極悪人・巨旦大王。彼は、なんと「金神七殺《こんじんしちせつ》の方位」に結びつけられる。

金神七殺の方

甲己歳は午未申酉の方　　乙庚歳は辰巳戌亥の方

戊癸歳は子丑申酉の方　　丁壬歳は寅卯戌亥の方

丙辛歳は子丑寅卯の方

右の金神は、巨旦大王の精魂である。七魄《はく》遊行して、南閻浮提《みなみえんぶだい》の諸の衆生を殺戮する。もし人がこの神の方位に向かえば、必ず家内から七人が死ぬ。もし家内にその人数がいなければ、隣人の家の人を加える。その名を「風災」という。金は肺を収め、七魂を具える。万物を断破する。ゆえに尤も厭うべきものである。

「金神七殺」といえば、暦のことにそれほど関心もない人でも聞いたことがある、恐ろしい方位だ。歳徳神とは正反対の方位で、戦争・殺戮などを掌るという。金神が在泊すると「金の精」が重なり、物心すべて冷酷無残となる。また太白星（金星）の精でもあるという（岡田芳朗『旧暦読本』）。このもっとも凶悪な方位神こそ、牛頭天王に調伏される巨旦大王の精魂であったというのだ。さらに『簠簋内伝』では、「金神七殺之異説事」「金神毎月遊行」「金神四季遊行」「金神四季間日事」「月塞之方事」など、多数の金神に関わる禁忌を記している。それほど金神の方位が恐れられていたのである。

ところで、「金神」といえば、陰陽道の方位神として、その禁忌は古くから伝えられていたと思うかもしれない。だが金神の忌みは、平安時代末期から登場するものの、当初はそれを禁忌とするかどうか、陰陽家のあいだでも議論があって確定していなかったようだ。

図4－6　金神（『万暦大成』より）

とくに注目されるのは、金神の方角を忌むことを強く主張したのが、安倍・賀茂といった陰陽道の「主流」ではなかったことだ。たとえば『中右記《ちゅうゆうき》』永久二年（一一一四）八月五日条にも「金神の忌みにおいては、陰陽道、知らずといへども、近代、忌みせらるるによりて申すところなり」とあって陰陽道の側が積極的に禁忌としたわけではなかった。では、金神の方位は、誰が定めたのか。

金井徳子氏の研究によれば、金神の忌みを主張したのは、平安時代後期、大外記《げき》職（太政官所管の書記官）についている儒者・清原頼《より》隆《たか》（九七九～一〇五三）であったらしい（金井「金神の忌の発生」）。清原氏は「明経道《みょうぎょうどう》」（大学寮で儒学の基本科目を教授）を家学として世襲し、多くの才人を輩出したが、なかでも頼隆は、「明経・紀伝《きでん》・算・陰陽・暦道」などにも広く通じた人物で、その異彩ぶりは『続古事談』巻五「諸道」にも伝えられている。彼は外記の立場から前例を調べていくなかで、方位の禁忌に関しても、新しい説を唱え、それが貴族社会のあいだにも認められるようになったようだ。その背景には、当時、有能な「陰陽家」がいなかったからだろうという。

なお頼隆は、万寿二年（一〇二五）八月に、陰陽師・中原常守《つねもり》が先例のない「招魂祭《しょうこんさい》」を執行したために陰陽道の上役から非難されたとき、常守にたいして「招魂祭」の典拠として中国の儀礼書『礼記《らいき》』喪大記などを提示して、それが典拠のある陰陽道祭であることを教えたという記録もある（『左経記』）。ちなみに招魂祭は、後に陰陽道祭祀として定着している。

こうした歴史的な経緯は、「陰陽道」なるものの思想がひとつに固まっているわけではなく、つねにその時代動向のなかで、あらたな禁忌や祭祀を作り出していったことを教えてくれよう。金神の方角禁忌とは、平安時代末期の「不安」な世情のなかで、貴族たちの精神世界を反映したものだった。頼隆は、早い段階でもそれを察知したということだろう。ちなみに、この経緯からは、安倍・賀茂氏も平安末期あたりでは、まだそれほど「陰陽道の宗家」として確固たる地位を確定していなかったこともわかるだろう。

さて、『簠簋内伝』が、金神七殺《こんじんしちせつ》の方位の禁忌を、わざわざ「巨旦大王」と結びつけて、その禁忌を破ることの恐ろしさを強調していることは注目されよう。人々が恐れている金神の禁忌には、しっかりと「典拠」＝起源があった。それはあの牛頭天王への宿貸しを拒否した冷酷無残な人物、ゆえに天王から復讐された巨旦大王の精魂のことであった、と納得していくのである。「金神」へのこだわりも、『簠簋内伝』が安倍・賀茂の宮廷陰陽道の系譜とは異なる人々によって作られた暦注の書であることを明かしてくれるだろう。なお中世末期から近世にかけて各地方に作られていく「民間暦」においても、この金神の忌みは最重視された。貞享の改暦後も金神の忌は記載されたという（渡辺敏夫『日本の暦』）。

正統派・陰陽道とは異なる暦注書『簠簋内伝』。牛頭天王の物語は、天道神・歳徳神・天徳神、そして金神などの方位の神へと読み替えられ、あらたな暦と方位の神話世界へと変貌していったのである。

『簠簋内伝』は、続く巻二において、「暦」そのものの起源、十干・十二支という陰陽道の根源にまで、その神話世界を拡大していく。そこに登場するのは、「盤牛王《ばんごおう》」という奇妙な名前をもつ神である。はたして「盤牛王」とは誰か。

金神＝スサノヲ説をめぐって

恐ろしい方位の神・金神とは、牛頭天王に調伏される巨旦大王《こたんだいおう》の精魂であった。それが『簠簋内伝』が語る金神の素性である。

ところがここに、もうひとつ異なる金神の来歴を語る神話がある。なんと金神とはスサノヲのことだったという説である。以下、紹介しよう。

次の素盞烏尊は出雲の大明神なり。金神なり。金は物を切破るを以て徳とす。此尊、金の性にて心武くして悪神を語ひ玉ひて天照太神と軍し給ふに依て、金神と云なり。

この奇妙な金神＝スサノヲ説を語るのは、一三世紀後半に歌学者たちによって作られた『古今和歌集序聞書三流抄』という書物である。中世の時代、和歌を作る歌人たちが、歌の言葉の由来を古代神話に求めるときに、「日本紀に曰く」として『日本書紀』の神話や物語を多数引くのだが、引用される神話の内容は『日本書紀』原典とは異なる、「異説」が多数出てくる。

たとえばイザナギ・イザナミに流されたヒルコが龍神に助けられ、後にエビス神へと生まれ変わったとか、まったくトンデモ本みたいなネタが多く出てくるのだ。これまで中世びとの無知蒙昧、荒唐無稽の話として一瞥だにされなかった世界だが、近年では「中世日本紀」の神話世界として、あらたな注目を集めている。中世においては、ト部系の神道家たちが、スサノヲと祇園牛頭天王との同体説を唱えていったのだが、一方では、スサノヲは金神のことという「異説」も出回っていたのである。

それにしても、スサノヲは牛頭天王として「巨旦」を調伏し、その巨旦こそが「金神」であったと語りながら、他方で金神とは、スサノヲのことであったと説く説が存在するとは、まったく頭が混乱してくる。

図4－7　いざなぎ流で祭られる金神

それは古代神話のスサノヲ自身が、多くの存在へとメタモルフォーゼしていく、多様性を秘めていたことを明かしてくれよう。彼は荒ぶる神でありつつ、八岐《やまたの》大蛇《おろち》という怪物を退治する英雄でもあった。そして地下の冥界に鎮座する老いたる智慧者へと変身していく。古代神話においても、スサノヲは「ひとり」ではないのだ。

なお、いざなぎ流にも独特な「金神の祭文」が伝わり、家の北側の桟に祭られる。

2　暦世界の根源神へ

宇宙創成の光景から

『簠簋内伝』巻第二。そこに繰り広げられるのは、文字どおり宇宙創成の始元世界を語る神話であった。その神話世界を読んでみよう。

(1)天には容貌もなく、地も形象はもっていない。その様子は鶏卵《けいらん》のようであった。この天地の様態を「最初の伽羅《きやら》卵《らん》」という。

(2)やがて天が開き、その大きさは計り知れなかった。また地が開いた。その万物を乗せる限りは想像もできなかった。その原初の世に「盤牛《ばんご》王《おう》」が生まれた。その身の丈は、十六万八千由膳那《ゆぜんな》(由旬《ゆじゅん》とも。一由旬が約七キロ)。その円い頭を天。方形の足を地。そそりたつ胸を猛火、腹を四海。頭は阿伽尼吒《あかにだ》天に達し、足は金輪際《こんりんざい》(大地の一番底)の底獄にまたがった。左手は東弗婆提国《ひがしふつばだいこく》を過ぎ、右手は西瞿荼尼国《にしくだにこく》にまで届く。面は南閻浮《みなみえんぶ》提国《だいこく》(日本)を覆い、尻は北鬱単国《きたうつたんこく》を支えていた。

(3)この三千大世界(全宇宙)のものは、すべて盤牛王の体から生じた。左目は日光。右目は月光。まぶたが開くと世界は丹色。閉じると黄昏。息を吐くと世界は暑。吸うと寒。吹き出す息は風雲。吐き出す声は雷。

（4）上の世界では大梵天王《だいぼんてんおう》。下の世界では堅牢地神《けんろうちじん》。迹不生《じゃくふしょう》では盤牛王と名づけ、本不生では大日如来と呼ぶ。その本体は龍。その姿を広大無辺の地に潜ませる。四時の風によって、地に伏した龍は、千変万化する。左には青龍の川。右は白虎の園。前は朱雀の池。後ろは玄武の山。

（5）東西南北・中央の五法に五つの宮。八方に八つの閣。そして五宮の釆女を等しく妻とし、五帝龍王《ごていりゅうおう》という子をもうけた。

天も地もまだなかった未明の世界。そこに天地が開き、最初の神霊が出現した。その名を「盤牛王」という。天地を覆う巨人。あるいは地に潜む龍のイメージ。やがて彼の身体は世界の様々な物へと変化していく——。

宇宙創成の初めに登場する、この奇妙な名の神は、けっしてオリジナルではない。そう、この神話は、古代中国の『三五暦記《さんごれきき》』（三世紀、南方の呉で作られた「三皇五帝」について記した書物）などに登場する、世界創生の巨人神・盤古《ばんこ》神話にもとづくものだ。原初には天地は混ざり合っていて、鶏の卵のようにふわふわしていた。そこに天地は陰陽に感じて盤古という巨人を生んだ。盤古が死ぬと、その死体がさまざまなものに変化して、天地のあいだに万物がそなわった。盤古の死体化成神話である。

そしてよく知られているように、『三五暦記』の神話世界は、『日本書紀』の天地開闢神話にも影響を与えている。『日本書紀』の「（世界の始まりの）混沌として未分化な様子は、鶏の卵のようだ」（神代上・正文）という記述は、『三五暦記』からの引用である（ただし『日本書紀』には「盤古王」は登場しない）。これにたいして『簠簋内伝』は、盤古王の化成神話をそのまま引き継ぐ。ただ名前が「盤牛王」となっているのがミソ。なぜ「盤古王」は盤牛王か。いうまでもなく、その「牛」の字は、巻一の「牛頭天王」からの転用であったのだ。

さらに中国神話と大きく異なるのは、盤牛王が仏教の教義と習合しているところだ。盤牛王は、上の世界では「大梵天」（ブラフマン）、下の世界では「堅牢地神」（仏教系の地母《ちぼ》神《しん》）、この世に垂迹した名を「盤牛王」、そして本地は「大日如来」であるという。中世の神話世界に広く見られる「本地垂迹説」である。『簠簋内伝』が、そうした思想との習合のなかにあったことは、これまで確認してきたとおりだ。

では、世界創生を語る盤牛王の神話は、どのように暦注と結びつくのだろうか。ポイントは、盤牛王が、（5）のパート「東西南北・中央の五法に五つの宮。八方に八つの閣。そして五宮の采女を等しく妻とし、五帝龍王という子をもうけた……」と語られるところだ。彼が五人の妻女に生ませた「五帝龍王」が、巻二のキーパーソンとなるのである。彼らは五方、五色という五行説を体現する、文字通り「陰陽道」の神々であったから。

五帝龍王たちは何を生み出したか

まず「十干《じっかん》の事」の項目。以下、こう語られていく。

第一の妻女を伊《い》采女《さいじょ》という。この妻女とのあいだに「青帝青龍王《せいていせいりゅうおう》」が生まれた。この龍王は春の七十二日を支配する。その妻を金貴《きんき》女《じょ》といい、十人の王子を生んだ。いわゆる甲乙丙丁戊己庚辛壬癸である。

中国・殷《いん》の時代（紀元前一五～一四世紀）に一〇日を一旬として占う卜占術が行なわれていたが、この一〇日ごとに循環する日を表示する数詞が「十干」であるという。後に陰陽・五行説とも結びつき、「陰陽道」の暦注の基本概念になった。その起源を盤牛王が生んだ「青帝龍王」の一〇人の王子たちとするのである。ようするに盤牛王の孫が十干の起源となるわけだ。さらに、『簠簋内伝』は、その一〇人の王子について説明を続ける。

甲乙《きのえきのと》は木神《もくしん》。本地は薬師如来、降三世《ごうざんぜ》夜叉明王《やしゃみょうおう》である。東方の大円鏡智《だいえんきょうち》の精魂……。

丙丁《ひのえひのと》は火神《かしん》。本地は観世音菩薩、軍荼《ぐんだ》利《り》夜叉明王である。南方の平等性智《びょうどうしょうち》の精魂……。

戊己《つちのえつちのと》は土神《どしん》。本地は大日如来、不動明王である。中央の法界性智《ほっかいしょうち》の精魂……。

庚辛《かのえかのと》は金神《こんじん》。本地は弥陀、大威《だいい》徳《とく》夜叉明王である。西方の妙観察智《みょうかんざつち》の精魂……。

壬癸《みずのえみずのと》は水神。本地は釈迦如来、金剛夜叉明王である。北方の成所作智《じょうしょさつち》の精魂……。

十干が五行・五方位に配当され、さらにそれぞれの本地仏まで定められていく。そのあと、それぞれの十干ごとの吉凶・禁忌が記されていくのである。

続けて「十二支之事」の項目。

第二の妻女は陽専女《ようせんじょ》という。この妻女とのあいだに「赤帝赤龍王《せきていせきりゅうおう》」が生まれた。この龍王は夏の七十二日を支配する。その妻を愛昇炎女《あいしょうえんじょ》といい、十二人の王子を生んだ。

いわゆる子丑寅卯辰巳午未申酉戌亥である。

「十二支」は、もともとは十二カ月の月の順序を示すための符号（数詞）であったが、それが陰陽・五行説と結びついて、方角・時間をしめすことができる万能な符号になった。ちなみに現在知られている十二支を動物にあてはめたのは、中国の戦国時代（紀元前五～三世紀）のことという。『簠簋内伝』では、十干と同じように、この十二支も、盤牛王の孫たちと位置づけたのである。また十二支の王子たちにも本地を定めている。

以下、三番目、四番目、五番目の妻女との関係について、抜き出しておこう。

◇第三の妻女・福采女《ふくさいじょ》。白帝白龍王《はくていはくりゅうおう》誕生。秋七十二日を支配。愛色姓女《あいしきしょうじょ》と結婚して十二人の王子誕生。→「十二客《じゅうにかく》（直《ちょく》）」の由来

◇第四の妻女・癸《き》采女《さいじょ》。黒帝黒龍王《こくていこくりゅうおう》誕生。冬七十二日を支配。愛上吉女《あいじょうきちじょ》と結婚して九人の王子誕生。→「九図《きゅうず》」の由来

◇第五の妻女・金吉女《きんきつじょ》。黄帝黄龍王《こうていこうりゅうおう》誕生。四季土用七十二日を支配。愛堅牢大神《あいけんろうだいしん》と結婚して四十八人の王子誕生。→「七箇《しちか》善日《ぜんじつ》」の由来

「十二客（直）」は、「建《たつ》・除《のぞく》・満《みつ》・平《たいら》・定《さだん》・執《とる》・破《やぶる》・危《あやう》・成《なる》・納《おさん》・開《ひらく》・閉《とず》」と定められた日々の吉凶のこと。北斗七星の柄杓の方向とも結びつけられ、人間の運命・行動を決定する重要な項目である。現在でも市販されている「暦」にも中段として「十二直」が記載され、もっともポピュラーな「暦注」とされている。

「九図」（一徳《とく》・二義《ぎ》・三生《せい》・四殺《さつ》・五鬼《き》・六害《がい》・七陽《よう》・八難《なん》・九厄《やく》）の説明は諸説あるようだが、『簠簋諺解《げんかい》大全』などでは、『周易』の生数の次第に符合させることが説かれている。あるいは人間の運勢・吉凶の判定に用いられる九つの星（九宮図）のことと混同されているともいう（藤巻一保『安倍晴明占術大全』）。

「七箇善日」は、歳徳日《としとくにち》・歳徳合日《としとくごうにち》・月徳日《がっとくにち》・月徳合日・天恩日《てんおんにち》・天赦日《てんしゃにち》・母倉日《ぼそうにち》といった、何事に用いてもよい日とされる。たとえば天恩日は、吉事に用いて大吉、母倉日は婚姻において大吉、建物の普請、造作にも吉といった判定がついていく。これも民間社会に広がって暦注の代表みたいなもの。『簠簋内伝』と比較的近い年代に造られた賀茂在方《かものあきかた》『暦林問答集《れきりんもんどうしゅう》』にも出てきている。

巻二には、続けて「天牢神日《てんろうしんにち》」「重日《じゅうにち》」「血忌日《けつきにち》」「三箇悪日《さんかあくじつ》」「阿律智神方《ありっちしんかた》」「斗賀神方《とがしんかた》」「赤舌日《しゃくぜつにち》」など、雑多な日や方位の禁忌などが列挙されていくが、それらは盤牛王とは直接の繋がりはなく、暦注のマニュアル的な内容の羅列であろう。

暦世界の根源神＝盤牛王

たとえば宮廷陰陽道の流れである賀茂在方『暦林問答集』（応永二一年〈一四一四〉成立）を見てみると、「十二直」「十干十二支」あるいは七箇善日に入る「天恩」「天赦」「母倉」など、『簠簋内伝』と同じ項目が少なくない。『暦林問答集』は平安時代中期の賀茂家の家祖・保憲《やすのり》の『暦林』の注釈書という体裁になっているが、中世後期の『簠簋内伝』と重なるような暦注の解説も行なっていたのである。

だが『暦林問答集』では、たとえば「十二直」については「新撰陰陽書」にもとづき、「十干十二支」には「蔡邕月令《さいようげつりょう》章句」を引き、また「天恩」→「暦例云」、「天赦」→「通鑑云」、「母倉」→「暦例云」といった、陰陽道書などを典拠として説明している。当然ながら、そこには『簠簋内伝』が示したような盤牛王神話との繋がりは、いっさい記されていない。

ここでわかってこよう。『簠簋内伝』巻二は、十干・十二支や十二客（直）、七箇善日などの暦日の禁忌、吉凶の根拠を、冒頭の盤牛王神話に語られた世界のなかに求めていくのだ。それは牛頭天王の物語が、天道神・歳徳神・天徳神・金神などの方位の吉凶の「典拠」となったように、盤牛王とその五人の王子たちの系譜は、暦日の禁忌・吉凶の「典拠」となるわけだ。『暦林問答集』のような、宮廷陰陽道の暦注と重なる暦日の禁忌、吉凶を示しながら、その吉凶や禁忌の「典拠」については、宮廷陰陽道とはまったく異なる、盤牛王神話のなかに求めるのである。

「盤牛王」――。古代中国神話における世界創生の巨人神＝盤古王《ばんこおう》をルーツにもつ、この神霊は、『簠簋内伝』の世界のなかで、「暦」の起源そのものに関わる「暦の根源神」へと変成していったのである（谷口勝紀「『簠簋内伝』巻二、「盤牛王説話」の一考察」）。そこには、世界の起源を「暦」という時間の発生に求めていく、文字どおりの陰陽道の神の誕生を語っていたといえよう。この世の始まりは、月日や時間という宇宙の運動法則の発生であったという思想である。その〈時間〉を産み出した根源の神こそ盤牛王であったわけだ。

ここにおいて、『簠簋内伝』は、「盤牛王」という世界創生の神話をもとに、人々が暮していくうえでの「暦」の基本概念や吉凶を根拠づけていく世界を作り出した。それは、『簠簋内伝』に示された暦注の享受者たちが、盤牛王の物語的な世界によって、禁忌や吉凶の根拠を納得していった人々であることを想像させよう。『簠簋内伝』の作り手は、そうした人々と共有する世界にいたはずだ。

盤牛王とその五人の王子、青帝青龍王・赤帝赤龍王・白帝白龍王・黒帝黒龍王・黄帝黄龍王たちは、牛頭天王とともに、あらたな「陰陽道の神」としてここに顕現してきた。それはけっして『簠簋内伝』という、単独のテキストに終わるのではなく、さらに広い裾野への展開を見せ、その信仰圏を拡大していく。それを代表するのが、盤牛王の五人目の王子＝黄帝黄龍王をめぐる「異伝」である。

もうひとつの黄帝黄龍王譚

『簠簋内伝』の慶長一七年版本は、盤牛王の五番目の王子＝黄帝黄龍王をめぐって、次のような「異伝」を載せている。その物語の要約を紹介しよう。

（1）盤牛王は星宮と結婚し、星宮は妊娠した。盤牛王は「五大」を極めようとして、春夏秋冬の四時の季節は四人の王子（四大龍王）に与えた。次に生まれる子は男子であっても女子であっても、八尺懸帯《かけおび》、五尺の鬘《かずら》、八尺の花形、唐鏡七面、宇浮絹《うぶぎぬ》の剣、娑婆訶《そわか》の剣などを与えようと、宝物の蔵に納めた。

（2）やがて十月《とつき》が満ちて女子が誕生した。彼女の名を「天門玉女妃《てんもんぎよくによ》」という。後に堅牢大地神王の妻となり、四十八人の王子を生んだ。

（3）しかし、王子たちにはしかるべき住居がなかったので、天門玉女妃は女子から男子の相に変じて「黄帝黄龍王」と名乗った。そして四十八人の王子と、一千人の郎党を引き連れて、兄の四大龍王にたいして謀反を企て、恒河《ごうが》（ガンジス川のこと）で十七日間にわたって戦った。そのため恒河に血が流れるのを見た文選博士《もんぜんはかせ》が争いを仲裁し、十八の四季土用をあつめて、七十二日を黄帝黄龍王に与えたので、五帝龍王の争いは収まった。その時、文選博士にも四季土用の間日を与えたともいう。

五番目の王子は、じつは姫宮であった。そのため父から受け継ぐ所領がなかったので、男子に変成して黄帝黄龍王と名乗り、四人の兄たちに戦いを挑んだが、「文選博士」の仲介で、彼は「四季土用」の七二日の支配を得た……。

この話のルーツは、平安時代末期に作られた寺院の「幼学書」（年少者向けの教科書）である『注好選《ちゆうこうせん》』上・八六「文選は諍を止めき第」のなかにある。話の展開はほぼ同じで、四人の王子たちに四季・四方の方位の支配を任せるという構図も共通している。だが、こちらでは王子の父親を「舎衛国《しやえいこく》の王・都夫王」としており、盤古王との繋がりはない。また五帝龍王のこともない。本来は出自を異にした盤古王の説話と五帝龍王の話をひとつに繋いだのが『簠簋内伝』の所伝ということになろう。

ここで暦注書としての『簠簋内伝』の固有の意味も見えてくる。盤牛王の王子・四大龍王たちは「四季」を掌り、その王子たちもそれぞれの「所務」（十干、十二支、十二客や七箇善日などの禁忌）を得ていた。だが末子の黄龍王とその王子たちには、支配すべきものがなかった。そこで「文選博士」の仲介で黄龍王たちに「四季七十二日」にわたる特別な期間＝土用（二十四節気の立春・立夏・立秋・立冬の前の一八日間）を新しく作り出し、その禁忌を定めたということになる。『簠簋内伝』の物語は、多様な暦日の禁忌の生成過程をも語っているともいえる（谷口、前出論文）。「四季土用」という、あらたな暦の禁忌（土を犯すことや殺生を忌むなど）についての典拠を、この物語に求めていったわけだ。

とくにここに登場する「文選博士」というのが重要だ。その姿は『注好選』にもあったが、『文選』という中国古典書に精通する博士という意味だけではない、もうひとつの働きも隠されていたのである。それは『簠簋内伝』の五帝龍王の物語をベースとしながら、様々な地域の民間宗教者たちによる「祭文《さいもん》」の生成へと通じていく。

「土公神祭文」への変成

五龍王祭文、五人五郎祭文、五行霊土公神《どくうじん》旧記、土公神祭文、大土公神祭文……。様々な呼び名をもちつつ、列島各地に伝わる盤古王と黄帝黄龍王を主人公とする祭文群である。それらは安芸《あき》・備後・土佐などの西日本から、三河などの中部地帯にも広く伝わっている。黄帝黄龍王が「土公神」と呼ばれる物語だ。

「土公神」とは、平安前期の『延喜式』にも登場する遊行神の代表である。春の三カ月は竈に、夏の三カ月は門に、秋の三カ月は井戸に、冬の三カ月は庭に所在を移していくので、その方位に立ち入らないようにするという禁忌が生まれた。知らずにその地に柱を立てたりする（犯土《はんど》という）と祟られるので、陰陽師が土公神祭を行なった。方位と季節に関わる、まさしく陰陽道の神といえよう。その土公神が、盤牛王の五番目の王子と習合した。「土用」の期間は土公神が支配する期日となるからだ。さらに『簠簋内伝』では、土公神と盤牛王とが重なる面も見せる。なかなか複雑な神格となるのである。

土公神は、もともとはその由来は不明であったが、中世後期からの民間社会で竈神信仰や荒神信仰ともリンクして、盤古王説話や五帝龍王を引き寄せて、独特な物語縁起を作り出した。それが「土公神祭文」として各地で製作され、伝播していったのである（山本ひろ子「神話と歴史の間で」）。その祭文製作の要になっているのが、『簠簋内伝』巻二の「黄帝黄龍王」譚の異説であったことはいうまでもないだろう。

ところで、こうした各地の「土公神祭文」は、祈禱祭祀の場とともに、「神楽」などで演じられるものも少なくない。とくに中国地方では「王子舞」として神楽の場で舞われ、演じられた。その担い手は神社の社人や、あるいは山伏、法者《ほさ》、博士、神楽太夫《かぐらだゆう》などと呼ばれた、いくたの民間宗教者たちである（岩田勝『神楽源流考』）。そこには、民間系の陰陽師の流れも見出すことができよう。

図4－8　土公神祭文を伝える奥三河の花祭。そのクライマックスに登場する榊鬼。

黄帝黄龍王と四人の兄たちとの争いを調停し、黄帝黄龍王（土公神）に四季土用の七二日を与えた「文選《もんぜん》博士《はかせ》」のイメージが、地域社会のなかで土公神の神楽や舞を担う民間宗教者たちへと連なっていくことは、あきらかであろう。

さらに黄帝黄龍王の物語が、驚くべき「神話」へと展開していく様を紹介しよう。

五帝龍王と八岐大蛇神話・異聞

近世初期には、『簠簋内伝』を仮名書きで解説した注釈書『簠簋抄』が多数作られた。その数はおびただしいのだが、そのなかに五帝龍王・黄帝黄龍王に関する興味深い別バージョンが伝わっている。『簠簋内伝』に語られていたように、黄龍王には、父盤牛王からの贈り物として、数々の宝物が定められていた。そのなかのひとつに「宇浮絹《うぶぎぬ》の剣《つるぎ》」というのがある。これが『簠簋抄』では「宇浮絹の鎧」に変わり、その鎧は百歳の人が着ても二、三歳の人が着ても似合う鎧だという説明がつく。さらにこの「宇浮絹の鎧」をめぐるエピソードとして、こんな話が語られる。

「宇浮絹の鎧」は、天竺、唐を追われ日本にやってきた漢駝《かんだ》という盗人の男が持っていたものだ。その時彼はひとりの美女を連れていた。美女を八幡太郎（源義家）に献上したが、その引き出物として「宇浮絹の鎧」も奉った。やがて平氏が源氏を滅ぼしたとき、宇浮絹の鎧は平氏の手にわたり、清盛はこれを家宝とし、さらに娘の二位の尼（徳子）に伝えた。そして壇ノ浦の合戦で、二位の尼が安徳天皇とともに、三種の神器を抱いて海中に飛び込んだとき、宇浮絹の鎧もともに海に沈んだ。源氏の武士たちは、三種の神器のうち「内侍所神鏡《ないしどころしんきょう》」は探すことができたが、草薙《くさなぎ》の剣と宇浮絹の鎧はついに失われた。それで「宇浮絹の鎧」は日本からは消滅したのである。かの安徳天皇とは、じつは出雲国でスサノヲに退治された八岐大蛇《やまたのをろち》が変化《へんげ》したものであった。スサノヲに退治され、奪われた村雲《むらくも》の剣（草薙の剣）を取り返すために、安徳天皇に変化していたのである。

なんと奇妙奇天烈な話であろう。黄帝黄龍王に授けられるはずだった「宇浮絹の鎧」は、源氏から平氏の手に渡り、やがて平家滅亡とともに海中に沈んで、失われた。そのきっかけを作ったのは、平氏の娘・二位の尼と一緒に海に飛び込んだ安徳天皇にあった。かの幼帝は、じつは八岐大蛇の変化であった（ヲロチは同時に龍宮世界の龍王ともつながる）。スサノヲに奪われた草薙の剣を取り返したのだが、同時に「宇浮絹の鎧」も海中の世界（龍王）に奪われていったというわけだ。

きわめて荒唐無稽な話と思われようが、じつは安徳天皇が八岐大蛇の変化であったというのは、慈円《じえん》（一一五五～一二二五）の『愚管抄《ぐかんしょう》』をはじめ、『平家物語』『太平記』などにも伝わる、中世においてはかなり知られた話であった。それは、壇ノ浦の合戦によって、実際に失われた三種の神器のひとつ・宝剣の行方をめぐって語り伝えられたものだ。草薙の剣が失われ、それがふたたび王権のもとに戻らないことの「道理」を説明するために、こうした話が作り出されたのである。現代から見ると、なんとも荒唐無稽と思われようが、このエピソードは、三種の神器のひとつを失った王権を支えるための、まさしく「中世神話」として流布していったのである（阿部泰郎「中世王権と中世日本紀」）。

黄帝黄龍王のエピソードに、唐突に割り込まれた「宇浮絹の鎧」をめぐる奇談。それは中世王権を支える宝剣神話に繋がっていたのである。もちろんここには「王権」との関わりはない。王権にまつわる神話が、黄帝黄龍王の「宝物」を権威化する目的で利用されたのであろう。中世神話の世界は、「王権」を離れ、民間的な暦注の物語にも広がっていったわけだ。「中世神話」がより身近な生活にも繋がる、「裾野のひろがり」（小峯和明「中世日本紀をめぐって」）の一例といえよう。

さらに、『簠簋内伝』の世界が、中世神話の世界へと広がっている様相を見てみよう。

白牛にまたがる牛頭天王

京都・妙法院に、『神像絵巻』の名前で呼ばれる絵巻物がある。「観応元年（一三五〇）庚寅正月十一日賜小野僧正興（不明字）御本」という奥書から、一四世紀に真言小野流の高僧によって作られたものという（村山、前出書）。

『神像絵巻』には、クニノトコタチから始まってイザナギ・イザナミまでの「天神《てんじん》七代」、アマテラスからヒコホホデミに至るまでの「地神《ちじん》五代」の日本神話の神々の像容が、それぞれ個性豊かに描き出されている。そこに描かれている古代神話の神たちは、中国風の武器をもった武人像、あるいは唐服をまとった女性像となっている。神像の横には、古代神

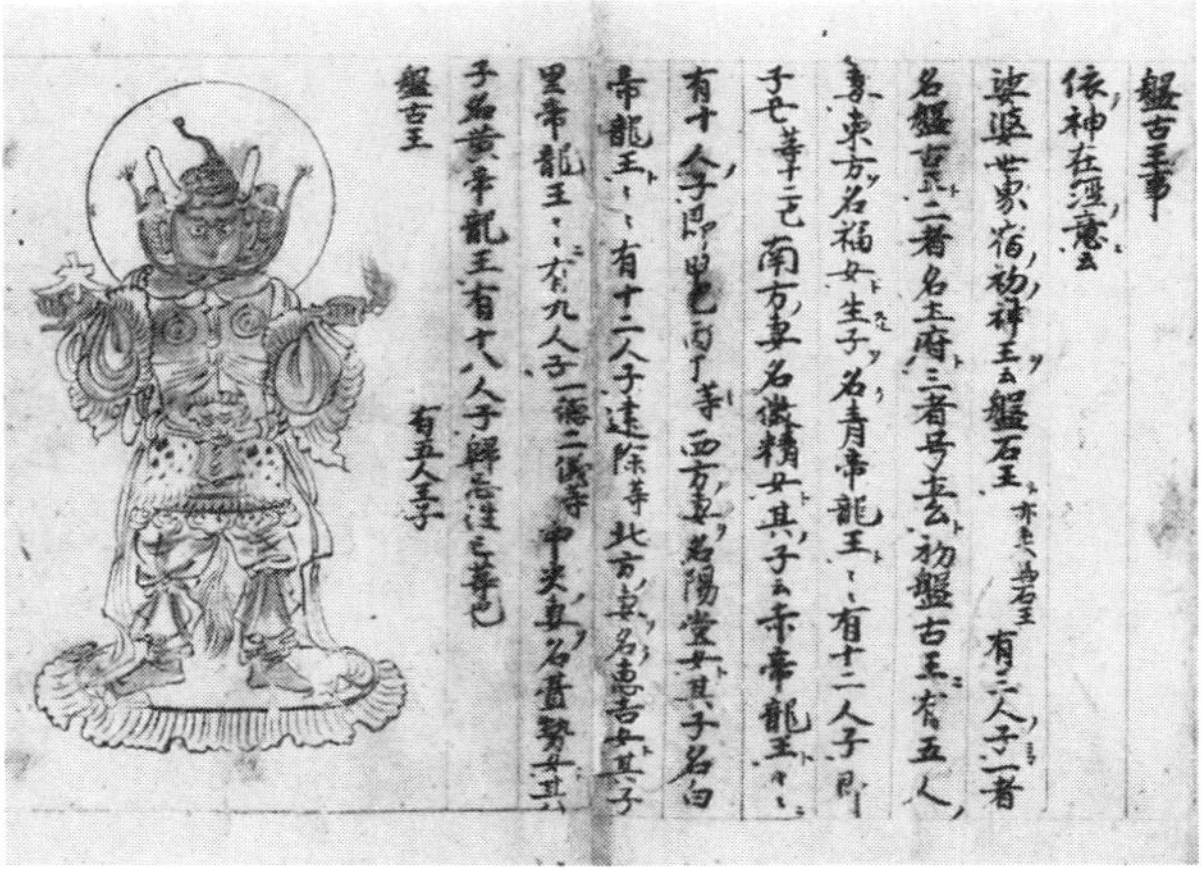

図4－9　盤古王（妙法院蔵『神像絵巻』より）

話を仏教的に解釈した説明文が付されている。まさしく「中世神話」の世界が展開されていくのだが、注目されるのは、地神の五代目ヒコホホデミに続いて盤古王以下の五帝龍王、そして最後には牛頭天王、八王子が登場してくるところだ（はじめに、参照）。

絵巻の末尾、画面いっぱいに大きく描かれた牛頭天王は、三面一二臂《ひ》で白牛にまたがり、肌色は朱色、三面にはそれぞれ三つの眼をもち、正面の顔の上には牛頭を乗せ、その光背は燃え盛る火焔で朱と青の二色を交え、頭髪は逆立ち、宝冠を頂く。そしてその頭上には、なんと本地仏・薬師如来が顕現している（村山、前出書）。

それにしても、古代神話の神々の系譜

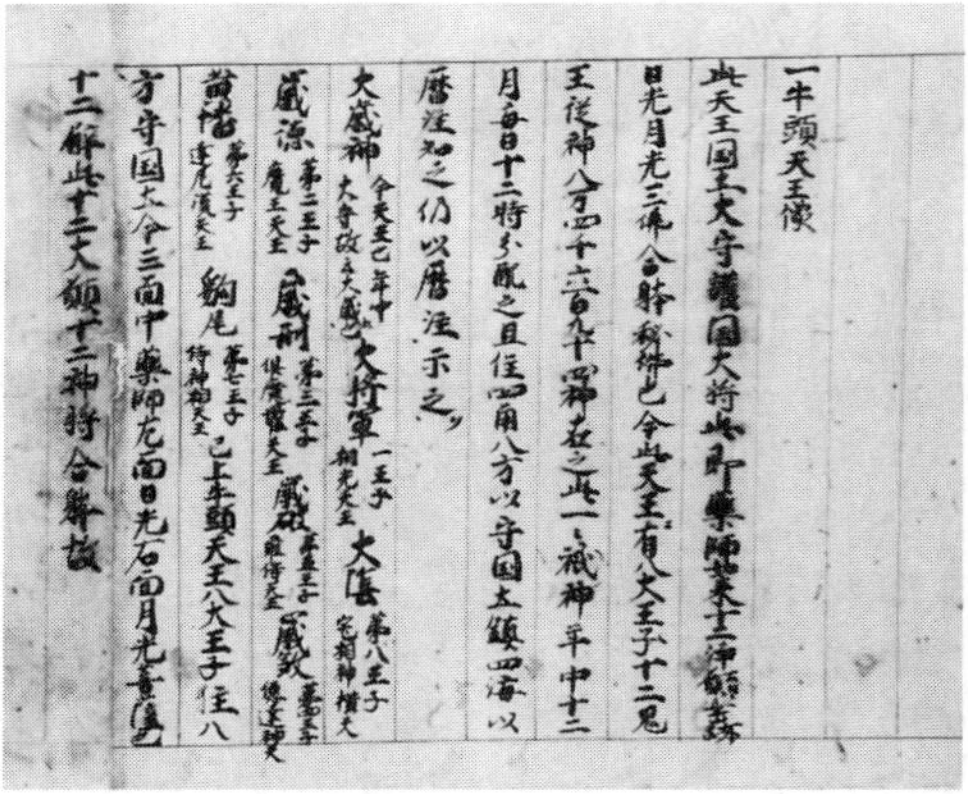

図4－10　牛頭天王（妙法院蔵『神像絵巻』より）

に接続するかのように登場してくる盤古王、五帝龍王、そして牛頭天王とは……。彼らの驚異の神像を描いていく、この絵巻はいったい、何を語ろうとしているのだろうか。

そこで盤古王の絵の横に記された説明を読むと、盤古王が五人の妻をもって、それぞれ青赤白黒黄の五帝龍王を生ませ、さらに多数の王子が誕生した物語が記されている。いうまでもなく『簠簋内伝』と類似する内容だ。さらに牛頭天王の図像の横には、こんなことが書かれている。

この天王は国を守護する大将であり、また薬師如来の垂迹《すいじゃく》、日光月光三仏が合体した秘仏である。いまこの天王は八大王子と十二の鬼王、八万四千六百九十四神を従えて、年中十二月・毎日十二時に配し、また四角八方に住して国土を守り、四海を鎮めている。そのことは暦注に記されたところによって、日時・方角はしることができる。

そして、牛頭天王以下、八王子の暦注神としての名前を記す。

・大歳神（牛頭天王）
・大将軍（第一王子・相光天王）
・歳徳（第二王子・魔王天王）
・歳刑（第三王子・倶魔羅天王）
・歳殺（第四王子・徳達神天王）
・歳破（第五王子・羅侍天王）

・黄幡（第六王子・達尼漢天王）
・豹尾（第七王子・侍神相天王）
・大陰（第八王子・宅相神天王）

『簠簋内伝』とは多少の異同があるが（とくに牛頭天王を「大歳神」。二番目の王子を「歳徳」とするなど）、牛頭天王以下の八王子を「暦注」の神として位置づけていることはあきらかであろう。それを受けて、次のように牛頭天王を賞賛していく。白牛にまたがる牛頭天王の絵のすぐあとに続く一節である。

以上、牛頭天王・妻女・八王子眷属《けんぞく》が毎月廻って国土を守り、年中大小の諸神が十干十二支の吉凶をなすのも、ことごとく牛頭天王の所業である。よって、その恩報徳仏法大道など内典・外典《げてん》に吉凶を定めていることを知り、曜宿を選ぶのも、みんな牛頭天王の三昧《さんまい》（精神を集中した状態）の境位による。

どうやら、『絵巻』のなかでの牛頭天王は、祇園社の祭神、行疫神といった神格をこえて、暦や方位の根源を掌り、その力によって国土を守護する最高神へと大きく姿を変えているようだ。その役割は、十干・十二支を発生させた盤古王の機能をも吸収し、より根源的な「暦神」として屹立しているといえよう。そしてその暦神の活動は、「三昧」という精神集中が達する仏教の境位にアナロジーされていった……。

それにしても、ここに登場する盤古王、牛頭天王たちの神像からは、『簠簋内伝』に語られた暦神たちの世界が、けっして孤立した異端の物語ではなかったことを教えてくれよう。暦神たちの相貌と来歴は、真言小野流の僧侶たちによって書き伝えられていったのだから。

中世神学の暦神たち

妙法院『神像絵巻』の末尾に、至高の暦神として登場してくる牛頭天王。その神話世界は、『絵巻』前半の古代神たちの世界とどうリンクしているのだろうか。

『神像絵巻』の冒頭は、「秘伝」として「吾朝は神国なり。よろしく神徳を知りて、悉地《しっち》を祈るべし……」と始まり、「天神七代」は金智《こんち》（金剛界の智慧）の七覚をあらわし、「地神五代」は胎理《たいり》（胎蔵界の理）の五形を示す。したがって、我朝は、両部大日《りょうぶだいにち》の本居であり、密厳花蔵《みつごんけぞう》の宝刹《ほうさつ》であり、ゆえに大日本国と申すのだ……と説いていく。

一般に「我朝は神国なり」といえば、蒙古襲来のときに神風が吹いて守られたように、日本は神々によって守護されている国というイメージであろう。その神々は古代以来の神々だ。だが、中世における「神国」の意識は、神の徳とともに、仏教の教えが顕現している国という意味をもつ。「大日本」の国号も、大日如来の「本国」と認識されるのだ。近代的な神道観・神国イメージとはまったく異なる中世の「神国」の言説が展開されていよう。それは密教系の神道説（両部神道と通称される）の世界観に裏打ちされたものである。

以下、『絵巻』では「禁疎《きんそ》極伝章《ごくでんしょう》」(『日諱《にちい》貴《ぎ》本記《ほんき》』)や『北野天神密奏記《みつそうき》』、『長谷寺縁起』などの中世神道の秘書を多数引用しながら、独特な神々の世界とその系譜を展開していく。そこでは『日本書紀』のなかで始元神として登場するクニノトコタチが、「界常住尊《クニノトコタチノミコト》」と呼ばれ、また「金輪王《タカラノキミ》」という名ももつ。古代神話のクニノトコタチは「界常住尊」と表記されることで、「大界」に「常住」する仏尊という俤《おもかげ》を見せていくのである(山本ひろ子「至高者たち」)。

『記』『紀』の古代神話をベースにしつつ、それを仏教の用語・思想で読み替え、まったく新しい創世神話の世界が作り出されていった。この「界常住尊」は、それ自身ひとつの秘事として「日本記三輪流」という神祇《じんぎ》灌頂《かんじょう》の伝書にも登場するという(山本、前出論文)。ここには、近代的な「神道」のイメージからは想像もできないような、独特な「中世神学」の世界が繰り広げられていたのがわかろう。そうした創世神話の系譜のなかに、「盤古王」や「牛頭天王」の来歴も記されていったわけだ。暦や方位を掌る神は、『記』『紀』神話の神々とは異質な存在である。そこには古代神話の世界創世にはない、「暦」と「方位」という宇宙的な根源の時間・空間の発生が語られていくのである。その暦の根源神が中世神学のなかに位置づけられていったわけだ。

中世神道の一角を占めていく暦神としての盤古王、牛頭天王。『神像絵巻』の記述はそれを教えてくれたが、さらに『簠簋内伝』が語った盤牛王の五帝龍王誕生、そして十干・

十二支の起源の物語は、『塵滴問答《じんてきもんどう》』（鎌倉後期）や『神道雑々集《しんとうぞうぞうしゅう》』（南北朝期）といった中世の雑書や神道書の類にも見られる（鈴木元「中世陰陽道の片影」）。『簠簋内伝』の所伝とそれらの書物の、どちらが先に作られたかは議論の分かれるところだが、安倍・賀茂の宮廷陰陽道とは異質な暦注書『簠簋内伝』の世界が、中世の神道書や雑書などとリンクしていく様相は、さらに研究を深めるべき課題となろう。

しかし忘れてはならないことがある。『簠簋内伝』の牛頭天王、盤牛王の物語と『神像絵巻』の所伝とのあいだに共通点があるとしても、両者のテキストの働きはまったく違うということだ。『簠簋内伝』の物語は、あくまでも暦注に記された方位や日時の禁忌、吉凶の「典拠」として機能する。それは暦注を作成し、方位や日時の禁忌・吉凶を知らしめ、その守るべき禁忌の「典拠」を記し示すことを実践する者たち、すなわち「陰陽師」のための聖典であったのだ。そうした実践の現場を離れて『簠簋内伝』は存在しない。そうであるからこそ、そこに登場する牛頭天王、八王子、あるいは巨旦大王、また盤牛王、五帝龍王たちは「陰陽道」の神＝暦神としての存在を主張してくるのである。

ふたたび、『簠簋内伝』の作り手を求めて

それにしても、あらためて、『簠簋内伝』は誰によって作成された書物なのだろうか。ふたたび、われわれは、この一番の難問に立ち戻らねばならない。もちろん、この「誰」

を確定することは、いまのところできないが、いくつかの周辺的な情報を整理・紹介しておこう。

まず江戸時代の土御門家当主・泰福《やすとみ》が明確に主張したように、安倍晴明に仮託されているとはいえ、『簠簋内伝』は安倍家のなかに伝えられてこなかった。たしかに近世における土御門家が「天社神道《てんしゃしんとう》」を形成するうえで、『簠簋内伝』の世界を排除しようとした背景もあるが、実際のところ江戸時代の土御門家の家司《けいし》・若杉家伝来の文書中にも一切『簠簋内伝』の鈔本が伝わっていないことは、本書が土御門＝宮廷陰陽道本流の系譜とは違うことを証明していよう。

したがってこのことは、冒頭に牛頭天王譚を掲げているとはいえ、祇園社内部の「安倍流の一派」「安家《あんけ》の流れをくんだ陰陽師」というように、安倍家との繋がりを強調する必要がないことを明らかにしてくれよう。

次に『簠簋内伝』の内部検証からわかってきたように、本書は暦注の書であった。その暦注のスタイルは、安倍・賀茂の宮廷陰陽道の流れを受けている。とくにほぼ同時代と思われる賀茂在方《あきかた》の『暦林問答集』と多くの暦注を共有していることは見過ごせないところだ。だが、そうでありつつも、暦注の「典拠」を、巻一、巻二冒頭の牛頭天王、盤牛王の物語に求めていたことには、宮廷陰陽道の暦注書とは決定的に異なる世界を示していたといえよう。

その物語縁起には、本地垂迹説などの「中世神道」（密教系神道）との類似点が見られた。こうした点から、従来『簠簋内伝』の作成者として、祇園社内部、またはその周辺の「法師陰陽師」が推定されるわけだが、この点はどうだろうか。まず「法師陰陽師」といったとき、平安時代の日記や鎌倉時代の説話に登場する民間系の陰陽師、「下級陰陽師」というイメージが付きまとう。だが『簠簋内伝』の作成者を、そうした法師陰陽師＝下級の陰陽師とみなしていいのだろうか。これまで見てきたように、暦注書としての『簠簋内伝』には安倍・賀茂の宮廷陰陽道との繋がりは無視できない。宮廷陰陽道が伝えた「暦注」の世界を継承する面ももつのだ。また牛頭天王譚、盤牛王譚は、真言小野流の神道言説とリンクすることも、あらたに見出された地点である。

そこであらためて想起されるのは、室町時代の『祇園社略記』が、牛頭天王＝天道神の言説を「暦家《れきか》」の説と明言していたことだ。その「暦家」の説とは、すなわち『簠簋内伝』の所伝を示すものであった。室町期においては、『簠簋内伝』は「暦家」のテキストと認識されていたことはたしかなようだ。

ではその「暦家」を宮廷陰陽道の賀茂家と結びつけることはできるのだろうか。賀茂在方『暦林問答集』には、『簠簋内伝』に示された牛頭天王譚も、盤牛王譚もまったく見えない。賀茂家本流の暦家とは、やはり異質な暦注書であることは見過ごせない。はたして『祇園社略記』が言うところの「暦家」とはなにか。

奈良の地の陰陽師たち

ここで視点を、大和・奈良の地に移してみよう。なぜなら、そこには南都興福寺の大《だい》乗院門跡《じょういんもんぜき》に仕えた賀茂家の庶流、後に「幸徳井《かでい》」を名乗る一族がいたからだ。いうまでもなく彼らも「大乗院門跡」という権門に仕える上級陰陽師であるが、さらに、中世後期の大和の地には十座（興福寺）・五箇所（大乗院）と呼ばれた「声聞師《しょうもんじ》」（唱門師）集団がいる（尾崎安啓「中世大和における声聞師」）。彼らと幸徳井家はけっして支配・被支配の関係を結んでいなかったようだが（林淳『近世陰陽道の研究』）、奈良の地には、宮廷社会を離れた賀茂家＝暦家の流れが「陰陽師」として活動していたことはたしかなようだ。ちなみに、近世奈良には、近年有名になった「陰陽町《いんぎょまち》」（**図4－13**）という暦陰陽師たちが居住する地域があった（木場明志「近世土御門家の陰陽師支配と配下陰陽師」）。

なお、幸徳井家の始まりは一五世紀の賀茂友幸《かものともゆき》からであるが、後醍醐天皇の時代（一四世紀初頭）に、中務省《なかつかさしょう》に属していた「陰陽生」が奈良に移り住んだことから「奈良陰陽師」は起源したという説もある（渡辺敏夫『日本の暦』）。彼らが版行したのが「南都暦《なんとごよみ》」「奈良暦」という暦であった。南都の民間陰陽師は「賀茂」の末裔とする伝承を多く伝えているという。

さらに奈良の地には、牛頭天王信仰との接点もあった。奈良春日大社に所蔵される「牛頭天王曼荼羅衝立」である（**図4－15**）。この曼荼羅衝立は、もともと春日社の摂社・水《みず》

図 4 -11 『職人尽歌合』（近世）に描かれた陰陽師。右は暦注を示す姿か。

図 4 -12 『職人歌合』（近世）に描かれた陰陽師の姿

谷《や》社《しゃ》（図4-16）の社殿に祭られていたという（村山、前出書）。「牛頭天王信仰」を通して、南都と祇園とのあいだに深い関係があったことが知られよう（村山、前出書）。水谷社、さらにその近くの一言主社《ひとことぬししゃ》の神主は幸徳井家が務めていたという。南都の陰陽師と『簠簋内伝』との接点は少なくないようだ。

そして幸徳井の姓のもとになった「神水《しんすい》の井」の東方には「吉備真備の墓」がある。『簠簋内伝』の作者となっている「天文司郎・安部博士清明」は、「吉備後胤《こういん》」とあった。『簠簋内伝』を書いた〈安倍晴明〉は、吉備真備の子孫と認識されているのだ。そしてじつは賀茂家自身が「吉備大臣末孫」とされてきたのである。「暦家」の説とされる『簠簋

図4-13　陰陽町

図4-14　陰陽町の通りに鎮座する鎮宅霊符神社

図 4-15　牛頭天王曼荼羅

図4－16　現在の水谷神社（春日大社境内）

内伝』と、南都に展開する暦家・賀茂庶流の「陰陽師」とのあいだには、見逃せない「点と線」がありそうだ。

牛頭天王、盤牛王など、多くの陰陽道の神々の活躍を記す『簠簋内伝』。その書の作者とみなされた安倍晴明。しかし、そこに登場する〈安倍晴明〉とは、安倍家という宮廷陰陽道主流の家筋を離れた、あらたな「陰陽道」の権威を作り出すためのブランド名ではなかったか。その〈安倍晴明〉こそ、宮廷陰陽道とは異なる、さらに多様で豊かな信仰世界を切り開いていく、新しい陰陽道の神々を見出した陰陽師にほかならない。

図4-17　京都・晴明神社

世界の崩壊から始まる――いざなぎ流の「大土公祭文」

盤古王の物語は、「土公神《どくうじん》の祭文」として、様々なバリエーションを生みながら、民間社会のなかに広がっていった。そのなかでもきわめて個性的な、高知県物部村《ものべそん》（現・香美市物部町）に伝わるいざなぎ流の「大土公祭文《だいどつくう》」（半田文次太夫「大土宮神本地」）を紹介しよう。その祭文は文字どおり盤古王がもつ世界創生神話の姿を見せてくれるからだ。その物語は、なんと世界の崩壊から始まる――。

世界は三年三月九十九日の日照りが続き、草や木も枯れ、月日《つきひ》の将軍さま（太陽と月）も岩屋にこもり、日本の国は海に沈んでしまう。そこで盤古王は、白い鳥に日本の様子を見に行くように命令するが、どこにも国も島もないという報告を受ける。次に自ら船を作って日本の南へ乗り出し、天《あま》の逆鉾《さかほこ》で探ってみると泥や葉っぱ、粟の穂がついてきた。さらに水とる玉・火とる玉を五方に投げ、水を吸い干すと、ふたたび島、山、人間が始まった。続けて暗さ、明るさが必要と思い、天の岩戸を蹴り割ろうとすると月日の将軍さまはたいそうなご立腹。盤古王は子供もやとって、十二人の神楽の役者をそろえ三十三度の礼拝神楽《らいはいかぐら》をして、月日の将軍さまを喜ばせた。月日の将軍さまが出現することで、ふたたび太陽と月がもどった。

次に盤古王は四人の王子に四節・四土用を与え、二つの彼岸をふたりの姫に与えた。そこで四季ができて五穀も育つようになった。しかし、盤古王が亡くなったあと、妻のあやぶ女人の腹には、五番目の弟・五郎が宿っていた……。

そしてこのあとは、五人目の王子・五郎が四人の兄たちと「所務わけ」をめぐる争いが始まる、と展開していくのである。

それにしても、いざなぎ流の「大土公祭文」は、日照りや洪水で「日本」が沈没した後の世界から始まるという、なんとも驚くべき物語となっていたのである。それは「洪水神話」と分類される世界的な神話モチーフへとも繋がるのであった。世界が一度滅んだあとに、盤古王によって月日が復活し、四季・土用が始まっていくという、「暦」という時間の秩序をもつ、あらたな世界の再生を語る祭文なのである。

「大土公祭文」は、いざなぎ流では、村の最高神とされる「天《てん》の神」祭祀に誦まれている。祭りの場では「大将軍の本地」ともセットになって読誦される。大将軍も太白《たいはく》(金星)の精という恐ろしい神霊である。『簠簋内伝』では牛頭天王の二番目の王子として誕生する。

いざなぎ流の祭文と儀礼。それはもはや「民俗信仰」という概念ではとても捉えきれない、複雑で豊かな信仰世界を持っていた。陰陽道の神々が地域の信仰にどう根づいていったのか、そのスリリングな現場を教えてくれるだろう。

第五章　いざなぎ流の神々――呪詛神と式王子をめぐって――

四国山脈の山々が連なる、山間《やまあい》の集落、高知県香美郡物部村《かみぐんものべそん》（現・香美市物部町）。その山深い村に伝わる民間信仰「いざなぎ流」の名前は、最近の陰陽師ブームで一躍脚光を浴びることになった。「太夫《たゆう》」と呼ばれるいざなぎ流の宗教者たちは、民間社会を舞台に活動した中世以来の「陰陽師」の系譜に連なるというのだ。

いまも村のなかで数名ほど活動を続けるいざなぎ流の太夫たちは、村人の依頼に応じて、あるときは家の天井裏に祭られるオンザキ、ミコ神、天神といった家の神々を祭り、また死者霊を墓から迎えて神にする神楽を舞い、そして山や川に棲息する山の神、水神、地神などの自然霊を祭り鎮め、さらに霊的な病に苦しむ人々を治癒する病人祈禱に携わっていく。列島社会を大きく変えた、いわゆる「高度成長期」以降、徹底的に解体・消滅・変容していった多くの「民俗信仰」のなかで、いざなぎ流の存在は、それこそ奇跡的と呼ぶにふさわしいだろう。

陰陽道の神々を求めて――。われわれの〈知〉の旅の最後に辿り着くのは、いざなぎ流の太夫たちが祭り鎮めている神々の世界である。そこには「陰陽道」なるものが、地域の人々の信仰とどのように交渉し、土地に根づいていったかをリアルに教えてくれる世界が広がっているだろう。

まずは「いざなぎ流」の太夫たちが祭り鎮める神たちを紹介していこう。

1　いざなぎ流の神々と陰陽道

家に祭られる神たち

山の急な斜面にへばりつくようにたつ物部村の旧家には、「御幣《ごへい》」にその姿が象《かたど》られたおびただしい数の神々が、家の人々と一緒に暮らしている。

まずは大黒柱の上に祭られる「大荒神《だいこうじん》・新木《しんぼく》・古木《こぼく》の幣《へい》」。荒神《こうじん》といえば、一般に竈神（三宝荒神《さんぼうこうじん》）として有名だが、物部村では大黒柱が荒神の住まいであった。その理由は、いざなぎ流の起源を語る「いざなぎ祭文」に出てくる。館を建てた大工が賃金の恨みで大黒柱の下に墨さしを込めておいた。それが荒神の祟りを招いた……。いざなぎ流の太夫は、家の祭りでは「大黒柱の元祭り」として、丁寧な祭りをしている。また家の祭りの最後の

図５－１　大黒柱の大荒神・新木・古木の幣

図５－２　金神の棚

締めくくりとして「荒神鎮め」も行なわれる。荒神鎮めの儀礼からは、「荒神」とは特定の固有な神霊ではなく、村や家、山・川などの様々な空間や場所、自然のうちに宿る神霊のうちネガティヴな側面をあらわしていると推測しうるだろう（小松和彦「〝荒神鎮め〟儀礼の分析」）。

荒神信仰は、広く民俗神として知られるが、そのルーツは密教、さらに賀茂系陰陽道の祭祀次第書『文肝抄《ぶんかんしょう》』（鎌倉時代後期。賀茂在材が編者に推定）のなかにも「荒神祓《こうじんはらえ》」の作法が見られる（室田辰雄「『文肝抄』所収荒神祓についての一考察」）。荒神信仰は、陰陽道とも深い繋がりをもつようだ。

茶の間の北側の桟には、「金神《こんじん》の幣」、南側には「庚申《こうしん》の幣」が鎮座する。金神は、いうまでもなく『簠簋《ほき》内伝《ないでん》』にその来歴が説かれた、もっとも恐ろしい遊行する方角神だ。いざなぎ流には「金神の祭文」も伝わる。家を新築したときには、土地をもらうために桑の木で作った二階棚で、金神の祭りを行なう（図5-2）。「庚申」も、道教にルーツがある著名な神。いざなぎ流の祭りでは、太夫が庚申の幣を祭る棚にむかって、扇の端をもってクルクル回し、「庚申様の真言」を唱えながら、立ったり座ったりする所作を一二回繰り返す作法がある（図5-3）。また家の恵方には、ご存知「歳徳神《としとくじん》」も鎮座し、台所には「恵比寿」が祭られる。恵比寿については、「恵比寿のお倉入り」という、いざなぎ流独自の神楽・行事がある。

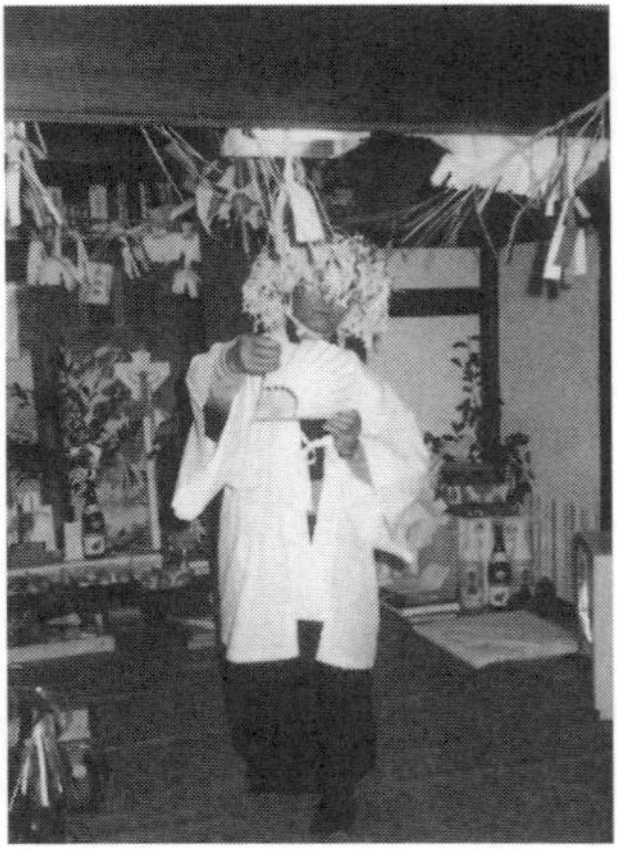

図5-3　庚申の幣にむかって祈る

一方、家の外に出てみると、家の水源には、山の神と水神が「和合」した姿をあらわす「水神和合の幣」が立っている（図5-4）。山の神の幣と水神の幣のあいだに立つ「和合」の幣は、山の神と水神（龍宮乙姫とされる）との仲をとりもったオコゼのことを象っている。それは、いざなぎ流の「山の神の祭文」にもとづくものだ。山の神とオコゼといえば、そ

図5－4　山の神（右）・水神（左）の和合幣。中央が「オコゼ」を象る。

れこそ柳田国男以来の民俗学の重要テーマであるが（柳田「山の神とヲコゼ」）、オコゼと山神祭祀の関係については、鎌倉時代中期の安倍泰俊《やすとし》編纂『陰陽道祭用物帳』や、賀茂家の『文肝抄』のなかにも出てくるのである。山の神とオコゼの関係は、土地の人々の自然発生的な信仰ではなく、民間社会に広がっていく陰陽師・修験者の活動の影響から生成したことはたしかだろう（永松敦『狩猟民俗と修験道』）。

このように、物部村の旧家に祭られる神々は、一般的な「民俗神」でありつつ、その深層にはいざなぎ流固有の、さらには陰陽道の信仰世界との繋がりが色濃く見られるのだ。

いざなぎ流の神々をさらに探索するために、家の天井裏を覗いてみることにしよう。じつはそこここそが、いざなぎ流の中枢に関わる神々が鎮座する、神々のパンテオンにほかならなかった。

図５−５　オンザキ様の幣。天井下の桟に並べられている。

天井裏の聖域へ

物部村の旧家の天井裏は、サンノヤナカと呼ばれる。そこにはおびただしい数の神々を象る御幣が立て並べられていた。普段は家の主人しか近づくことが許されない、神々の聖域だ。もっとも昔の家には天井裏はなかったので、人々が生活する場所の真上に、屋根の木組のところに神々の御幣が祭られたという。神たちはつねに人々の暮らしを見下ろしていたわけだ（ただし近年では天井の下の桟の部分に並べて祭る形が多い）。

さて、サンノヤナカに鎮座する最高位の神は、物部村のなかでも限られた数の家にしか祭られない「天《てん》の神」である。それは平家伝承と結びつき、中世の「名《みよう》」組織の連合を象徴するという、歴史的にも古い神格である。またこれも限られた家にしか祭られない「三日月様《みかづきさま》・御十七夜《おじゅうしちや》様《さま》・二十三夜《にじゅうさんや》様《さま》」という神々も鎮座する。土地ではオテントウサマと呼ぶ「日月神《じつげつしん》」である。修験道の月待《つきまち》・日《ひ》待《まち》祭祀と繫がりをもつという。それは特定の家という範囲をこえた、村落全体の神として祭られることもある（図序-8、参照）。

そしてもうひとつ重要なのが「オンザキ様」と呼ばれる神である。一種の先祖神のようだが、歴史的には天の神を祭祀する本家から分かれた分家筋に祭られた神ともいう。村のなかでは、どちらかといえば中・下層に属する家筋に祭られる神とされる。しかし、オンザキ神の正体については、地域によって、様々な伝承・言説があって、一定していないようだ。オンザキと天の神とを混合している地域もあるし、逆に、厳密に区別している太夫もいる。またある家では、オンザキ様の下では四足《よつあし》の獣の食事はタブーとされる一方、オンザキの正体は犬神《いぬがみ》であるという伝えもあるという（小松和彦「天の神祭祀と村落構造」）。しかし、このオンザキという神が、いざなぎ流の神々のなかでは、きわめて重要な存在であることはたしかだ。

オンザキとはいかなる神なのか。そこで、オンザキ神の正体を探るべく、サンノヤナカ＝天井裏の祭壇に上がってみることにしよう。

グループ神としてのオンザキ

薄暗い天井裏の聖域、木で組まれた幣立てと、横向きに並べられた多数の御幣たちが見えてくる。その御幣の数は一三本とするのが定数らしいが、どうやらオンザキ神とは、ひとりの神というよりも、何体かの神々で構成されたグループ神であったようだ。以下のような神々である。

◇大八幡《だいはちまん》（幣は一本）

◇小八幡《しょうはちまん》（幣は二本）

◇矢食い八幡《はちまん》（幣は三本）

◇オンザキ様

◇摩利支天《まりしてん》

◇王子・式王子《しきおうじ》

◇いざなぎ様

◇天神《てんじん》

◇ミコ神

「大八幡・矢食い八幡・小八幡」は、八幡信仰にもとづく神。「矢食い」とは、八幡が武家の神であることと思わせるが、物部村地域では、猟師の職能に関わる神とされる。また太夫たちは、山の魔物と対決するときの呪法、あるいは一種の調伏法《ちょうぶく》・呪詛法として活用する「八幡矢切りの法」「八幡玉落としの法」「八幡のくじ」といった呪法の法文《ほうもん》も伝えている。

そうした呪法の神の要素は、オンザキ様を挟んで並ぶ「摩利支天」にも見られる。これも一般に武人、戦さの神とされるが、いざなぎ流では、病人祈禱などに効果がある呪法として「摩利支天のけはづし」といったものも伝わる。

次の「王子・式王子」。これこそいざなぎ流太夫が使役する式法（呪法）の神の中核である。式王子の名前は、陰陽師の「式神」と、熊野信仰・修験に関わる「王子」とが合体したネーミングのようだ。いざなぎ流の世界に陰陽道と修験道が混ざり合っていく様相が知られるところだろう。式王子の法文については、後に詳しく紹介したい。

「いざなぎ様」は、その名のとおり「いざなぎ流」の始祖神。古代神話で国生みをしたイザナギ・イザナミとの繋がりも思わせるが、いざなぎ流の起源を説く「いざなぎ祭文」では、天竺に住むいざなぎ様が、日本の天中姫宮《てんちゅうひめみや》に弓祈禱の方法を授けたことに始まるという神話が伝わっている。次の「天神」は一般に菅原道真の御霊信仰がイメージされるが、いざなぎ流では鍛冶師の始祖神となっている。その来歴を語るのは「天神の祭文」という。さらにいざなぎ流の太夫は「天神法」という病人祈禱や調伏に関わる式法も伝えている。これも見過ごせない神だ。そして最後のミコ神は、家の主人の霊を神として祭ったもの。家の主人はオンザキ神に仕えていたので、死後もミコ神となってオンザキの左脇に控えるのだという。これらがオンザキ神を中心に総体となって、家の守護神として祭られていくのである。

あらためて、天井裏にグループ神として祭られるオンザキ神には、一般的な民俗信仰、祖霊《それい》信仰のイメージとはかなり異なる姿が見えてこよう。なによりも「式王子」をはじめとして、八幡や摩利支天、天神など、太夫の式法・呪法を守護し、使役される要素が多数含まれていることが注目される。小松豊孝《とよのり》太夫（物部村市宇《いちう》出身）は、ここで祭られる神々は太夫の守り神ばかりで、オンザキとは太夫が祭る神のことだと語っている（梅野光興『いざなぎ流の宇宙』）。

このようなオンザキ神の様相は、オンザキを祭っている家が、村内の中・下層の家筋であったこととも関係がありそうだ。物部村では、太夫の職に就く人は、そうした家筋の出身者が多いとされている。またオンザキ神を祭る家が土佐の「犬神統《いぬがみすじ》」と重なるという指摘（小松、前出論文）も、民間陰陽師に連なるという「いざなぎ流太夫」が、どのような階層の人々であったかを示唆していよう。

どうやら、オンザキ神を祭る家は、いまは廃業していても、昔は太夫の職に就いていたということになるようだ。実際、物部川上流域は、かつて「太夫村」と呼ばれるほど、多数の太夫が活動する地域のひとつであった。

明治初年の呪詛合戦から

そこで何よりも興味が惹かれるのは、オンザキ神とともに祭られる「式王子」の存在である。式神の系譜に連なる太夫の使役霊である。

図5－6　物部の山々

式王子が家の天井裏に祭られる由縁として、次のような「話」を中尾計佐清《けさきよ》太夫（物部村別府《べふ》・平成一二年歿）が語ってくれた。昔、といっても明治の初めの頃のこと――。

徳島県との県境にある物部村別府の山の樹木が、徳島側の人によってこっそり盗伐されていることがわかった。忠告しても効き目がなかったので、山の持ち主は腕利きの太夫を雇い、盗伐している人に調伏《ちょうぶく》・呪詛《じゅそ》を仕掛けてもらった。すると徳島の人も法者を雇い、式返しをしてきた。それが繰り返されて、両方の地域から多数の犠牲者が出た。その当時、別府の山のうえには、式人形《しきにんぎょう》が飛び交っていたという。これでは犠牲者が出るばかりなので、別府の太夫が「大呪詛《おおずそ》」の祝い直しをして、使われた式人形（式王子）は、別府近辺の某太夫の家の天井裏に祭っておいた。また、あるところに、そのときの「大呪詛」を呪詛神《すそしん》として鎮め封じた「すそ林」があり、自分（計佐清）は師匠太夫からの伝えとして、そのすそ林の鎮め儀礼を、これまで二度行なった。

山の樹木をめぐる呪詛合戦。なんとも驚くべき話だ。だが、この話は、たんなる「伝説」ではない。「事実」なのだ。このときの事件にもとづいて、式王子の幣が某家の天井裏に祭られ、またそのときに発揮された呪いの力＝大呪詛を鎮める儀礼を、計佐清太夫は師匠から受け継いでいるというのだから。「すそ林」に鎮められた大呪詛は、「呪詛神」として祭り鎮められたのである。そしてその祭り鎮めは、定期的に行なわれてきた。ここで昔の呪詛合戦のエピソードは、祭祀儀礼の実践という現場において「事実」となるのである。

さて、物部村の旧家に祭られる神々は、日本各地に見られる「民俗神」との繋がりを多くもっていた。だが、その神々の深層に一歩、踏み込んでみると、そこに浮かび上がってくるのは、素朴な民俗の神々とは似ても似つかない、まさしく「陰陽師」の系譜をひく、いざなぎ流太夫たちの呪術世界の神たちの相貌であった。

呪詛神、そして式王子。いざなぎ流の神々の、もっとも深奥に鎮座する神格たちである。それはまた、民間社会を舞台に活躍した陰陽師たちの、あらたな「陰陽道の神々」の世界へと繋がっていくだろう。

次に、いざなぎ流の「呪詛神」の世界に分け入ってみることにしよう。

2 「呪詛神」の系譜から

「いざなぎ流」の名前を世間に広めた功績が、小松和彦氏の研究にあることはあらためていうまでもない。その著作『憑霊《ひょうれい》信仰論』で紹介された、いざなぎ流の「呪詛《すそ》の祭文」の世界はきわめてセンセーショナルな内容だったために、学会で発表したときに小松氏の創作ではないかと疑われたという、有名なエピソードもある。一方、小松氏の研究によって、いざなぎ流はいまも呪いを行なっているような暗いイメージを与えてしまったこともたしかだろう。もちろん、小松和彦氏の研究は、柳田国男以来の民俗学の「予定調和的」な世界観を打ち壊すために、あえて「呪い」や「憑き物」「祟り」といった、民俗社会のダークな領域に光を当てたものだ。その点は、小松氏の研究の方法論として、再確認しておく必要があろう。

さて、それはともあれ、いざなぎ流の呪詛神の来歴を語るのは、その名も「呪詛の祭文」と呼ばれる祭文だ。まずは「呪詛の祭文」の世界に分け入ってみよう。

「呪詛の祭文」の世界

「呪詛の祭文」の内容は、いまさら紹介するまでもないほど有名になったが、あらためて物語のあらすじを書き出してみよう。

遠い神代の時代、釈迦は、自分の財産を養子とした提婆王《だいばおう》に譲ることを約束したが、実子の釈尊《しやくそん》が生まれたので、そちらに譲ることにかえた。それを怒った提婆王は、釈尊と争うが、結局負けてしまう。それにたいして、提婆王の后が恨みをいだき、自ら釈尊への「呪い調伏《ちようぶく》」を仕掛ける。だが、咎のない釈尊には効き目がなかった。そこで通り掛かった「唐土《とうど》じょもんの巫《みこ》」という人物に呪詛の仕掛けを依頼する。最初は断ったじょもんの巫は、釈尊に「因縁調伏《いんねんちようぶく》」の呪いを仕掛けた。呪いが掛かって病に陥った釈尊は、唐土じょもんの巫に依頼して「調伏返し」をしてもらう。そうすると次に、提婆王の后は呪いが返ってきて病になる。提婆王の后は、ふたたびじょもんの巫に依頼して「一掃返し」をしてほしいと頼むが、これでは切りがないので、唐土じょもんは、呪詛の祝い直しをして、日本・唐土・天竺の潮境いに「南海とろくが島の呪詛の名所《めいしよ》」を設け、そこに呪詛神を送り鎮めた。

一読すると、すぐに気がつくだろう。この祭文の物語は、先ほどの中尾計佐清太夫が語った、「明治初年に起きた呪詛合戦」の顛末とどことなく似ていることが。呪詛神を「南海とろくが島の呪詛の名所」に祭り鎮めた唐土じょもんとは、まさしくいざなぎ流の太夫の「先祖」であった。太夫たちは、唐土じょもんが行なったことと同じように、発生した呪詛の災いを祭り鎮める儀礼を執り行なっているのである。

もちろん、祭文のなかの唐土じょもんが依頼されて「呪い調伏」「調伏返し」を実行したように、いざなぎ流の太夫たちも、当然、呪い調伏を行なう能力と技術を身につけている。もっとも近年ではそれは行なわれていないというのが、太夫たちの「公式見解」であるが、実際にやる／やらないに関わりなく、太夫たちは、呪い調伏を実践する力・技を持っているのだ。それができるからこそ、呪いの災いを「呪詛神」として祭り鎮めることができるのである。小松豊孝《とよのり》太夫は、「呪詛の次第を始めた法者は唐土じょもんの尊。取り納めるにも右の尊を頼まなくては出来ない」（『呪詛方の法式次第』）と述べている。それこそ、祈禱の実践者としての太夫自身の思想であろう。

あらためて、「呪詛の祭文」は、たんなる物語ではなかった。古代、中世の陰陽師たちが儀礼の場で「祭文」を読誦することで、その力を発揮したように、いざなぎ流の「呪詛の祭文」も、それが誦まれる儀礼の場があることで、呪いの災厄を鎮める力を有するのである。

では「呪詛の祭文」が読誦される儀礼とは？　それは「取り分け」と呼ばれる。どのように執行されるのか、さっそくその現場に立ち会ってみよう。

「取り分け」はどのように行なわれるか

「呪詛の祭文」は、実際に仕掛けられた呪い調伏の災厄を鎮める経緯が語られていた。ならば、その祭文が読誦される「取り分け」も、実際に仕掛けられた呪詛を鎮めるためのものか。残念ながら、そう簡単にはいえない。このあたり、少々、問題は複雑である。以下、できるだけわかりやすく説明してみよう。

「取り分け」とは、基本的には、太夫が執行する宅神祭《たくじんさい》、氏神祭祀、大山鎮《おおやましず》めなどを行なうとき、その本番の祭りの前に、かならず一日がかりで行なわれている。いざなぎ流の祭りには不可欠なものだ。太夫たちは、それを、祭りをする前に、家や家の回りの掃除をするようなものだと説明している。神々の祭りを始めるにあたって、その祭りの空間に穢れや不浄なものがあっては祭りがうまくいかないので、まずは不浄や穢れを除去しておくという発想だ。

図5－7　（上）法の枕　（下）ミテグラ

　このとき、いざなぎ流の太夫がいう「呪詛」は、狭義の呪い調伏を包括しつつ、様々な穢れや不浄のものを意味する「すそ」となる（実際の呪い行為は「大呪《おおず》

図5－8　取り分けの様子

詛《そ》」という)。人間どうしが暮らしていくなかでは、互いに憎しみや嫉妬、怒りをかならずもつ。だが、その憎しみや嫉みが実際の呪いの行為＝呪い調伏として行なわれなくても、人間たちの邪悪な感情は、「すそ」として自然に家の周囲に付着・累積してしまい、それがまた神々にたいする「曇り」「へだて」となってしまう。そうすると神々からの「お叱り」(祟り)を受けることになる。そうしたことがないように、祭りの前には「すそ」を鎮め封じる儀礼、すなわち「取り分け」を行なわねばならないのである。したがって、「取り分け」では、神々のお叱りをあらかじめ鎮めるために、「山の神の祭文」「水神の祭文」「荒神の祭文」「地神の祭文」などの、主要な神々の祭文も誦むことになる。

このように、「取り分け」の目的そのものは、直接的に行なわれた呪詛への対処ではない。しかし、「呪詛＝すそ」の起源は、かつて行なわれた呪い調伏のこと、つまり「呪詛の祭文」に語られていることだから、「取り分け」の儀礼では何よりもまず「呪詛の祭文」が重視されることになるわけだ。

では、どのように「取り分け」は行なわれるのか。簡単に概略を紹介しよう。

（1）まず用意されるのは、「法の枕」と呼ばれる一斗二升の米が入った丸い容器。そこに山の神の幣、水神の幣、四足《しそく》の幣、天下正《てんげしょう》の幣、天神の幣、呪詛の幣、そして式王子の一つの「高田の王子」が立てられる。もうひとつは円形の藁を台座に四本の幣を差し込んだ「ミテグラ」という祭壇（**図5－7**）。そこには「呪詛の祭文」で、呪い調伏の起源となった提婆王を象った「提婆《だいば》人形幣《にんぎょうへい》」が立てられる（**図5－11**）。

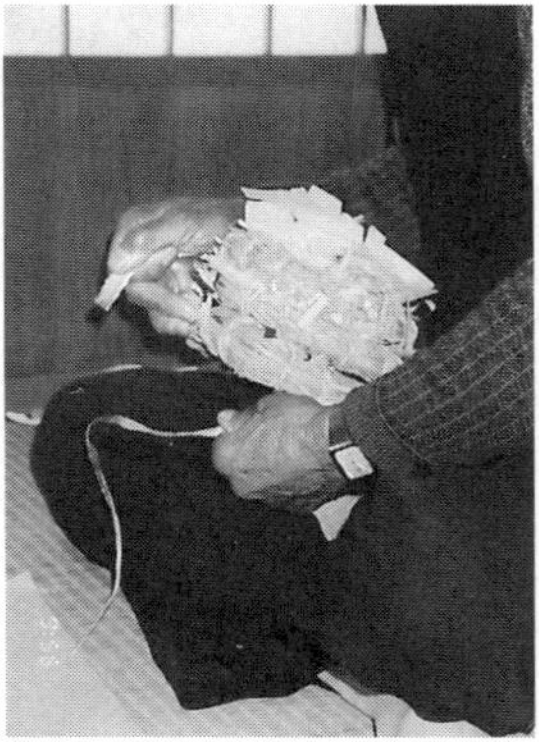

図5－9　解体したミテグラを縛り上げる

（2）この祭壇の前で、太夫は、まずは「山の神の祭文」「水神の祭文」「地神の祭文」「荒神の祭文」など神々の祭文を読誦し、お叱りの神々にたいして、家の周囲や人間の身肌から離れて、ミテグラに集まってもらう。そして山の

図5－10 「すそ林」で「すそ」を封印する太夫

神は山へ、水神は川へと、それぞれの眷属を引き連れて、退去してもらうように祈る。

（3）それが終わったら、「呪詛の祭文」を読誦して、「すそ」の災厄もミテグラのもとに集まるように祈る。「すそ」が集まった御幣、ミテグラを縄で縛り上げ（図5－9）、逃げることができないように「剣の印・ばらもんの印・あじろの印・金輪《かなわ》の印・岩の印」など様々な呪的バリヤーを施し、それを村の外れ、境いにある「すそ林」というところに穴を掘って、縛り上げた御幣、ミテグラを埋めてしまう（図5－10）。このようにして、すその災厄は、「呪詛神《すそしん》」として祭り鎮められるのである。

以上が取り分けの概略である。この儀礼を、太夫はほぼ一日かけて行なう。

取り分け儀礼のなかで、ミテグラを封印し、「すそ林」に埋めてしまうという作法は、

「呪詛の祭文」のなかで、唐土じょもんが、呪詛神を「南海とろくが島の呪詛の名所」に祭り鎮めた起源に対応する行為である。太夫は、そこでこう唱える。それは「呪詛の祭文」の内容に、太夫が付け足していく「りかん」という口伝の言葉だ。

昔唐土じょもんの巫《みこ》の立て置く、呪詛の名所へ、地は三寸と買取り申して十三年の年《ねん》切《ぎ》りかけて、送り鎮め、打ちや鎮めてまいらする。鎮まりいけ、鎮まり影向《ようごう》なり給へ。

儀礼は、祭文のなかに語られた「神話」を、いまここにおいて再現し、神話どおりの世界を実現させるもの、といっていいだろう。もちろん、儀礼の現場では、一回一回、異なる実践の細部が繰り広げられていくのだが……。

呪いの力を「呪詛神」として祭り鎮める、いざなぎ流の祭文と儀礼の世界――。それはなんとも奇異な印象を与えるかもしれない。憎い相手を呪う、その呪詛そのものを「神」として祭っていく発想などは、いざなぎ流だけの特別なものと思われるかもしれない。民俗信仰の「異端」として、いざなぎ流は扱われてきたのである。

しかし、陰陽道の神々の系譜をたどっていくとき、じつは「呪詛神」とは、陰陽道と深く関わる神のひとりであったことがわかってくる。いざなぎ流は、けっして孤立した存在ではなく、そうした「陰陽道の神々」の系譜のなかに、しっかりと位置しているのだ。

次に、いざなぎ流からしばし離れ、平安時代以来の陰陽師による呪詛神の系譜を検証してみることにしよう。

「すそのはらへ」の系譜から

一一世紀初頭、安倍晴明とほぼ同時代に書かれた、清少納言の『枕草子』のなかに、呪詛の祓えのことが記されている。

ものよくいふ陰陽師して、河原にいでて、すそのはらへしたる。（『枕草子』）

「ものよくいふ陰陽師」とは、よい声で祭文などが誦み唱えられていた陰陽師ということだろう。平安時代の「すそのはらへ」でも、やはり祭文を誦む陰陽師がいたのだ。この場合も、直接呪いが掛かっていたというよりも、何か体調が思わしくないとか気分がすぐれないときに「呪詛《すそ》の気」があると占われ、その結果、「すそのはらへ」が行なわれたようだ。清少納言は、これを「心ゆくもの」の項目に入れている。かつて「すそのはらへ」によって、気持ちが晴れた、満足したという経験があったのだろう。そうした河原で陰陽師が「すそのはらへ」をするのは、平安貴族社会においては、日常的な光景であったようだ。

なお陰陽師が行なった「すそのはらへ」は、歴史記録、史料でこう呼ばれる。

◇河臨御禊《かりんのぎょけい》（『親信卿記《ちかのぶきょうき》』）

◇河臨解除《かりんげじょ》（『貞信公記《ていしんこうき》』）

◇三元河臨禊《さんげんかりんのみそぎ》（『貞信公記』）

◇七瀬祓《ななせのはらえ》（『親信卿記』）

さらに安倍家陰陽道の祭祀テキスト『陰陽道祭用物帳』には、「呪詛祓《すそはらへ》と云ふは河臨の祓なり」と記され、呪詛祓＝河臨祓のネーミングは、まさしく「河原にいでて、すそのはらへしたる」＝河原に降りて祓えを行なうことに対応しよう。

ところで、一般に祓えといえば、本来は神祇官の中臣《なかとみ》や卜部《うらべ》が中心となる「六月《みなづき》（一二月《しわす》）晦日大祓《つごもりのおおはらえ》」が有名であろう。朱雀門のまえに文武百官、女官たちが参集し、中臣が読み上げる「大祓」の祝詞を厳粛に聞き、卜部が配る祓えの麻《ぬさ》に、自らの罪・穢れを移し、流してもらうことで、罪・穢れは消去していくという儀礼である。これは宮廷全体で行なう公的な祓行事であった。ちなみに、天皇、皇后、皇太子たちは、臣下たちとは別枠で「御贖儀《みあがのぎ》」（後に「節折《よおり》」とも）という祓儀礼が、内裏内部で秘《ひそ》かに執行されている（斎藤英喜「大祓と御贖儀」）。

こうした神祇官系の祓行事は、しかし一〇世紀半ばすぎから形式化・形骸化していったようだ。記録類には、大祓の場に遅刻する公卿や、無断欠席する女官たちのことがたびたび出てくる。その背景には、平安京という都市社会を生きる貴族たちの日常生活の細部にわたって穢れ意識が拡大し、細分化した個人単位の穢れの浄化には、年中行事としての大祓では対応しきれなくなったという歴史的な経緯があるようだ。さらに、祓えの専門家のはずの神祇官の中臣や卜部たちが、公的な神祇祭祀に関わるとき極度の「清浄さ」を要求されたために、多様な穢れが生成する貴族たちの私的な生活の祓えは担当しえなくなる、という逆転現象が起きたのである（岡田荘司「陰陽道祭祀の成立と展開」）。

かくして貴族たちの私的な生活の場における病気、出産、死穢《しえ》、そして呪詛に関わる祓えを、神祇官の中臣や卜部に代わって一手に引き受けたのが、陰陽師たちであった。そこに登場する「陰陽師」は、もはや「陰陽寮」という律令制度の官衙の役人であることをこえて、呪術的祭祀を専門に執行する、いわば特別な職能的宗教者の通称であったのである。いうまでもなく、安倍晴明もそうした「陰陽師」のひとりだ。

「中臣祓」という呪詞

では、陰陽師たちが「すそのはらへ」で誦《よ》んだ祭文とはどんな内容なのか。それは「中《なか》臣祓《とみのはらえ》」(「中臣之祓祭文」とも)と呼ばれるものだ。名前からわかるように、六月・一二月晦日の「大祓」において、中臣が誦みあげた祝詞＝大祓詞(『延喜式』巻七に収録)に由来する。「大祓」の祝詞は、公的な祓儀礼にのみ使われるものであったが、それを陰陽師が私的な祓えにも使えるように、所々の字句をかえて再構成したのが、「中臣祓」であった。陰陽師が使うのに「中臣」の名前がつくのは、「中臣」が祓えのブランド名としてあったからだろう。

陰陽師が中臣祓を使った早い例としては、『紫式部日記』に記された寛弘五年(一〇〇八)の、中宮彰子《ちゅうぐうしょうし》の出産の場面、「陰陽師とて、世にあるかぎり召しあつめて、八百万《やおよろず》の神も耳ふりたてぬはあらじと見え聞こゆ」からうかがえる。文中の「八百万の神も、耳ふりたてぬ……」とは、「中臣祓」の末尾に出てくる、次の一文にもとづくからだ。

今日より以後、遺《のこ》る罪といふ罪、咎といふ咎はあらじと、祓へ清め給ふ事を、祓戸《はらへど》の八百万の神達は、佐乎志加《さをしか》の御耳を振り立てて、聞こしめせと申す。

『紫式部日記』のなかで中宮の出産にあたって陰陽師が祓えをしたのは、一般に、安産祈願の祈禱と理解されている。だが、中宮彰子は道長の娘。その出産には、当然多くの政治的な思惑が渦巻いていた。とすれば、陰陽師が祓えをするのは、中宮の出産にあたって、仕掛けられてくる呪詛を祓う力が要求されたことはあきらかだろう。ちなみに、天皇の妃の出産に際して、実際に呪詛が仕掛けられた有名な例として、延喜三年（九〇三）、女御穏子《おんし》の出産が遅れたので原因を占ったところ、殿舎の板敷の下で白髪の老女が折れた梓弓《あずさゆみ》を使って「厭魅《えんみ》」（ヒトカタを使った呪詛）していたことが発覚する記録が残されている（『政事要略』）。

「中臣祓」の特徴は、人々の罪や穢れなどがひとつも残りなく消去されていくことを、「祓戸の八百万の神達」にむけて頼むことにある。だから、その依頼の言葉を男鹿《おじか》のように聞き耳を立てて、しっかり聞いてほしいというのだ。儀礼の場に即せば、陰陽師が「中臣祓」を誦みあげて、直接、祓えの神々に働きかけて、穢れを浄化してもらうことになろう。もっといえば、陰陽師は、祓えの神たちを召喚し、その力を駆使して罪穢れを祓っていくのである。そこでは「祓戸の八百万の神達」は、陰陽師に使役される式神の要素ももつといえよう。
では、祓えの神々とはいかなる神なのか。

陰陽師が読み替える祓えの神々

「中臣祓」のなかでは、祓えの神々は、「瀬織津姫《せおりつひめ》」「速開津姫《はやあきつひめ》」「気吹戸主《いぶきどぬし》」「速佐須良姫《はやさすらひめ》」と呼ばれる。四神のうち、三神は女神だ。水の浄化を象徴する女神＝「水の女」（折口信夫「水の女」）といえよう。この神々が、罪穢を山の急流から押し流し、最後は海の彼方の根の国・底つ国まで吹き放ってくれるのである。これは中臣が誦む「大祓の祝詞」でも同じである。

しかし、陰陽師たちは、この祓えの神々を「陰陽道の神々」へと読み替えていく。「中臣祓」をめぐっては、平安末期から中世、近世にかけて膨大な注釈書が書かれるが、そのなかで、年代がはっきりする古い時代のテキストとして、建保三年（一二一五）六月一日の奥書をもつ「中臣祓注抄」というのがある。そのなかで祓えの神々は、こう注釈されていく。

◇瀬織津姫　炎魔《えんま》法王なり。悪事神の名なり。
◇速開津姫　五道大神《ごどうたいじん》なり。一切の悪事を除く神なり。
◇気吹戸主　太（泰）山府君なり。

◇速佐須良姫　司命司録神《しめいしろく》なり。一切の不祥を消除する神なり。

祓えの神々は、閻魔・泰山府君、司命司録神など、陰陽道系の神として解釈されていくのだ。祓えによって、災厄を除くことは、泰山府君以下の冥界の神々によって実行されるという思想である。これはけっして机上の注釈ではない。「中臣祓注抄」というテキストは、実際に祓えを行なっている「行者の覚書の類」に属しているとされるからだ（宮地直一『大祓詞注釈大成・解題』）。ここにおいて陰陽師たちの祓えは、冥府の神たちの力をも招き寄せることで、穢れの除去という目的をこえて、人々の命の長からんことを祈念する力を増強していくのである。

なお、「中臣祓注抄」の解釈言説は、鎌倉初期に作られた密教系の神道書である『中臣祓訓解《くんげ》』にも影響を与えていく。陰陽道の神々へと読み替えられた祓えの神たちは、中世の神道世界の一角にも顕現してくるのであった。

土御門系の「呪詛之返祭文」の儀礼世界

平安時代末期から、「すそのはらへ（呪詛祓）」は「中臣祓」のほかにあらたな祭文を加えて、名称も「呪詛祭《すそさい》」というように呼ばれていく（小坂眞二「禊祓儀礼と陰陽道」）。そこでは「反閇《へんばい》」が加えられ、陰陽道祭祀としてのスタイルを確立していったが、「反閇」の作法中にも「呪詛返却」の機能が込められていたことが推定される（田中勝裕「反閇と地戸呪」)。このときに作り出されたのが、「呪詛の祭文」の系統に連なる祭文である。そこにおいて呪詛の禍々《まがまが》しい災いは、「呪詛神《すそしん》」という神に祭りあげられ、神としての本地に返却されるという、独特な儀礼が編み出されていくのである。いうまでもなく、その発想の延長上に「いざなぎ流」の「呪詛の祭文」が登場するわけだ。

しかし残念ながら、陰陽師による「呪詛の祭文」の古代、中世前期のテキストは、いまのところ確認されていない。現在わかっているなかで、一番古い形と思われるのが、天正一一年(一五八三)、安倍泰嗣《あべのやすつぐ》が書写したとされる『祭文部類』のなかに入っている、

◇「呪詛之返祭文《すそのかえしさいもん》」(天文二一年〈一五五二〉)

◇「河臨祭文《かりんのさいもん》」(文明六年〈一四七四〉)

のふたつである。これらは、中央の安倍家本流=土御門家の家司を務めた若杉家に伝わる文書として、近年公開されたものである(村山修一編『陰陽道基礎史料集成』に収録)。

「呪詛之返祭文」の内容を紹介してみよう。

謹請東方主呪詛君　　謹請南方主呪詛君
謹請西方主呪詛君　　謹請北方主呪詛君
謹請中央主呪詛君　　謹請四季主呪詛君
謹請天上地上主呪詛君

祭文は冒頭、五方・四季、そして天上・地上にあるすべての「呪詛君」を謹んで勧請す

るという、文言から始まる。これは神々を祭祀の場に勧請し、神に供物を供え祭り、神々を称えてから送却するという、神祭りの祭祀構造といってよい。つまり、呪いの災厄は「呪詛神」として祭られていくのだ。

以下、祭文では、呪詛神の起源を語る。それは呪いが行なわれた、まさしく人間社会の憎しみの現場の列挙である。すなわち、家諍、他家口舌、夫婦、悪女嫉妬、同僚争官、日月星宿、疫神霊鬼、山林川沢、巷街墓、社頭寺傍、水中石下などに発生する「呪詛」を事細かく述べたてていく。そしてこれらの来歴をもつ呪詛神を、「車駕《しゃが》」に乗せて、それぞれの「本府」となるところに送却せんと、祭文は宣していく。そしてこの祭文を誦み、人《ひと》形《かた》を祈念し、その人形に呪詛悪事を移し、本人の立替とするという覚書が付されていくのである。

土御門家の「呪詛之返祭文」は、いざなぎ流の「呪詛の祭文」とほぼ同じ構造をもっているといえる。ただ違うのは、いざなぎ流のほうに顕著だった、「呪詛」の起源についての物語、つまり提婆《だいば》王《おう》の后が唐土じょもんに依頼して、というストーリー仕立てがないところだ。その意味では、土御門家の祭文は、きわめて儀式的な祭文だといえよう。

なお、幕末には、土御門家の支配下にあった「地方陰陽師」の一派が、「解返呪詛祭、右者呪詛を負人の為に修行仕候」（『諸国御支配方御日記　安政三年』）と、呪詛祭を行なっていることが確認できる（林淳「幕末の土御門家の陰陽師支配」）。

山伏・法者・禰宜たちと「呪詛の祭文」

さらに「呪詛の祭文」の系譜を辿ってみると、中世後期から近世にかけて、地方の民間社会で活動していた、多様な宗教者たちによる「呪詛の祭文」を見出すことができる。

◇修験山伏「呪詛返之大事」(『修験深秘行法符呪集』)
◇天台系「呪詛神祭文」(金沢文庫)
◇三河禰宜《ねぎ》資料「呪詛返祭文」(豊根村古文書館)
◇備後田中家資料「呪詛祭文之祓」(『中国地方神楽祭文集』)
◇安芸国「呪詛祭文」(天文二年〈一五三三〉『中国地方神楽祭文集』)

これらは、中世後期以降に多様な地域で作り出された「呪詛の祭文」の一端だ。その担い手が、いわゆる土御門系の「陰陽師」に限定されない、修験山伏や禰宜、法者《ほさ》、太夫、博士と呼ばれる民間の宗教者たちへと拡大していくことが理解できる。いざなぎ流太夫も、こうした民間宗教者たちの活動の系譜から見ていくことができよう。

このなかから、備後田中家資料「呪詛祭文之祓」(近世中後期)の内容を紹介しよう。

謹請東西南方中央に御座す呪詛神は太疫将軍と申奉る、御類眷属は九万九千九百八十四神の童子にて有なり

冒頭で、五方の呪詛神が勧請される。呪詛神は同時に太疫将軍=疫神でもあった。そして膨大な数の童子=眷属を引き連れている。以下、続けて、「呪詛神根元を尋れば……」

と、呪詛神の来歴をめぐる物語風の仕立てになって展開していく。

　昔天竺南方に国有り、名を難国と申すなり、其国の王は長者王と申す、生受る自《よ》り此方万人を損せられ、その悪事を成す。上下万民を悩乱せしめ、彼の王に相随ふ眷属部類九万九千九百八十四神有り、人を滅さんが為に呪詛神に成り給ふなり、然則《しからばすなはち》、不偏不思議の事に依て人に害せらるるも、愁歎いたさしむるも、此の呪詛神の謂なり。

呪詛神の根源としての悪なる天竺の長者王と、それに従う膨大な数の眷属たち。これらが呪詛神となって、人間たちのあいだで起きる争いや憂え嘆くことを引き起こすというわけだ。土御門系の祭文にはなかった、呪詛神の来歴をめぐる物語的な趣向が、こちらでは作られていることがわかるだろう。

　そして続いて、田地や地境、財宝をめぐる争い、同僚間の出世、夫婦の争い、また山や海に溜まっている昔の呪詛、水神・火神……によって掛けられた呪詛、そして陰陽師・法師によって仕掛けられた呪詛……など、呪詛発生の理由をカタログ風に叙述をしていく。そして最後に、呪詛神にたいして「七珍万宝色々の礼奠《れいてん》を捧げ」、呪詛神を「元の本地」へと返すという結末に到る。

　それにしても、呪詛神を「元の本地」に送り返す、とはどういうことなのか。呪詛の発生源は、人間の心のなかの憎しみ、嫉みなどの感情だ。だから呪詛神を生み出した根源は、その人間のなかにある。だが、もし呪詛を仕掛けた本人にその呪詛神を送り返したら、どうなるか。それは相手への報復行為となってしまう。まさに「呪詛返し」だ。だから、「呪詛」を送り返す場所は、呪詛を仕掛けた相手ではなく、「呪詛神」としての「本地」があらたに設定されていくことになる。たとえば、

子歳《ねのとし》人呪詛神をは、山城国賀茂大明神の宝殿ゑ返奉る……。

子年生まれの人に仕掛けられた呪詛神は、賀茂大明神を本地として、そこに送り返すというのである。この作法は、神を送却するというやり方だ。かくして備後田中家資料「呪詛祭文之祓」では、人々の憎しみから発生する呪詛は、「呪詛神」という神へと変成し、それぞれの「本地」が定められ、そこに送り鎮められることで、呪詛の災厄を鎮めていくのである。なお真言密教系の事相書『覚禅鈔《かくぜんしょう》』六字経には、「呪詛神（の本地）。貴布禰《きぶね》。須比賀津良《すいかつら》。山尾。河尾。」が掲げられている。

さて、いざなぎ流太夫が伝えた「呪詛の祭文」の世界は、こうした陰陽師、民間宗教者たちの「呪詛神」の系譜のうえにあることは、もはやいうまでもないだろう。いざなぎ流の「呪詛の祭文」は、けっして異端でも孤立した存在でもないのだ。そうした「呪詛神」の系譜からいざなぎ流の「呪詛の祭文」を見ていかねばならない。

そこでふたたび「いざなぎ流」の世界へと立ち戻ることにしよう。

数々の呪詛系祭文

計佐清太夫の使っていた『御神祭文集書物』と名づけられた祭文の覚書き帳には、以下のような呪詛に関わる祭文が収録されていた。いざなぎ流では「呪詛の祭文」はひとつではなく、多数の種類が太夫によって用いられていたのだ。

次にそれを紹介しながら、いざなぎ流の「呪詛神」の中心に迫ってみよう。

◇「尺寸《しやくすん》がやしの祭文」（釈尊流）

釈尊・提婆王の争いから呪詛の起源、その鎮めの来歴を語る、根本的な祭文。小松和彦氏の『憑霊信仰論』にも紹介された、もっとも基本的な呪詛系祭文である。

◇「月よみの祭文」「日よみの祭文」「月読の祭文」「月読」「月割経」

月・日ごとにどのような呪詛が仕掛けられたか、それに対処する祭文

◇「女柳《りゆう》の祭文」（女流）

女性からの恨み・呪いが掛かったときに用いる祭文

◇「西山の月読方祭文」（西山法）

西山法という猟師の呪法による呪詛に対処する祭文

◇「仏法の月読の祭文」（仏法）

卒塔婆や墓などを使った呪詛に対処する祭文

◇「七夕方月よみ」（七夕法）

七夕法（織物に関わる技術）による呪詛に対処する祭文

これらは、具体的に仕掛けられた呪詛の種類によって、それぞれの呪詛に対処するための祭文である。たとえば、「女柳の祭文」（女流）と「西山の月読方祭文」（西山法）を紹介してみよう。

正月太郎月に申《さる》の年の人が、寅の年の者に向わり申して、神の鳥居へ血文字をかけ、仏のまなこへ針をさし、堂宮あらいて、水花三度け上げ、けもどし、人は悪かれ、我が身はよかれと申して、荒神けみだしさらちの法文、抜き字を使ふて、さか字を使ふて、因縁調伏致してこれあり候ふとも、七本かごみてぐら、九つの人形つくりて、五石一枚ぞろへ、七つの鳴り物、みちたち刀に、三千石のひけいに……、これ乗りくらへ、身肌を離いて立ち退き影向《ようごう》なり給へ。（「女柳の祭文」）

正月子の日に子の年人が子の方その方一生一代、いかずが方へまいりて、地がたき、ねがたき、念じるかたきがあるよと申して、朝日を招いて、夕日を招いて、日打ち月打ちかけ打ち、のさ打ちかけして、咎本《とがほん》次第、向こう相手の肝先《きもさき》三寸、さざらにそばかと打ちたる式、南無《なむ》呪詛神でもこれあり候ども……、今日猟師の法、この祭文では、身肌を離いて立ち退《の》き給へ。（「西山の月読方祭文」）

どのような方法で呪詛を仕掛けたか、ということがこれらの祭文のテーマとなっている。太夫たちは、自分たちがたくさんの種類の「呪詛の祭文」を持っていることを、誇らしげに語るという。それはどのような呪法を用いられて呪詛を仕掛けられても、それに対処することが可能であることを誇示しているのである（小松和彦「いざなぎ流祭文研究覚帖　呪詛の祭文」）。どんな呪詛のテクニックを使われても、われわれは万全に対処できるという太夫たちの自負は、こうした個別の呪詛法に関わる祭文を伝えることと対応しているわけだ。

取り分けの儀礼の現場では、太夫は、「月よみの祭文」「日よみの祭文」「月読の祭文」「月読」「月割経」から二、三種をセレクトし、さらにその家が昔、実際に女性の恨みによる呪いが仕掛けられていたとわかったときは「女柳の祭文」（女流）を誦み、あるいは猟師の仕事をしている関係から、猟師の呪いが掛けられたということであれば、「西山の月読方祭文」（西山法）を誦むというように使い分けるのである。

呪詛のテクニックを相手どる

備後の「呪詛祭文之祓」や土御門系の「呪詛之返祭文」が、多様な呪詛のカタログ的叙述をしていたことを思い浮かべると、いざなぎ流では、それら呪詛を一つひとつ独立させて、個別の祭文テキストとして区別していったプロセスが想像されよう。

さらに、気が付くのは、いざなぎ流の呪詛系祭文は、その呪詛の種類を、呪いを仕掛ける人々の社会的な背景や、憎悪や嫉妬といった感情ではなく、どのようなテクニックによるかにこだわっているところだ。太夫が相手どるのは、呪詛を仕掛ける人間の感情ではなく、呪詛法のテクニックなのだ。だから、これらの祭文には、人々の憎しみの心を浄化しようとか、懺悔させようといった目的はまったくない。様々なテクニックで仕掛けられた呪いにたいして、「身肌を離いて」「立ち退き影向なり給へ」「読みや納めてまいらする」と、呪詛神の送却が目的となっているのだ。

いざなぎ流の太夫たちが相手どるのは、多様な呪詛のテクニックそのものであった。だからこそ、そのテクニックの創始者である唐土じょもんの巫＝法者こそが、呪詛神を管理し、処理してくれる呪法の源泉でもあると認識しているわけだ。

ここには、人に依頼され呪詛を仕掛けることへの倫理的・社会的な価値判断とは違う価値認識が見てとれる。太夫たちにとって重要なのは、呪詛の善／悪ではない。どのような呪法＝テクニックが用いられたのか、それにどう対処できるか、というテクニック至上主義とでもいうべき価値観なのだ。それゆえ、呪詛法の創始者たる唐土じょもん＝法者のことが記された「尺寸がやしの祭文」（釈尊流）が、もっとも重要な祭文であると認識されていくのである。

呪詛神の起源＝提婆王

では、いざなぎ流の呪詛神の起源は、どのように語られるのか。それを示すのが、取り分け儀礼のとき最初に誦むことが定められている、次の祭文だ。

◇「すその祭文　大ばりう」（提婆流）

「提婆流」とは、「尺寸がやしの祭文」（釈尊流）のなかで語られた、釈尊との相続争いで負けた提婆王の由来を語る祭文である。微妙に「尺寸がやしの祭文」（釈尊流）のストーリーとは違うが、この提婆王こそが、いざなぎ流の呪詛神の代表なのだ。取り分け儀礼で「すそ」を寄せ集めるミテグラに、提婆王を象った「提婆人形幣」が高々と立てられていた（**図5－7、11**）。

「提婆流」の祭文はこんな内容である。

図5－11　提婆人形幣

提婆の王は日本でいるべ切るべの戦さに負けられて、日本を発ちいで西に黒雲、東に黒雲もたておいて、山が七里川が七里海が三七二十一里はしゃけばせ給ふて、人間衆生、犬猫牛馬畜類に至るまで、みな我等が千丈取りこに取りほそうよとは申して……。

日本での戦さに敗れ、悪霊と化した提婆王が、人間や畜生類までことごとく滅ぼしていく、恐ろしい世界が展開していく。このあと、巫者に悪霊＝提婆王を憑依させて、御殿をかまえ、月々・日々に大祭を執行してくれるなら鎮まろうという託宣を得て、最後は鎮守堂や宝神宮などを建てて、提婆王の霊を鎮めるという展開になっている。それが呪詛神＝提婆王を鎮め祭る起源とされるのである。

悪霊となる提婆王が人間たちを滅ぼすというストーリーは、先ほどみた備後田中家に伝わった「呪詛祭文返祓」の長者王の物語と似ていなくもない。なお提婆王とは、『法華経』などに登場する、釈迦の従弟で仏教に敵対した悪人・提婆達多《だいばだった》から取られた名前である。いざなぎ流の世界に、『法華経』などの仏教が深く関わることを示唆しよう。ちなみに、中世では「法華持経者《ほっけじきょうしゃ》」という民間僧侶たちの活動が見られる。いざなぎ流の太夫は、そうした民間宗教者との交渉もあったことが推定されるところだ。

「提婆流」の祭文が、まず冒頭に読誦されるのは、これがまさしく呪詛神の起源譚となっているからだ。呪詛神を祭り鎮める来歴を最初に誦むことから「すそ」の取り分けは始まるのである。

そして取り分けの最後で、「尺寸がやしの祭文」（釈尊流）を誦むのである。これは「唐土じょもんへの礼儀」として扱われている。呪詛法の創始者たる唐土じょもん＝法者のことが記された「尺寸がやしの祭文」（釈尊流）が、取り分け儀礼のなかで、もっとも重要な祭文であると認識されていくのである。

ここからは、呪詛神の起源を、呪い調伏を実行した術者の側に焦点を当てていることが理解できる。いざなぎ流が重視するのは、太夫の技・術の世界なのだ。それゆえ、取り分け儀礼の完成は、「すそ」を鎮めた術者「唐土じょもん」への「礼儀」を語ることにあったのである。

図5－12　すそ林に立つ二本の御幣

「すそ林」に立つ式王子の幣

取り分け儀礼は、いざなぎ流の「呪詛神」をめぐる呪術思想の内実を教えてくれた。ここには、平安時代以来の陰陽師による「すそのはらへ」から、いかにして「呪詛神」なる神格を導いていったか、きわめてリアルな現場を見ることができただろう。

さらに取り分け儀礼のなかでは、もうひとつの陰陽道の神＝式神に通じる神格、「式王子」に出会うことになる。

　家のなかで行なわれた取り分けは、ミテグラを縛り、封じたあと、それを家の外にある「すそ林」に穴を掘って埋めてくる（図5－10）。そのすそ林に埋められたミテグラのうえには、大きな石が乗せられ、その左右には、二本の御幣が立てられる（図5－12）。

　左側は「呪詛の幣」。呪い調伏の発動者・管理者である唐土じょもんの巫を象っているという幣だ。呪いを仕掛け、鎮めた張本人の彼が、ふたたび呪詛の災いが出てこないように監視している様子、といってもいいだろう。

　もう一本、右側の御幣は「高田の王子の幣」である。取り分けの最中、「法の枕」という祭壇に高々と立てられていた幣だ（図5－7）。この御幣は、呪詛を封印するときの岩の象徴ともいうが、じつは、この「高田の王子の幣」こそ、いざなぎ流の呪法の一番の奥義とされる、式王子のひとつであったのだ。そこで太夫は、天上世界にいる高田の王子を召喚するための特別の法文《ほうもん》を唱え、呪詛の災いがふたたび起きないように、守りに付かせるのである。いざなぎ流の「取り分け」儀礼の最後の要になっているものが、この式王子の呪法にほかならなかった。式王子が、陰陽師の用いる式神＝使役霊の系譜にあることは、いうまでもないだろう。

　そこで次に、いざなぎ流の式王子の世界を紹介することにしよう。それはまさしく陰陽道の神たる「式神」が、いざなぎ流という民間宗教者の世界にどのように発展・変貌したかを知る、最後のテーマとなるのである。

3　式王子の世界

これまで一般に、いざなぎ流の「式王子」といえば、呪い信仰のイメージが強い。古代の陰陽師が式神を駆使して呪いを仕掛けたことが、いざなぎ流ではいまも式王子を使って行なわれている、といったように。

けれども、陰陽道の「式神」は、たんに陰陽師に召し使われる、低い位の神霊や、恐ろしい姿の鬼神だけではなかった。それが陰陽道の占いの術や知識を神格化するものであったことは、第一章で詳しく見てきたとおりである。陰陽師の式神がそうした存在であるならば、いざなぎ流の太夫たちが使役する式王子という神霊も、太夫の技や知識の優秀さをあらわす、まさしく術者のバロメーター的な存在であったと考えられよう。それこそが、いざなぎ流の式王子が「式神」という陰陽道の神の系譜に連なることを証明しよう。

いざなぎ流の呪術世界の中枢に位置する式王子。その式王子を駆使する呪法は「法文《ほうもん》」と呼ばれるテキストにあった。「山の神の祭文」「地神の祭文」「呪詛の祭文」など、多くの祭文については資料を公開した太夫たちも、「式王子」の法文に関しては公開することを拒んできた。したがって「式王子」の実像は、秘儀中の秘儀として、いまも多くの謎のなかにある。
以下、これまでの調査・研究から判明してきた、いざなぎ流のトップシークレット＝式王子の世界の一端を紹介しよう。

式王子のふたつの系統

いざなぎ流の式王子は、大きくふたつの系統に分けられる。ひとつは、文字どおり「式王子」という単独の名前をもつ神霊。ふだんは「天竺」（天上世界の象徴）や「地中」に鎮められているが、太夫の式法によって召喚され、術法の神として駆使される存在である（小松和彦『憑霊信仰論』）。

その来歴は、「しき王子様 行之法《おこないのほう》」「大しき王子」「しきさらゑ」「用友姫《ようゆうひめ》ノ行《おこない》」といった、太夫がもちいる法文に記されている（高木啓夫『いざなぎ流御祈禱の研究』）。概要を紹介しよう。

天竺のしゃらだ王の娘・用友姫が、天竺・唐土・日本の王たちと親しくするうちに懐妊し、やがてひとりの王子が誕生した。だがその子は、頭に黒金の兜をかぶり、十六節の黒竹の、長さ十六丈（五十数メートル）の角を振りたて、真っ赤な舌を舐め出し、身はいろいろな色の曼荼羅模様で、その長さは七尺二分もある、禍々しい蛇体の姿をしていた。母の用友姫は、このようなクセ子は育てられないと、じょうもん博士や天竺金巻童子《かなまくどうじ》を雇って、この子を天に上げてしまうことにした。天に上げられた王子は、天竺なんた王国のなんたの池の主となり、池の淵にある松の枝に宿ることになる。禍々しい蛇体の姿。そして母親から遺棄されてしまう王子。その出生譚は、きわめて神話的な彩りが濃いものであった。それは「土公神の祭文」の黄帝黄龍王をもイメージさせよう。これこそ「式王子」の出生の物語である。

この後に「何年玉の氏子へ、五方十二八ツが方からいり来る悪魔の魂、退ぢんなされて御祈禱叶へて御たび給へ」といった祈禱の言葉が続く。病人祈禱を行なう太夫たちが、この「式王子」の法文を使って、天竺の緑の松の枝から式王子を招き降ろし、病人に巣くう悪魔を退治するために使役するというわけだ。

もうひとつの系統は、「式王子」という特定の名前をもつ神ではなく、太夫が目的に応じて、無数に存在する神霊や精霊を「式神化」することによって作り出す式王子たちである。家や村のなかで、太夫が祭り鎮めている神霊たちを「式王子」へとシフトさせてしまうのだ。そしてこれらふたつの系統をあわせて、「式王子」と呼ぶ。「式王子」とは太夫たちが操る神霊の総称ということになろう（小松、前出書）。

ここで興味深いのは、いざなぎ流の「式王子」という神格が、ひとつの固定的な存在ではなく、太夫たちが自らの術によって次々に新しい式王子を作り出し、編み出していったところだ。それゆえ、太夫たちのあいだでは、式王子を作り出す呪法をたくさん知っている太夫が、一番力が強いという価値評価がなされていく。まさしく「式王子」とは、いざなぎ流太夫の知識や能力をはかるバロメーターといえよう。

それにしても、太夫たちはどのような神霊を「式王子」へと変えるのだろうか。

式王子となる神霊たちとは

多数の神々を式王子へとシフトさせる式法のテキストは「法文」と呼ばれる。たとえば中尾計佐清太夫は、以下のような法文テキストを所持していた。

◇『敷大子《しきおおじ》　行《おこない》　書物』
◇『法文覚帳』
◇『御神仕《おんかみし》木《き》書物』
◇『秘密之方　御神集書物』

そしてこのなかには、次のような法文が入っている。

◇「水神ころもがやしの法」「水敷《みずじき》ノ法」「者《じゃ》（蛇）式《じき》の行」「びき（カエル）じき」
◇「地神のちけん」「地神のくじ」「荒神地《こうじんじ》神《じん》どくう（土公）様ヲ上ル方」
◇「山の神のけみだし式」「山の神の付けさあら」「山の神さあら式」
◇「大荒神《だいこうじん》けみだし式」「荒神さかいんの法」

一目見て、気がつくだろう。水神、地神、山の神、荒神……。そう、太夫は、山や川、土地に棲息する、まさしく「民俗の神々」を、彼らが使役する式王子へと変えてしまうのである。式王子の「式」が、陰陽道の式神と繋がるならば、ここにはまさしく「陰陽道」が、民俗信仰のなかに降り立ち、それを作り変えていく現場が見えてこよう。

さらに計佐清太夫の法文帖には、

◇「天神《てんじん》吹きみだしのうら式」「天神まなご打ちの法」「天神血花《ちばな》くづし」「天神ノこんから式」

といった「天神」の名を冠したものもある。天神といえば、一般的には、菅原道真の御霊信仰が有名だが、いざなぎ流の「天神」は、鍛冶師の守護神となっている。鍛冶屋という職能者の神である。その来歴は、「天神の祭文」にある。そこには、鍛冶師の技術が天竺の「天神王《てんじんおう》」から授けられたという、鍛冶師の技術の起源が語られている。そうした鍛冶師という職能者の神をも、太夫は「式王子」にシフトさせるのだ。火と鉄に関わる鍛冶神＝天神は、最強の式王子として、太夫たちのあいだでは恐れられているという。とくに「天神法」は中尾計佐清太夫の「奥の手」であった（斎藤英喜『いざなぎ流　祭文と儀礼』）。

あるいは家の先祖神、屋内神とされるオンザキをも「御崎敷《おんざきじき》」という法文で式王子化することがある。そのことからは、オンザキ神を主神として、天井裏に祭られる数々のグループ神が、多く太夫の式法の神でもあったことも納得いくところだろう。

では、太夫は、これら多数の神たちをどのようにして「式王子」へと変えるのだろうか。

太夫たちのシークレットブック＝法文を、いくつか紹介しよう。

「大荒神のけみだし式」でシフトする荒神

家の大黒柱に鎮座する荒神。家の祭りの最後には、「荒神鎮め」が行なわれて、祭り鎮められる神霊である。計佐清太夫の法文帖には、この荒神を式王子化する法文がある。（オリジナルテキストは、当て字や仮名書きが多く読みづらいので、適宜正字に直し、意味をとりやすいようする。以下、法文の引用は同じ）

荒神敷方《しきほう》天照平岡みすみが森より行《おこな》い降ろす　天地和合小《こ》鷹《だか》の印　真言車の印　矢食いの一手にまき立てまき降ろす　王子の白高御《しらたかご》幣《へい》へ行い招じまいらする　東方七間三体の荒神けみだし式と行い降ろす

五方荒神　荒神のさげたるけんな　者こふくめつだらりと云ふ剣《つるぎ》をそろへて　おるけん　きる剣不動三めつ剣　さこ剣　荒神さこの剣の上印　五方十二が方から入り来る

元本人　咎本次第　一こう剣にばらばらけみだす　二こう剣ばらばらけみだす　三こう剣ばらばらけみだす　四こう剣にばらばらけみだす　九こう剣にばらばらけみだす

十こけんにばらばらけみだす　十二が方へこけんにばらばらけみだす　相手の魂　切れて離れて　即滅《そくめつ》そばか　東方ばらばらけみだし切れて離れて即滅そばか　甲乙庚辛戊庚辛壬癸　が方へばらばらけみだす　元本人咎本次第　寿命魂魄《こんぱく》　魂切れて離れ

（「大荒神けみだし式」）

て即滅そばか

まずは「天照平岡みすみが森」に鎮座する、荒神の力を御幣のもとに召喚してくる。「行い降ろす」とは式王子を使役するときの基本的な表現である。「東方七間」とあるが、これは当然、東西南北中央の五方に及ぶ。「五方荒神」という言い方がそれを証明しよう。陰陽道的な方位観が前提にあったことがわかる。

以下、荒神がもつ「剣」のことが強調されていく。それは「荒神の鎮め」のときに、太夫たちが剣（小刀）をもって、荒神を鎮めていく作法と繋がりがありそうだ。「方呼《ほうよ》び鎮め」と呼ばれる作法である。

太夫は、左手に荒神・新木《しんぼく》・古木幣《こぼくへい》と一升枡《ます》を、右手に小刀を持った太夫をリーダーに、神楽幣、小刀を手にした他の太夫たちが、一斗二升の米袋（法の枕、あるいは諸物《しょもつ》と呼ばれる）の周りを、「反閇《へんばい》」といったマジカルステップを踏み、リーダーの太夫が「方呼び鎮め」の唱文を誦む。最後にリーダーが「荒れた大荒神はあるか」と問いかけると、他の太夫たちが「荒れた大荒神なし」と答える。続けて「荒れた扉荒神はあるか」「荒れた門《かど》荒神はあるか」「荒れた村荒神はあるか」「荒れた鳥居荒神はあるか」と問いかけて、他の太夫たちはそれぞれに「なし」と答えていく。さらに山荒神・川荒神・天行荒神・四節荒神……といった具合に多様な荒神が呼び出され、それらの荒神が荒れていないことを「荒れた……荒神は、あるか」「なし」という問答を繰り返していくのである。これが荒神の

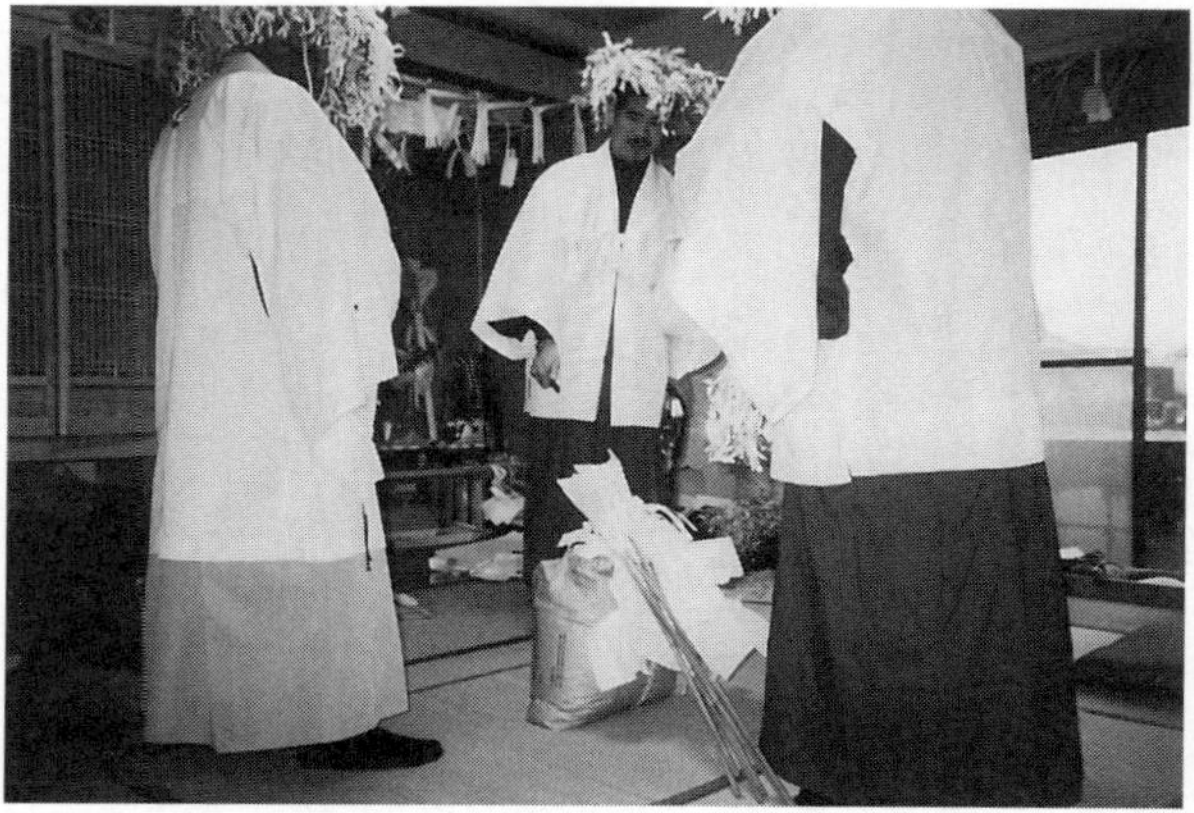

図5－13　荒神の方呼び鎮め。手に小刀を持つ。

「方呼び鎮め」である（図5－13）。

どうやら、荒神の剣とは、この荒神鎮めのときの「小刀」と対応しているようだ。荒神を鎮めていくためには、剣（小刀）が必要とされる。それぐらい、荒神の力は強大だからだ。そうした荒神を鎮めるときの剣がここでは、別の用途に用いられる。すなわち、「元本人咎本次第　寿命魂魄　魂切れて離れて即滅そばか」である。荒神を鎮める剣の力は、仇となる相手を斬殺する武器へと反転していくのだ。「大荒神けみだし式」とは、あきらかに式王子化された荒神の力＝剣によって呪い調伏を実行するための法文ということになろう。かつては、こうした法文が実際の呪い調伏にも用いられたのだろう。それはまちがいない。

けれども、計佐清太夫によれば、「大荒

神けみだし式」の法文は、内容的には呪い調伏にも使用しうるものだが、それを使って家祈禱の荒神鎮めの最後の「上印《うわいん》」＝鎮めの最終的な要にする技があるという。そのときは「大荒神けみだし式」のなかの「ガイな部分」（悪なる部分）を抜いて誦むのだ。この技は、計佐清太夫の「師匠じい」が、奥の手として使っていたという。

このことは、かなり複雑なところだが、「法文＝呪い調伏の悪法」と固定的にはいえないような呪術の深奥の世界が浮き上がってこよう。その点を別の法文からも見てみよう。

法文＝式王子をいかに使うのか

いざなぎ流の祭文のなかで「山の神の祭文」は、有名な祭文のひとつだ。「オコゼの次郎」が登場して、男神の山の神と、女神である龍宮乙姫＝水神の結婚の仲をとりもつという、なかなかメルヘンチックな物語となっている。それを象っているのが、「水神和合《すいじんわごう》の幣」である（**図5－4**）。また山で仕事をする杣師《そまし》たちのために、「星やじょもん」という太夫の先祖的な人物が山の神との仲介をして、山の神を丁寧に祭ることを条件に山の樹木の伐採を許可してもらう、山の神祭祀の起源譚の祭文もある。太夫たちは、三段の山の神の棚を組み、そのまえで山の神祭祀を行なう（**図5－14**）。山深い村で生活する職能者たちの世界に根ざした祭文といえよう。

山人たちの信仰に根ざす山の神の存在だが、いざなぎ流の太夫は、そうした山の神をも、自らの式王子に変える法文を持っている。そのひとつ、「山の神さわら式」を紹介しよう。

東東方山ノ神大大神の宮社の内さわらの式　さわらちけんと行《おこない》降ろす　五方同じ　式のこれ上印《うわいん》に山ノ神大大神さわら式　さわらのちけん　はや風黒風さわらの大疫神《だいえきしん》をあたゑさせ給へ　くばる天なくわる天なくだる天な　ちなる天なちけんニそばか　開けた眼はふさがせん　上げた足はおろさせん　踏んだ爪は抜かせんぞ　即滅そばか

（「山の神さわら式」）

図 5－14　山の神の祭壇

東方をはじめ五方から山の神を行ない降ろす。最後の「開けた眼にはふさがせん……即滅そばか」のフレーズから、これが呪い調伏の法文であることはあきらかだろう。山の神を「式王子」として駆使して、「向こう相手」を調伏するわけだ。山の神は「さわらの大疫神」でもあった。その疫神の力で呪詛するのである。なお「さわら」は、「さはらい」「さはり」（障り）の意味だろう。

それにしても、なぜ山の神は「大疫神」なのか。

いざなぎ流の「山の神の祭文」の別バージョンには、祇園牛頭天王《ごずてんのう》の物語をベースとした別伝もある。たとえば「山王神大代神宮さいもん」（竹添左近太夫本）では、山の神と水神とのあいだに生まれた最初の子供を「祇園牛頭天王」、二番目を「天刑星《てんげしょう》」と呼ぶ。あるいは、「天下正《てんげしょう》の祭文」という祭文もある。いうまでもなく「天刑星の祭文」、すなわち牛頭天王のもうひとつの名前を冠した祭文である。疫神の牛頭天王と山の神とが、この山深い村のなかでは一体化していった。陰陽道の神が、山の神信仰という「民俗神」を変貌させていったわけだ。

あるいは、「山の神の祭文」のなかには、山の神の祭祀に関して『簠簋内伝《ほきないでん》』巻四にある、「山神腹立日《さんじんのぶくりよにち》」の暦日のタブーにもとづく記述も出てくる。その日は、山の神が腹を立てやすいので、山に入ることを忌むという信仰である。その忌み日を破れば、山の神の祟りを受ける。民俗信仰としての山の神のなかに、民間陰陽師系の『簠簋内伝』（簠簋抄）の言説が深く入り込んでいることが見えてこよう。

さて、山の神を式王子化する「山の神さわら式」が、行疫神としての山の神の来歴、「山神腹立日」という陰陽道の暦日の禁忌などを前提にしていることはあきらかであろう。

法文は「祭文」をベースにしつつ、そこから派生してくるわけだ。それは太夫たちが、「山の神の祭文」に語られる山の神霊のなかから「式王子」にふさわしい力を導きだしてくること、といってもよい。それが呪い調伏に使用される、行疫神としての山の神の力のエッセンスとなっていくのだ。

ところで、計佐清太夫は、明らかに調伏に用いられると思われる「山の神さわら式」を「大山鎮め」にも用いることが可能だという。法文のなかの「ガイな部分」を抜くことで、一番大きな山鎮めの儀礼である「大山鎮め」の「上印」となるというのだ。たとえば平成四年（一九九二）一二月の物部村市宇《いちう》程野《ほどの》・宗石家の宅神祭《たくじんさい》の最後の鎮めとして、この法文が読み唱えられている。程野の宗石家はかなり山の奥に位置するために、奥山（大山）に住まう魔物、山ミサキ、川ミサキ、山爺《やまじい》、山姥《やまんば》などが「起きない」ように、もっとも厳重な「鎮め」が必要とされた。そういうときには、強力な力をもつ山の神の法文——「山の神さわら式」を「かけておく」のだという。

「山の神さわら式」という法文は、山の神を呪い調伏の式王子に変換させるものであった。だが、呪い調伏に用いられるほどの山の神の強大な力は、その力を太夫がうまく制御できれば（法文の文句の一部を抜く。どこを抜くかが秘伝）、魔物たちが生息する深い山を鎮める力にもなるわけだ。

計佐清太夫は、法文は調伏の目的で使わなくても、自分の祈禱の「後ろ立て」になるので、写し、所持しておく必要を強調する。呪い調伏を目的とする法文の力が、自分の祈禱をもっとも深いところで支えてくれるという認識である。それは「大荒神けみだし式」や「山の神さわら式」の法文のなかにこそ、荒神や山の神という神霊の、最高の力が召喚され、凝縮されていることを知っているからだ。

式王子の法文。それは神々のもっとも強力な力のエッセンスを導きだす呪文でもあった。その力をどう制御しうるかが、太夫の技なのだ。式王子が、いざなぎ流太夫の術や技の優劣を決する指針となるのである。

さて、こうした技と知識を伝える「いざなぎ流」の太夫とは、ほんとうに「陰陽師」の末裔なのだろうか。あらためて、「陰陽師」をめぐる歴史的な動向を振り返りつつ、そのことを問うてみよう。

いざなぎ流太夫は「陰陽師」ではなかった

たとえば、現在の太夫たちは、自分たちのことを「陰陽師」と呼んだり、そう認識していることがあるのだろうか。わたし自身の一〇数年間の調査の経験では、彼らが自分を陰陽師と呼ぶことは一度もなかった。というよりも、彼らは「陰陽師」という言葉さえも知らなかったようだ。

ならば、彼らは自分たちのことを何と呼ぶのか。「太夫」であり、また「かんなぎはか

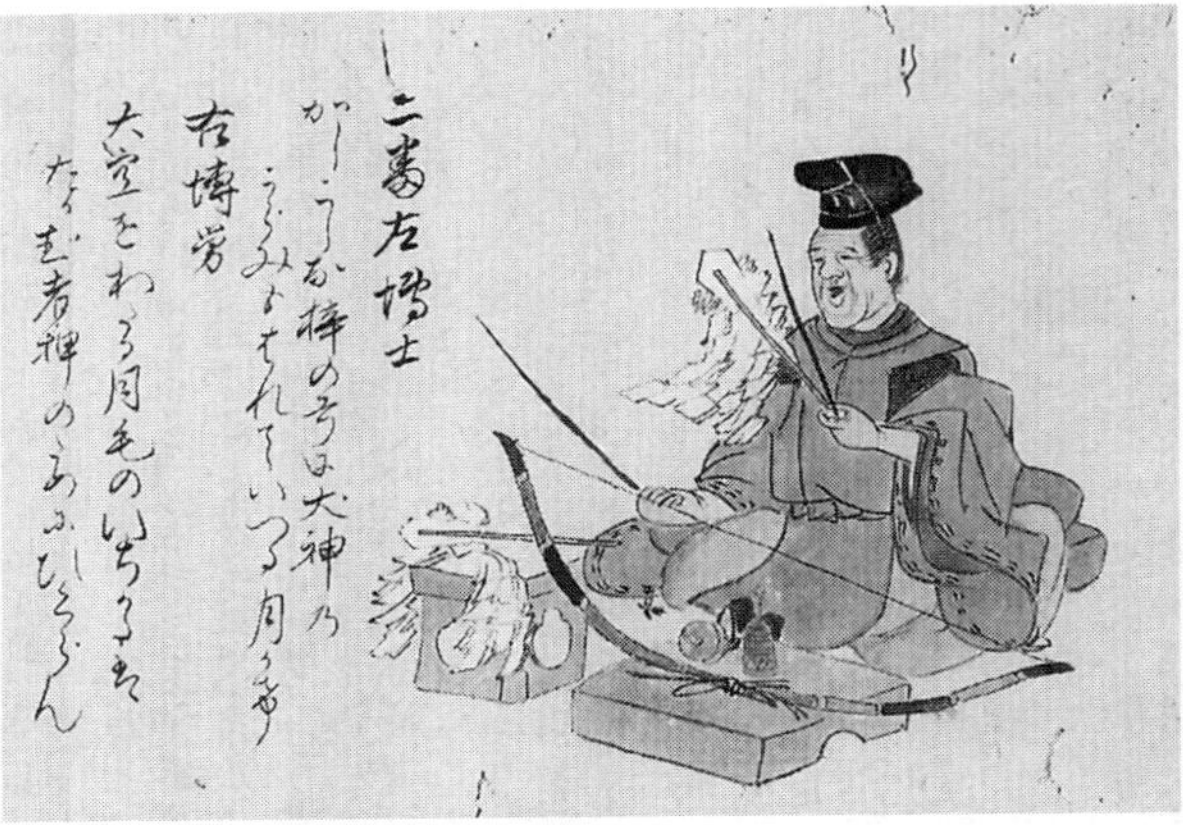

図５－15　土佐国職人絵歌合「博士」（若尾文庫・高知市立市民図書館蔵）

しょ（巫博士）」、あるいは「神楽の役者」「神子《みこ》」である。「博士」といった場合、古代の陰陽寮の「陰陽博士・暦博士・天文博士」の呼称が連想されよう。博士は、陰陽道の世界と繋がっているのだ。実際のところ「博士」は、中世の民間における占い師の呼称として、御伽草子や縁起類などに現れている。中世後期以降、「博士」とは、民間社会で活動する陰陽師の呼称のひとつであったようだ（梅田千尋「陰陽師」）。その意味では、「巫博士」を名乗るいざなぎ流の太夫は、中世の民間系の陰陽師＝博士の系譜に連なるといえよう（梅野光興「神子・博士・陰陽師」）。（**図５－15**）

しかし、そうであるならば、なぜ現代の太夫たちには「陰陽師」という認識がないのだろうか。その背景には、近世における、民間系陰陽師の大転換を起こす重大なシステムの成立があった。

陰陽道の宗家たる安倍＝土御門家は、近世前期から、多様な民間系の「陰陽師」たちを、自らの支配下に置くシステムを作り出していった。すなわち、諸国で「陰陽師」を名乗り、占いや暦売り、祓え、祈禱、雑芸などで商売している者は、土御門家から「門人」としての「許状」を発行してもらい、その対価として、商売の売り上げを「上納」するという体制である。それは社会のなかで賤視された「陰陽師」たちが、土御門家の「門人」となることで一定の社会的な地位を得るという側面とともに、土御門にとっては、近世の困窮する宮廷社会のなかで、諸国の陰陽師たちからの上納金が重要な「収入源」となったのである。

そのシステムは、天和三年（一六八三）の霊元天皇の「諸国陰陽師之支配」の綸旨《りんじ》（勅許）、それを追認する五代将軍・綱吉の朱印状《しゅいんじょう》、さらに寛政三年（一七九一）の「触れ流し」によって、江戸幕府の宗教統制政策の一角に組み込まれていったのである（木場明志「近世日本の陰陽道」）。

このとき、陰陽道の「神道化」をめざした土御門家（それをリードしたのは土御門泰福《やすとみ》。『簠簋内伝』を安倍家のものではないと断定した人物）は、民間における「陰陽師」の活動内容を厳しく制限した（第四章、参照）。たとえば弓を叩いて祭文を読誦し、死者霊を降ろし、病人祈禱を行なうことを「穢れ」に触れるものとして、禁止している。それらは梓神子や唱門師、あるいは「博士」の所業として、「陰陽師」とは認めなかったのである。

現在のいざなぎ流太夫では、「弓祈禱」の呪法は廃れている。だが、たとえば「呪詛の祭文・提婆流」には、弓祈禱によって呪詛神の正体を明らかにしていくことが語られ、またいざなぎ流の起源を語る「いざなぎ祭文」では、天竺のいざなぎ様から天中姫宮《てんちゆうひめみや》が「弓」の祈禱を習ってくることから、「いざなぎ流」は始まったという物語を語っている。実際、つい近年まで、いざなぎ流の太夫が弓祈禱をしていることは、様々な伝承や聞き取りからも確認されている（高木啓夫「すそ祭文とほうめんさまし」）。

どうやら、いざなぎ流の太夫たちは、近世社会において、土御門家から禁止された弓祈禱を得意としてきた「博士」の系譜をひく存在といえそうだ。実際、いざなぎ流の太夫たちのあいだには、土御門家から発行された「陰陽師」の許状・土御門家の門人としての証文をもつものは皆無であった。〔補注1〕したがって、いざなぎ流の太夫は、近世社会において定められた公式の「陰陽師」ではなかったということになる。それが近代以降において、彼らが「陰陽師」の認識を持たないことの理由といえよう。

近世社会において、土御門家に認定されたものだけを「陰陽師」と呼ぶならば、いざなぎ流の太夫たちは「陰陽師」ではなかった。それはまちがいない。だが、それが近世社会における、制度的な枠組みでしかないとすれば、いざなぎ流の太夫たちは、そうした近世の社会の向こう側にある「中世」の陰陽師の系譜を伝えるといえるかもしれない。

＊＊＊

呪詛神をめぐる微細な祭文や儀礼。あるいは「式王子」の世界――。そこに見えてくるのは、「近代」からは失われた、別の可能性を秘めた呪術世界ではないだろうか。

善なる神と悪なる神とを二元的・固定的に対立させていくのではなく、その技や術によって、どちらにでも変換しうる式王子の世界。そうしたいざなぎ流の神々は、善と悪に世界を分割し、その対立のなかからしか「未来」を描くことができない、この二一世紀の時代にたいして、もっと緩やかに、自由に世界を把握する思想を、われわれに教えてくれているように思える。それこそが失われた「陰陽道の神々」からの現代にむけた託宣＝メッセージなのかもしれない。

補注1　その後、小松和彦『いざなぎ流の研究』（角川学芸出版、二〇一一年）によれば、江戸時代後期の文化・文政期に「いざなぎ流」の太夫家に、「土御門」の許状が発見された。またそれらの許状は、売り買いされていた実態も明らかになるなど、地域社会における土御門系陰陽師の姿が浮かび上がってきた。

終章「陰陽道」の神々のその後

標的とされた牛頭天王

古代から近世にかけて、日本列島社会の多様な信仰空間のなかに顕現した陰陽道の神々。泰山府君、天曹地府、あるいは牛頭天王、八王子、金神、歳徳神、盤古王、五帝龍王、土公神。そして式神、式王子、呪詛神たち……。

それらの神たちは、いま列島社会から姿を消していった。または消しつつある。もちろん、彼らのなかには他の神の名前を与えられ、しぶとく生き抜いているものもいる。その代表は、いまスサノヲの名で祭られている牛頭天王であろう。その神は、京都の、あるいは「日本」を代表する祭りとされる「祇園祭」のなかに、ひっそりとその身を隠している。けれども、この牛頭天王こそが、日本近代の始発点において、もっとも封殺されるべき神として標的にされたのであった。

大政奉還から王政復古、そして「五箇条の御誓文」発布へと展開していく明治初年、

「戊辰《ぼしん》戦争」の真っ最中の時代、新政府は各地方の神社にたいして、「某権現《ごんげん》或は牛頭天王の類《たぐい》」など仏語を使って神名を号している場合は、即刻その由緒を提出せよと命じた（明治元年〈一八六八〉三月二八日。安丸良夫『神々の明治維新』参照）。そして五月には、早々と牛頭天王を祭る「東山感神院《かんじいん》祇園社」はその名前を抹消され、「八坂神社」へと改称させられた（『神仏分離史料』）。これ以降、牛頭天王の名前は消滅し、その神は「素戔嗚尊《すさのおのみこと》」と呼ばれることになったのである。そして八坂神社は、「官幣中社」のランクを与えられ、「国家神道」の一翼を担っていく。

もちろんそれは、ひとり祇園社だけの問題ではない。「牛頭天王」の抹殺とは、それを「天道神《てんどうしん》」として信仰し、その眷属神たちを「暦神《れきしん》」として畏れ敬い、人々の暮らしを律する暦注の典拠としてきた、民間社会を舞台とする「陰陽師」たちの活動の封殺も意味したのである。

祇園社が八坂神社に改称させられた翌々年、明治三年（一八七〇）閏一〇月一七日、「陰陽師」の本所として君臨した土御門家にたいしても、「天社神道免許」によって「門人」をとることを禁止する法令が出た（太政官布告）。世に言う「陰陽道禁止令」である。陰陽道に発する「天社神道」は、明治国家が国教に掲げる純潔な「神道」とは相容れない、不純な習合神道として、禁断されたのである。

ここにおいて「陰陽師」という存在は、彼らが祭っていた神ともども、近代の日本社会から消し去られていった。彼らの存在が「文明開化」の時代とは相容れない、非科学的で遅れた迷信の世界、邪教の類とされたからだ。とくに明治五年（一八七二）に行なわれた太陽暦への改暦という、新しい「科学的」な暦の施行に際しては、「旧暦」（太陽太陰暦）にもとづく陰陽道の暦注などは、その存在自体が「体制」に反するものとして、徹底的な禁断の対象とされたのである。明治三年に、「天社神道」＝陰陽道禁止令が発令されたのは、その背景に、新しい「暦」を編成するにあたって土御門家を排除しようとする動きがあったようだ（林淳『近世陰陽道の研究』）。もっとも、民衆の日常生活に根付いた「暦」の世界は、そう簡単には「新時代」に合わせせられるものではなかった。弾圧の網をくぐりながら、従来の「暦売り」は続けられていたのである。

明治近代国家によって失われた「陰陽道」の神々。しかし、いま、その神々の姿を追い、その声を聞くことにはどんな意味があるのだろうか。本書をふり返りつつ、最後のまとめをしておこう。

陰陽道の神々は何を語っているのか

「陰陽道」の神たちの相貌。そこからは、列島社会のなかに生きて活動していた神々が、けっしてひとつの名前に限定されないことが見えてきただろう。たとえば牛頭天王が複数の名前をもったことは、そのなかのどれかが「本名」であったわけではなく、その神の現れ方のなかで、どれも本当の名前だったといえよう。それがこの列島に顕現した神が、けっして一元的な存在＝一神教的存在にはなりえなかったことを語っているだろう。

その一方で、牛頭天王が「天道神」という暦の神の名前を見出したとき、牛頭天王は暦という時間、方位の秩序を発生させる根源神ともなったのである。その役割は、「盤牛王《ばんごおう》」によって、さらにラディカルに実践されていった。

暦注の神、日時・方位の禁忌は、科学的な根拠のない迷信として、近代日本の人々は切り捨ててきた。だが、それを「迷信」として排除したことによって、人間が、暦＝宇宙的な時間と結びつきながら生きていることを忘れてしまったとはいえないか。「天体と人間との関係」というテーマ。それは陰陽道の最高神とされた泰山府君のなかにも見出された。そこからは、天体の星々の世界と、われわれ人間の生死とが結びついていることを、あらためて考えてみることが示された。もっとも泰山府君は、そうした冥界＝天体との関心を失い、地上の支配権力との結び付きを強調する神へとなってしまうのだが……。

そしていざなぎ流の神々の世界。そこには山や川という自然の世界に息づく神々のリアルな姿が見出せただろう。だが、彼らは、けっして純朴な「民俗神」としてだけあったわけではない。いざなぎ流の信仰世界は、そうした神々を「祭文」や「法文」という言葉の呪力によって、どんどん変貌させていったのである。それは「陰陽道」なるものが、民間の社会にどのように根付いていくかを教えてくれただろう。

いざなぎ流の呪詛神。そして式王子たち。彼らは、われわれ現代人の善と悪という単純な二分法の価値観が通用しない神々の世界のなかに生きていた。いざなぎ流の神々の世界は、世界をふたつに分けて、一方が「善」であれば他方は「悪」であるという、単純な二元的な発想のなかに世界の真理を見出そうとするものとは違う思想を語ってくれるのだ。そう、それこそまさに「陰」と「陽」の思想――陰陽道であった。さらにそのとき、祭文や法文という言葉そのものが生きた力を発揮することのなかに、いざなぎ流の神々の生命が宿っていたことを忘れないでおこう。言葉の生きた力の復権。いざなぎ流の神々はそれをわれわれに強く訴えているようだ。

陰陽道の神々の探求。そのテーマは、明治初年に封印、撲滅された神々の来歴を見出していくという、ただそれだけの問題ではどうやらなかったようだ。文明・科学と迷信。正統な信仰と邪教。個人の信仰と国家政策……。近代の初発時に問われた課題の、さらにその深奥には、二一世紀のポストモダンと呼ばれる、この現在においても考えていかねばならない難問が潜んでいたといえよう。その意味では、「安倍晴明」「陰陽師」ブームが、世紀末の列島社会を席捲したことは、なんとも啓示的なことかもしれない。

もちろん「ブーム」は、そのときだけの、表層的なものとして、多くの人々からは忘れられてしまう。だが、その一過性のブームの深層に何があったのか。そこに顕現してきた「陰陽道」の神々は何を語りかけようとしたのか。われわれはまだ、彼らの声をすべて聞き取ったわけではないようだ。

さらに耳を研ぎ澄まし、歴史の彼方へと消えようとする陰陽道の神々の声を聞き取っていくことを続けよう。

断章1　いざなぎ流への〈旅〉

その1　神さまたちの引越し

小型車がやっと一台通れるぐらいの、山の旧道をくねくねと走りながら、その家に向かっていた。新しい年が明けたばかりの一月六日。山の急斜面にへばりつくように建てられたその家では、これから一〇日間にわたって「いざなぎ流」によるお祭りが行なわれる。

四国山脈が連なる高知県の山深くにある村、物部村《ものべそん》。この村に伝わる「いざなぎ流」の名前は、最近の陰陽師ブームでけっこう有名になった。僕がはじめてこの村を訪ねたのは、一七年まえ。それから何度、この山奥の村に通ってきたことだろう。いったい何が、そんなに僕を惹きつけたのだろう。「いざなぎ流」の魅力。その一端を、つい最近（二〇〇四年一月）行なわれたばかりの「いざなぎ流」のお祭りのホットな話題をもとに紹介しよう。

それにしても、たった一軒の家が、一〇日間も、ずーっとお祭りをするとは……。地方の過疎化のなかで、そんなことをする家は、たぶんもう日本中、どこを探してもないだろう。ほんとうに驚きだ。だけど、皮肉なことに、「過疎化」という現代的な情況が、じつは、今回のお祭りの理由であった。

その家は何年かまえに、物部の山奥の家では暮らしが成り立たなくなったので、土佐山田という町に家を建てて、家族は引越ししていた。最後に家のおばあちゃんだけが残っていたのだが、さすがに歳がいったので、ついに山の家を引き払うことになった。過疎化が続く地方の山奥の村ではよくある出来事のひとつだろう。だが、物部村の旧家では、数多くの神々が祭られている。人間たちが町に引っ越すならば、これまで家族たちを守ってくれた神さまたちも一緒に連れて行かねばならない。

図1　御幣に迎えた神々をかかえ、山の道を下る太夫

神さまたちの「引越し」なんて、どうやったらいいのか——。ここで「いざなぎ流」の太夫《たゆう》が登場する。物部の人たちは、自分たちだけではできない「神事《かみごと》」を、同じ村に住んでいる神祭りの専門家である「いざなぎ流」の太夫さんを雇ってきて、やってもらうのだ。

今回の照子さんのお宅は、古い由緒

のある家なので、多くの神さまたちが祭られていた。その代表的なものだけでも、家の主人が鍛冶屋さんをやっていたので鍛冶の神である「天神さま」、先祖を神に祭りあげた「ミコ神さま」、さらに古い神である「オンザキさま」、そして物部村でもめったに祭る家のない、お月さまの神「二十三夜《にじゅうさんや》さま」、さらに荒神《こうじん》さま、庚申《こうしん》さま、方位の金神《こんじん》さま、台所のエブス（恵比寿）さま、火の神さま……。これら諸々の神たちを、いざなぎ流の太夫は、一つも残さないように、新しい町の家に連れていかなければならない。信心者の照子さんは、ぜったいに手抜きをせずにやってほしいと太夫さんに頼んだ。

まずは、神々が長年の生活で身に付けてしまった、穢れや不浄のものと縁切りをさせ、きれいな体にしてから、「ノト幣」という大きな一本の御幣《ごへい》にすべて集まってもらう。さらに、家の周囲の山の神、水神、また近くの氏神さまたちとのお別れの挨拶をする。そういった一連の行事を、太夫さんたちは、二日間にわたって、念入りに行なった。

二日目の夕方、太夫さんたちのリーダーである中山義弘さんが、家の神さまたちを集めたノト幣を手にもって、家の外に出る。歩くときは地面に一本一本藁を敷いていく。神さまたちの通り道だ。中山さんは家を離れるとき、何度も家を振り返って、古く住み慣れた家から離れる神さまたちに名残を惜しませ、近くの川では大水神《だいすいじん》と呼ばれる偉い神さまに別れの挨拶をしていく。照子さんは、神さまたちの心が伝わったのか、涙をぽろぽろ流していた。あとで照子さんは語った。まっこと、むごいことよ。自分たちよりも、ずーっと

図2　長い神楽幣を揺らしつつ、「神楽」をする太夫

昔から住み慣れてきた家を、人間たちの都合で無理やり外に連れ出し、見知らぬ町に引っ越しさせる。なんとむごいこと……。僕も思わずもらい泣き。

祭りの四日目からは、神さまたちを新しい家＝「新しきみかど」に迎えるための儀式である「神楽」が延々と続く。いざなぎ流の神楽は、激しい舞や鉦《かね》や笛、太鼓などの騒々しい音楽や演劇的なパフォーマンスなどはない、いたって地味な「祈禱」に近いものだ。円陣に座った太夫たちが、長い神楽幣《かぐらへい》を左右に揺らしながら、神々にむけて唱えごとを読んでいく。あなたはこんな古い由来をもち、昔から人々が祭りをしてきた偉い神さまだ、だからこの新しい家でも人々を守ってください……。最後に神々を寿《ことほ》ぐために舞が舞われる。すべての神々、一体一体にそれが続く。こういう祭りを、神さまへの「ときをする」と照子さんはいう。太夫さんたちが帰った夜は、家族だけで神を祭る部屋で寝て「とぎ」をした。「とぎ」＝「伽」（相手をしてあげる）という古語が日常生活で使われているのだ。

最終日は、二十三夜さまというお月さまの神楽。二十三夜の月は、夜遅くに昇ってくるので、祭りも深夜にわたる。祭りが終わってから、座祝《ざいわ》い（宴会）が始まる。飲めや歌えやの人々の喜びの宴は、なんと夜が明けるまで続いた。新しい家に、無事に神さまたちを「引越し」させることができて、照子さんも泣いたり笑ったりしながら、ほんとうにうれしそう。

照子さんは言っていた。自分たちだけでは、ほんとうに神さまたちが喜んでくれたかどうかわからない。でも、太夫さんらは神と話ができる。偉いもんよ。話をして、ちゃんと神さまたちが喜んで新しい家に来てくれたかを確かめてくれる。太夫さんは、わしらと神さまとの中継ぎよ……。いざなぎ流の太夫。村の普通の人たちではできない、神々とのコミュニケーションを、村人にかわって行なう神祭りのプロ集団といっていいだろう。

それにしても、人間も、家の神々も引っ越していく物部の村は、これからどうなってしまうのだろう。山や森、川の自然の神々だけが、ひっそりと棲まう場所――。それもいいかもしれない。

その2　中尾計佐清さんのこと

計佐清《けさきよ》さんの笑顔は、とても素敵だ。子供のように人懐っこく、昔話の翁のように心和《なご》ませてくれる。でもその笑顔は、「いざなぎ流」の太夫としてご祈禱や神祭りを行ない、「いざなぎ流」の教えについて語ってくれるときの、他人を寄せ付けない、きびしく、するどい表情の計佐清さんに接してきたからこそ、一層印象ぶかいのだろう。

高知県の山間村落、物部村に伝わる民間信仰「いざなぎ流」の太夫である中尾計佐清さんのもとを僕が初めて訪ねたのは、もうかれこれ一七年まえ。大学院の学生だったころだ。その年の冬に、物部村の「小松神社」という氏神社で、いざなぎ流太夫による臨時の祭りがあるという情報をキャッチした僕は、いざなぎ流太夫の最長老である計佐清さんに祭りの見学・調査を許可してもらうために、そのお宅を訪ねた。物部の一番奥地にある、別府《べふ》集落の小さな家に着いたとき、冬の日はもうとっぷり暮れていた。もともと人見知りする僕は、とても緊張していた。けれど「いざなぎ流」の信仰世界について熱を込めて語ってくれる計佐清さんが、きびしい表情のなかにふっと素敵な笑顔を見せてくれたとき、僕はいっぺんにこの老人が好きになってしまった。計佐清さんはこころよく、翌日から四日間にわたって行なわれる祭りの見学・調査を許可してくれたのである。

図3　中尾計佐清さん

小松神社は、山奥の谷地に鎮座している古い由緒ある社だ。祭りの間、計佐清さんをはじめ、弟子の太夫さんたちも神社に泊まりこむ。僕は近くの宿屋から通うつもりでいたが、貧乏学生だと知ると、一緒に神社に寝泊りすることも許してくれた。それから四日間、僕は太夫さんたちと過ごしながら、いざなぎ流の祭りを目の当たりにすることになったのだ。

この年に臨時祭を行なう理由は、神社の参道を補修し、鳥居を建て替える工事が無事にすんだことを神さまたちに報告・感謝するもの、ということだった。けれど計佐清さんは、「それは表むきのもの」という。ほんとうの祭りの目的は、こうだ。

参道を補修し、鳥居を立て替えるときに、地面を掘り起こし、川を汚し、山の木を伐

図4　小松神社拝殿

ったりして、地の神、水神、山の神のお叱りがあったかもしれない。それは神々と人間たちのあいだの「曇り」や「へだて」になる。だから祭りのほんとうの目的は、山のものは山へ返し、川のものは川へ返すことにある……。「普通の祭りとは、ずいぶん違う考え方だろう」と計佐清さんは付け足した。

「山のものは山へ、川のものは川へ」。この言葉は、深い山々や川に囲まれて生活する物部村の人たちが、山川の自然の領域と人間たちの領域とをきちんと分けて生活してきたことにつながる。そして、人間たちが山川の神々の世界を犯すようなことがあって、神々からの「お叱り」があったとき、その調停を果たしてくれるのが、いざなぎ流の太夫たちであった。太夫は、まさに神々と人間との「中継ぎ」なのだ。計佐清さんがゆったりとした調子で語る「山のものは山へ……」という言葉。その言葉を繰り返し聞きながら、そこに「いざなぎ流」の核心があると僕は深く感じたのだった。

祭りの四日間、夜になると自家発電機は止まってしまう。蠟燭《ろうそく》のほの暗い明かりのなかで、計佐清さんは弟子の太夫たちと「式をうつ」とか「呪詛《すそ》」「調伏《ちょうぶく》」とかいった、いざなぎ流の秘密に関わることを、ふだんの日常生活の延長のように語る。「いざなぎ流は恐ろしい力をもっている。だから気をつけて使わねばならない……」と弟子たちへレクチャーしていく。そんな話を横で聞いていた僕は、自分がいまいつの時代にいるのか、一瞬わからなくなってしまう。

祭りのあとは、さっきまで神楽を舞っていた神社の拝殿に布団を敷いて、計佐清さんたちと一緒に寝た。布団をかぶっていても、頭のうえを風が吹く。近くを流れる谷川の音も高く聞こえてくる。自分のまわりに、山や川の神々たちが棲息している、そんな息遣いを感ぜずにはおれなかった。そうなのだ、僕が「いざなぎ流」に魅了されたすべては、ここから始まったのだ。

それから、何度、物部村へ、計佐清さんのもとへ通っただろうか。あるときは、弟子の太夫さんのライトバンに乗せてもらい、山奥の家の祭りを訪ね、また夜はお弟子さんたちへのレクチャーに加わり、あるいは計佐清さんの家で二日間、朝から夜までぶっ通しで、

図5　山の神を祭る計佐清太夫。「山のものは山へ……」

「いざなぎ流とは何か」についての講義を聴く……。そんなとき、計佐清さんは砂糖をたっぷり入れたコーヒーを何杯も飲みながら、七〇を越えた老人とは思えない情熱的な語りぶりを見せる。

そのうち、気がついた。自分が、「調査」をするという立場よりも、まるで計佐清さんの「弟子」のように教えを聞いていることに。計佐清さんも、いざなぎ流の「秘伝」を教えるとき、このことは家族にも喋ってはいけない、それを喋ったら、今まで学んできたお前の力は失われると、「弟子への忠告」を繰り返していたのだ。そして近いうちに、正式な弟子入り（許し）の儀式をやろうと話を進めているとき、計佐清さんは病に倒れ、入院した。そして退院後、計佐清さんは太夫の一線から身を引いた……。

いざなぎ流太夫・中尾計佐清さんが亡くなったという知らせが届いたのは、二〇世紀最後の年の暮れ――、朝早くだった。

その3　花をいさみて、寄りござれ

木も草も枯れた冬の山。その一角に、ひっそりと死者たちが眠る墓がある。いま、突然、冬枯れの山々に、梅、桜、椿、百合などの季節の花々が次々に咲き乱れていく。そして地の底に眠る死者たちは、この世にしか咲かない美しい花々に誘われて、あの世から戻って

図6　墓から死者の霊を迎える、「塚起こし」の儀礼

くる……。

高知県物部村には、墓から死者の霊を迎えて「ミコ神」という神に祭りあげる信仰が伝えられている。早く大正時代、柳田国《やなぎだくに》男《お》も注目し「巫女考」という論文に記している。民俗学の常識では家の主人の霊は、三三年、四九年たつとホトケからカミへと変わり、「ご先祖さま」として家の人々を守護してくれると言われている。物部村のミコ神信仰も、そうした先祖崇拝のひとつといえなくもない。だが物部村では、家の主人の霊＝ホトケは、時間がたてば自然にカミとなるわけではない。では、どうやってホトケはカミとなるのだろうか。

ここに登場するのが、いざなぎ流の太夫たちである。家の主人が亡くなった家では、死後三年、五年のうちに太夫さんを雇って、墓から霊を迎え、ミコ神というカミに祭り上げてもらう。その行事をミコ神の取り上げ神楽という。いざなぎ流の調査・研究を始めた僕は、なんとしてもこの行事を自分の目で見てみたいと思っていたが、なかなかそのチャンスはなかった。初めてその現場に立ち会うことができたのは、物部村に出入りするようになって五年ほどたった頃だった。その神秘に満ちた行事の一部始終を紹介しよう。

平成四年（一九九二）二月。物部村程野《ほどの》という集落の宗石《むねいし》さんのお宅で「ミコ神の取り上げ神楽」が行なわれた。行事のリーダーは、中尾計佐清太夫。宗石さんの家は、切り立った山の急斜面にへばりつくようにある。家の主人の霊が眠る墓は、その家から少し離れた山のなかにあった。計佐清さんは頭に手ぬぐいで頰被りして墓場にむかう。頰被りをするのは、死の穢れを避けるための「へだて」という。これから行なうのは、穢れに満ちた墓地を現場とする、きわめて危うい儀礼なのだ。これを「塚起こし」という。計佐清さんのあとに続く僕も緊張する。

宗石家の墓のまえに座った計佐清太夫は、まず墓のまえの小さな石を掘り出し、穴を開けた。そこから地下に眠る死者の霊に呼びかけるらしい。やがて計佐清さんは、ちいさな声で祈禱をはじめる。その聞き取りにくい声は、地の底に眠る霊にむけて、あの世のものたちと結んだ縁を切って、この世に戻ってくるように誘っているらしい。とくに冥界深くさまよいこんでしまった場合（それをあの世で「溺れている」という）には、念入りに「縁切り」の祈禱が続く。やがて祈禱は、今までとは調子が変わって「歌」になる。

正月に入《い》れば梅の花、七つ畝々《うねうね》谷々までも、咲くや栄える花なれど、あの世じゃ咲かん花なれど、この世じゃいさみの花よ。花をいさみて寄りござれ……。

山深い冬枯れの墓地で、正月に咲く梅の花が歌いだされる。やがて二月の椿、三月の桜、四月の卯の花、五月の五穀の花、六月の百合、七月のそばらぎの花と続く。冬枯れの山々に突然、季節の花々が咲き乱れるのだ。「花をいさみて寄りござれ」。「いさみ」とは「慰め」の意味。地の底に眠る死者の霊は、この世でしか咲かない季節の花の美しさを慰めにして、この世に戻ってくるのだ。計佐清さんの歌う声は、なんともいえない哀調を帯びている。その声に聞き入っていると、ふうーっと魂が誘い出されそうになる。

図7　三五斎幣を持って歩く太夫

　あの世で様々な縁が出来て、この世に戻る踏ん切りがつかなかった霊も、花々に誘われるように戻ってくる。霊は三五斎幣《さんごさいへい》という小さな御幣に寄り憑かされる。計佐清さんは、霊が憑いた御幣に白い木綿をまき、手で抱えるようにして死者の実家に連れ帰ってくる。計佐清さんは、御幣を手の平に乗せると赤子の尻が乗っかった感じがすると言う。戻ってきた霊はたとえ年老いて死んだ場合も、赤ん坊になって戻ってくるのだ。この行事が「取り上げ神楽」と呼ばれるように、太夫は霊をあの世から「取り上げる」産婆の役回りといえそうだ。

行事はこのあと、家のなかを舞台とする「神楽」に移る。リーダーの太夫を数人の弟子の太夫さんたちが取り囲むようにして、長い神楽幣を手に二時間近く続く唱えごとが始まる。いざなぎ流の「神楽」は、静かな瞑想的な雰囲気に包まれる唱えごとを中心とした世界だ。その唱えごとのなかで、この世に戻ったばかりの霊は、浜や潮、川で清められ、さらに修験道の霊山となる山々に連れていかれ、「行文行体《ぎょうもんぎょうたい》」という修行を積み重ねていく。死霊が「神」となるためには「修行」をしなくてはならないのだ。修行が終わると、天竺の池から汲まれた清浄な水を浴びて、「ミコ神」としてのステージをあげていく。これを「水ぐらえ」という。一二万歳までの位があがると、霊は晴れてミコ神の仲間入りをするのである。ミコ神となった家の主人の霊は、家の天井裏に祭られて、昔から家に鎮座する多くの神々と一緒に家族を守っていく——。

僕は今まで三回ほど、この行事に立ち会うことができた。なかには簡単にミコ神になってくれないときもあって、家族たちは涙を流しながら神に上がらない家の主人のことを心配したりする。また家の都合で行事が出来ないとあの世から「知らせ」があって、早く神にしてくれと催促があるという。死者と生者たちとの共生する空間。死んだ者はいつか神となってこの世に戻ってくる。それを取り次いでくれる、いざなぎ流の太夫たち……。いま、中尾計佐清さんも、あの世で、ミコ神になる日を待っている。

後記・中尾計佐清太夫は、平成一七年（二〇〇五）一月に、弟子の中山義弘太夫によって「ミコ神」になる最初の祭りを終えた。

その4　物部村の老人々

祭りの日々、物部村の老人たちはとても元気だ。とくに祭りの主役となる「いざなぎ流」の太夫さんたちは、活き活きとしている。中尾計佐清さんは、たくさんの弟子の太夫さんたちを従えて、祭りの進行の采配をふるう。興に乗ってくると、弟子の太夫にかわって、自ら弓をとって華麗な弓の舞を舞ってみせてくれる。その姿は、ほんとうに惚れ惚れするほどカッコいい。祭りが終わったあと、「いざなぎ流」の教えについて語ってくれるとき、その熱を帯びた口調を聞いていると、この人が八〇に近い老人であったことを思わ

図８　弓の舞を舞う計佐清太夫

ず忘れてしまう。そんな計佐清さんの姿は、一番弟子の中山義弘さんにも受け継がれた。計佐清さんが亡くなったあと、その流儀を伝える代表者となった中山さんは、最近は、師匠が乗り移ったみたいだ。

　また計佐清太夫の弟子の一人、伊井阿《あ》良《ら》芳《よし》さん。阿良芳さんはもともとは、計佐清太夫と流儀の違う太夫なのだが、自分はいつも一匹狼だ、と嘯《うそぶ》くところ、なんとも颯爽《さっそう》としている。阿良芳さんは霊的な病いを治療する「病人祈禱」が専門。どんな霊的な病いでも治してみせると自信をもつ阿良芳太夫のところには、高知県内はもちろん、他の地域からも依頼が殺到しているという。阿良芳さんの跡を継ぐ、息子の幸夫さん（まだ老人ではない！）。普段は気さくに話してくれる幸夫さんも、いざ「太夫」の仕事に入ると、とたんに人が変わったように、その周りには、なんともいえない霊的なオーラが満ち溢れる。

物部村の祭りは、太夫さんたち男性が中心だが、女性たちのことも忘れてはならない。家の祭りのときに、多くはその家の若主人の母上が、祭りの裏方を一手に引き受ける。自分の家の祭りだから、当然彼女たちはすこぶる元気だ。小原照子さんも、そんな元気のいい女性の一人。感激屋の照子さんは、すぐに涙をポロポロ流す反面、とても声が大きい。

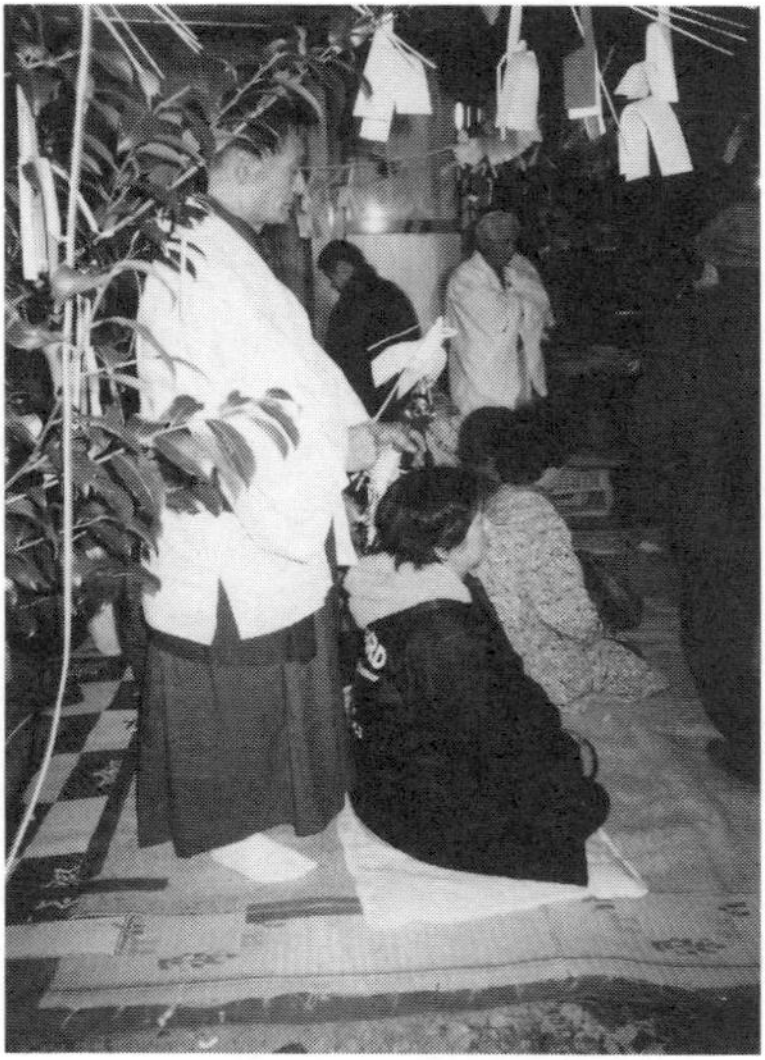

図9　祭りの場で簡単な祈禱をする阿良芳太夫

でかい声で、太夫さんたちの食事の世話や親族の相手をしているので、長い祭りの後半にはいつも喉が枯れている。また「小松神社」の守目《もりめ》（在地の神主）を継ぐ家の小原台太郎さんの母上・徳枝さん。いつも陽気で明るい彼女は、人一倍信心深い。先祖の霊をミコ神に祭りあげる行事のとき、神となった霊が徳枝さん

図10　このあと、徳枝さんに神が乗り移った

に乗り移って、やっと神になれたことを「うれしいぞよ、うれしいぞよ」と告げるという出来事があった。彼女たちは、神々の世界ととても身近なところにいるのだと、そのとき実感した。

物部村の女性たちのなかで、一番お世話になったのは、なんといっても計佐清さんの長女・友子さんだ。まだ大学院の学生だった僕が村に初めて来たとき、世間知らずで、挨拶もろくに出来ない僕にあれこれ指図して、誰に挨拶をして、どういう礼をすればいいかとか、そんな細かいことに気にかけてくれたのも友子さんだ。また個人の家の祭りのときは、食事どきになると、僕の尻をたたいて食器をならべたり、お茶を用意したり、座布団を片付けたりするように指示し、よそ者の僕を家のなかに溶け込ませてくれた。

友子さんは、さすがに計佐清さんの娘だ。父親譲りで、「いざなぎ流」のことにも詳しい。あるとき、友子さんの家で話しているとき、ほんとうは自分も「太夫」になりたかったと告白してくれた。でも、やっぱり女だとなかなか他人の家の祭りに雇ってもらえないし、祭りのときの見栄えもよくないし……、とすごく残念そうに語っていた。でも、友子さんなら、まちがいなく優れた「太夫」になれただろう、と僕も思った。それに近頃では、女性でも「太夫」になった人もいる。とくに幸夫さんの友人でもある岡田清代子さんは、計佐清さんも一目《いちもく》置く、霊的能力の高い女性太夫だ。

図11　祭りの場の人々

さらに、いざなぎ流の始まりを語る「いざなぎ祭文《さいもん》」によれば、いざなぎ流は、七歳の天才少女・天中姫宮《てんちゅうひめみや》が、天竺のいざなぎ様に弟子入りして、弓の祈禱などを習ってきたところから始まるとなっている。天中姫宮には、中世の歩き巫女《みこ》のイメージも伝わるという。「いざなぎ流」の起源には、巫女の信仰もあったのだ。照子さん、徳枝さん、友子さん……と、物部村の女性たちがとても信心深く、あるときは太夫に代わって神がかりをするほどなのは、そんな「いざなぎ流」の伝統を受け継いでいるからかもしれない。

祭りの日々、物部村の老人たちは、元気だ。だが祭りが終わり、普段の生活にもどると、過疎化した村のなかで、老人たちは独り暮らしの人が多い。あの陽気な徳枝さんが縁側に寂しそうに、ポツンと腰掛けていた姿が忘れられない。だから、いざなぎ流の祭りは、そんな普段の暮らしから抜け出し、元気を取り戻させてくれる、まさに非日常的な「祝祭空間」であった。彼女たちのためにも、「いざなぎ流」は必要なのである。

いざなぎ流を伝える高知県香美郡物部村《かみぐんものべそん》。深い山々に囲まれ、山や川の神々、精霊たちと共生する人々の暮らし。そんな「物部村」も、町村合併の政策によって、近いうちにその名前は消えるのだという。

後記・物部村は平成一八年（二〇〇六）の市町村合併で、高知県香美市物部町になった。「物部」の名前はそのまま残った。また平成一九年（二〇〇七）二月に、中山義弘太夫は逝去された。

断章2　安倍晴明ブームの深層へ

陰陽師・ミレニアム

最近、巷《ちまた》で流行っている「安倍晴明」って知ってる？　平安時代の陰陽師で、伝説では彼の母親は狐だったらしい。「陰陽師」というのは、古代朝廷の儀式の日時を占ったり、なにか不吉なことがあると原因を占ったりする、いってみれば国家公務員の占い師で、また貴族たちが物の怪なんかに取り憑かれて病気になったり、政敵から呪いを掛けられたりすると、呪文を唱えてお祓いをする呪術師のような存在でもあった。さらに、晴明は「式《しき》神《がみ》」というのを自由に使って、人を呪殺する力も持っていたという。『今昔物語集』をはじめとした説話集や、中世の説経節《せっきょうぶし》、または近世の浄瑠璃や歌舞伎にまで登場するぐらい、晴明は人気者だった。

そんな過去の「人気者」が現代に蘇ってきて、とくに最近では若い女性を中心にして熱狂的なファンが多いらしい。そのブームの火付け役は、夢枕獏の小説『陰陽師』（文藝春秋）と、それをマンガ化した岡野玲子の『陰陽師』（白泉社）。ちなみに世間では小説よりも、マンガ版の『陰陽師』のほうが評価が高いという（僕も岡野版のほうが好きです）。夢枕／岡野作品は、平安時代という幻想的な時代を舞台に、魔物や怨霊と戦うクールな陰陽師・晴明と、熱血漢の貴族・源博雅《みなもとのひろまさ》との掛合いが人気の原因という（ただし、岡野作品は、そうした表面的なレベルを超えて、そうとう深い「陰陽道」の知と技の世界に入ってきている）。

さらに晴明をお祭りする京都の「晴明神社」には、全国から女性たちが参拝しにやってくるは、インターネット上には、晴明ファンのホームページがワンサカあるは（最近〈二〇〇〇年〉、やっとパソコンを買った僕も、いくつかのぞいてみました。すごいです）、晴明ファンにたいする「セメラー」という呼び名ができるは、ともかくすごいことになっている（実際、僕自身も、この二、三年大学の講義やゼミなんかで「晴明」を取り上げると、かなり「濃い」学生が集まってきて、けっこう楽しい授業ができるという体験がある）。

この陰陽師ブームは一種の「社会現象」になっているらしく、最近では朝日新聞出版の『ＡＥＲＡ』（二〇〇〇年五月二二日号）に、「闇に吸い寄せられる現代人・陰陽師チルドレン」なんていうタイトルで記事が出ている。曰く——。

　言葉にならない憎悪や悲しみが、祓われないまま行き交う都会。心の魔を吸いかねた現代人が、闇を知り尽くした陰陽師に、救済を求めている。

なんとなく、わかったような気分にさせる文章だけど、まあこれは『ＡＥＲＡ』＝朝日新聞一流の社会や時代にたいする認識からの分析といってよい。最近の少年たちの犯罪や、若者の「閉じこもり」など、ようするに、心弱い現代人の「救済」や「癒し」みたいなことを、晴明＝陰陽師に求めているという解釈である。

ところで、かく言う僕自身も、陰陽師とか晴明とかいうのは、まったく「シロウト」というわけではない。僕が「古代神話」の研究と並行して進めてきた、フィールド研究である高知県物部村の「いざなぎ流」というのは、じつは晴明や陰陽師の流れをくむ、いわば民間陰陽師の一流派であったからだ。そしてその過程から「呪術」の世界が、僕自身にとっての「研究」の対象となってきた。

そうした「呪術」研究からいえば、陰陽道というのは、まったくの未開拓の分野で、専門の研究者も日本に数名いるかいないか、みたいな状況なのだ（その後、増えた）。陰陽師というのは公的には明治のときに廃止・解体されて、また密教みたいな教団や組織がしっかりあるわけではなかったので、日本の宗教史の研究でも一番遅れている分野である。なによりも資料が少ないし、その資料も難解きわまりないもので、陰陽道の専門論文なんかはいくらか読んでも理解できないことがたくさんある。だから、最近の「セメラー」現象と、陰陽道の研究状況とははるかに遠い隔たりがある。たぶん専門の研究者たちは、このブームに首をかしげているに違いない。

たしかに、ブームというのは、表層的なものにすぎないのかもしれない。けれど、現代の若者たちが「陰陽師」に惹かれていったことの意識の深層には、けっして無視してはならないものがあると思う。それは『AERA』調に、若者たちの心の闇ウンヌン、だけですましてはならない。陰陽道がもつ「呪術」世界、その宇宙認識みたいなことに、これまでの「密教」とか「神道」とかにはない、まったく新しい別のものがあることを彼らは敏感に感じ取っているのではないだろうか。「心の闇」の救済ということよりも、もっとポジティブな「知的探求」といってもよい。陰陽道は、天文や暦・自然世界にたいする一種の「科学」だし、また自然や宇宙、天体の運行と人間世界との神秘の関係を解読する「式《しき》占《せん》」という「技術」の体系でもある。現代の合理主義にたいする「反合理」「非合理」またはは「反近代主義」というアンチではなく、陰陽道のなかには、この宇宙や世界、自然、人間にたいする、あらたな「知」や「技術」の可能性が秘められているのだ。「超合理」といってもよい。

これは、僕が関わってきた「いざなぎ流」の世界にも通じる。今まで「いざなぎ流」は、高知県の山村に伝わった「民俗信仰」として、民俗学の対象とされてきたのだが、「いざなぎ流」の呪術世界の深奥には、「民俗信仰」というレベルではとうてい捉えきれないようなものが充満している。自然や世界、あるいは人間社会の善や悪にたいする「思想」と「実践」の体系。それはこの十何年か「いざなぎ流」と関わってきたなかで、漠然と感じてきたことなのだが、その理由は、やはり「いざなぎ流」が陰陽道の流れのなかにあること無関係ではない。やっと最近そのことが具体的にわかってきた気がする。

さて、こうした晴明ブームの真っただ中に投入された、僕の新著『呪術探究　いざなぎ流　式王子』（新紀元社、二〇〇〇年）という本も、そのメッセージをこめて書かれている。ただ、この本、一見すると「トンデモ本」みたいだけど……。

安倍晴明の深層、いざなぎ流の現場

星を観る人・安倍晴明

最近、夜空の星のことが気になる。もっとも中学生のときに天文クラブにいたわけでもない僕は、夜空を見ながら、ギリシア神話にもとづく星座を即座に探し出すなんてことはできない。

しかし、あらためて思う。一千年前の安倍晴明も、この夜空の星々を観ていたのだと。もちろん、一千年前の天体は今日のそれとは同じではないし、そもそも晴明が観る星の世界は、われわれが観ているような「天体」ではない。陰陽寮の天文博士に就いた晴明は、星の動きから、国家の動向や天皇の運命の予兆を読み取る「国家占星術師」であった。

たとえば、去年（二〇〇三年）の九月、五万七千年ぶりに地球と最接近した火星が月とランデブーする様子は、「天体ショー」として多くの天文ファンを魅了させた。だが、あの様子は晴明にとって、熒惑星《けいわくせい》（火星）という禍々しい星が月を「犯《はん》す」という不吉な現象なのだ。一千年前ならば、晴明が、それが何の予兆かを古代中国の占星術書にもとづいて占い、その結果を天皇に秘かに上奏する職務を果たしていただろう。晴明にとって、天体の星々と地上社会とは「照応」の関係にあったのだ。彼はなによりも「星を観る人」（スターゲイザー）であった。それにしても、禍々しき火星が地球と最接近した年に、イラクでの戦争が始まったとは……。

ブームの深層にあるもの

さて、ひと頃のブームの熱気はうせたものの、陰陽師・安倍晴明への関心はいぜん強いようだ。先日久しぶりに京都の晴明神社にお参りに行ったのだが、あいかわらず多くの若者たちが押しかけていた。境内のまえには神社公認の「晴明グッズ」の店が出て、一条戻り橋と式神の人形が鎮座する様子は、まるでテーマパーク状態だ（**図12**）。

若者たちが晴明に惹かれた理由は何か。その背景にはどんな意味があるのか。「ブーム」の深層を読むというテーマだ。じつは「晴明人気」は平成の現代に突然始まったのではなく、平安末期から鎌倉、そして江戸時代にも、様々な意匠での「安倍晴明」が語り伝えられ、人々の共感を得ていたのである。田中貴子氏『安倍晴明の一千年』（講談社、二〇〇三年、のち法蔵館文庫、二〇二三年）は、それぞれの時代を生きた人々の「期待の地平」を体

図12　晴明神社の式神と一条戻り橋

現するものとしての「晴明現象」を解読している。

　では、現代の「安倍晴明」は、どのような「期待の地平」の顕れなのか。小説や映画、コミックなどに描かれた晴明は、普通の人間たちが見ることのできない世界とコンタクトをとり、その〈見えない世界〉から送られてくる災いなどを除去してくれる。そしてさらに、〈見えない世界〉のより高次なレベルへと達するために、晴明自身も自己変革を遂げていく。そんな存在が若者たちの「無意識」と交感するのではないか。とくに後半のテーマは、独特な世界を作り上げた岡野玲子氏の『陰陽師』（白泉社、一九九四〜二〇〇六年）

図13　いざなぎ流の祭り。日月祭の場面

の作品世界に顕著だ。

さらにもう一歩、時代との関係で突っ込んでみると、一九八〇年代後半から広がったいわゆる「オカルトブーム」が、一九九五年の「オウム事件」でことごとく封印されてしまって以降、若者たちの〈見えない世界〉への渇望を満たしてくれるものとして、「陰陽師」に注目が集まったのではないか。とくにオウム事件で顕著になった「宗教」が集団性をもつことの危険さに対して、「陰陽師」が組織や集団に属しないことも、大きな魅力（安全弁？）となったのかもしれない。

「陰陽道」研究の進展

それにしても晴明ブームのお陰で(?)、ここ数年のうちに、安倍晴明や陰陽道に関する研究が飛躍的に進展したことはたしかだ。鈴木一馨《いっけい》氏『陰陽道』(講談社、二〇〇二年)や繁田信一氏『陰陽師と貴族社会』(吉川弘文館、二〇〇四年)など若手研究者たちによって、平安時代中期に実在した晴明の「実像」がはっきりしてきた。彼らが導き出した「史料」に登場する晴明は、映画や小説、コミックのなかの、少しシニカルな色白の美青年・呪術師ではなく、四〇歳以降の中年で、陰陽寮の役人として地味な職務を果たしている国家公務員にすぎない。さらに晴明は、自分の上司(師)である賀茂保憲《かものやすのり》の手柄を横取りしたり、やたらと自分の功績を宣伝して、貴族たちから「陰陽の達者なり」と誉められたりする、けっこうしたたかな人物であったらしい。

こうした、安倍晴明をめぐる歴史研究の進展は、これまでの仏教や神道中心の宗教史研究に「陰陽道」という新しい知見をもたらし、平安時代史をより豊かなものにしてくれることはまちがいない。けれども僕は、安倍晴明の「世俗化」には、どうも納得しきれないものを感じる。それは僕が、歴史研究とは違うところから安倍晴明に接近したことによるだろう。

図14　式王子の一種である12のヒナゴ

いざなぎ流の現場から

僕は一〇数年前から、高知県物部村に伝わる「いざなぎ流」という民間信仰についての調査・研究をしている。「いざなぎ流」については小松和彦氏の『憑霊信仰論』（講談社学術文庫、一九九四年）という先駆的な研究があり、僕もその本を読んだことで、いざなぎ流の不思議な世界の魅力に取りつかれて、自分の足で踏み込むことになったのだ。

その研究成果は先ごろ『いざなぎ流　祭文と儀礼』（法藏館、二〇〇二年のちに増補版、法藏館文庫、二〇一九年）としてまとめたのだが、僕の「いざなぎ流」研究のウリは、いざなぎ流の宗教者（太夫と呼ばれる）の一人に徹底的に密着したことにある。それはたまたま太夫さんと気があってしまい、いつのまにか「調査」というよりも、その太夫さんの「弟子」のような立場になったことが大きい。幸運な出会いといえばそれまでだが、より研究状況的にいえば、民俗社会の信仰を冷静に、客観的に研究する方法への疑いがあったこともたしかだ。もっと「信仰」や「呪術」の内側へ、神々や霊と渉りあうときの術や技のリアリティに接近したい、そのためにはどんな方法論や論文の文体が必要か。僕の「いざなぎ流」研究は、そこに向かうための一つの悪戦苦闘の報告ともいえる。

その過程でわかったのは、太夫たちは、たとえば一般社会的には「悪」と認識している「呪詛《じゅそ》」についても、われわれと違う視線で見ていることだった。もちろん彼らも現代の社会を生きる一人として、呪いは悪いことだ、そんなことは絶対にしないと否定するのだが、いざその「術」の世界について語り始めると、異様に興奮してきて、一日中でも平気で語り続けるのだ。さらにいざなぎ流の祈禱法を見ていくと、どこまでが「呪い」で、どこからが「病気治療」の祈禱かが判然としない、そんな実践の現場にぶつかる。それは、われわれが持っている善悪の価値観とは違うシステムで出来上がっている「呪術」の知や技の世界ではないか。善悪二元論の近代的な思考では摑むことのできない豊かな世界が、彼らの内奥には広がっているのである。

ところで「いざなぎ流」は、平安の世の安倍晴明たち「陰陽師」が、中世後期以降に変容した一つの姿とされる。「陰陽師」と近いのは、「式王子《しきおうじ》」という使役神が、いざなぎ流の呪術の中枢に存在していることだろう。もっとも近年の陰陽道研究の進展で、いざなぎ流と「陰陽師」を単線的に結びつけることは出来ないことが判明してきたのだが、いざなぎ流の太夫との出会いは、陰陽道や平安時代史を専攻したわけでもない僕に、安倍晴明の「評伝」を書くという未知なる領域へ導いてくれた。

フィクションのなかの呪術のスーパースターでもなく、史料のなかのただの役人でもない安倍晴明の「評伝」はいかに可能か。そんなスリリングな僕の体験を、『日本評伝選 安倍晴明――陰陽の達者なり』（ミネルヴァ書房、二〇〇四年）によって披露することになる。

二一世紀の安倍晴明――ブームの深層に何があるのか――

多くの車が行き交う京都の目抜き通り、堀川通りに面して、その神社はある。「京都晴明神社」。かつては訪れる人もまれな町の小さな神社が、この数年のあいだで多くの若者たちが押し寄せ、観光バスのルートとなり、タクシーが常駐する一大観光名所に変貌した。いうまでもない、小説・コミック・テレビ・映画を中心とした「晴明ブーム」の大ブレイクのせいだ。さすがに以前ほどの熱狂はないものの、今も神社を訪れる若者は後をたたない。

それにしても、安倍晴明って何者？　式神《しきがみ》という不思議な使役霊を駆使し、悪霊と対峙する陰陽師。あるいは友人と昼間から酒を飲んですごす自由人。ちょっとシニカルな白面の貴公子……。ブームのなかの安倍晴明は、そんな人物だ。だが歴史記録上の安倍晴明は、平安時代中期に「陰陽寮」という役所に勤め、国家に関わる占いをたて、定められた陰陽道の儀礼をこなしていく、ただの役人でしかなかった。その活動のピークは七〇代後半であったという。老人でただの役人。それが歴史上の晴明の実像だとしたら、なぜそんな人物が、若者たちの人気を集めたのか。どこで安倍晴明は、いまみたいな姿に変貌したのか。

じつは「晴明ブーム」は、平成の世に起きた突発的な現象ではなかった。晴明が不可思議な力をもつ陰陽師として活躍する話は、平安時代末期から鎌倉時代にかけての説話文学に続出し、さらに中世末期から近世の芸能のなかでは、晴明が超越的な力をもつのは、母親が人間ならざる霊狐であったからとか、少年のときに龍宮城に行って力を授けられたから……といったファンタジー小説みたいな物語が作り出された。江戸時代の都市民のあいだでも、狐の母君との別れのシーンは多くの「婦女子」の涙を誘ったようだ。安倍晴明は、その時代ごとの要求をもって変貌しつづけていたのである。

ならば、二一世紀のこの現代、ふたたび「安倍晴明」が浮上してきたのはなぜなのか。

たとえば「心の魔を扱いかねた現代人が、闇を知り尽くした陰陽師に、救済を求めている」（『ＡＥＲＡ』二〇〇〇年五月二二日号）といったキャッチコピーがある。なるほど、晴明が対峙する「悪霊」「魔物」とは、人の心に潜む「魔」や「闇」というわけだ。その処理＝浄化を晴明に求めている、と。あるいは、学校という異界で「魔」に襲われてしまう子供たちと向き合う臨床心理士にとって、「魔」と対峙する陰陽師・晴明から大いに学ぶことがあると、岡野玲子氏のコミック版『陰陽師』の精密な分析・解読が行なわれている（岩宮恵子「思春期のイニシエーション」）。さらに「晴明ブーム」が、一九九五年の「オウム事件」以降であることも気になるところだ。オウム事件によって封印された若者たちのオカルト願望が、「陰陽道」を通して顕現してきたのではないか。とくに陰陽道の場合、極端な身体酷使による修行や、教団を作ってしまう組織志向が希薄なことも「安全弁」として働いたのかもしれない。

ところで古代の陰陽道そのものは、陰陽・五行の高度な哲理や天文への数理的知識にもとづくもので、その時代における「最先端科学技術」でもあった。それは一見すごく合理的でもあるのだが、数理や哲理のシステムを突きつめたところに、人智の及ばない〈神秘〉があらわれてくる。晴明や陰陽道に惹かれる若者たちは、けっこうこのあたりのことも感づいているみたいだ。それは科学や合理で身動きできなくなった現在を軽々とこえてしまう可能性も、もしかしたら秘めているかもしれない。

さて、僕はこの秋（二〇〇四年）、ミネルヴァ書房・日本評伝選の一冊で『安倍晴明——陰陽の達者なり』を刊行する。はたして、わが晴明は、二一世紀のこの現代とどう切り結ぶだろうか。

バビロニアの安倍晴明

アメリカの一方的なイラク攻撃が始まり、早くも泥沼化の様相を見せ始めたころ、僕は陰陽師・安倍晴明についての一冊の本（『安倍晴明——陰陽の達者なり』ミネルヴァ書房）を書いていた。もちろん、言うまでもないことだけど、僕が日本で「安倍晴明」の本を書くことと、遠くイラクの地で戦争が続いていることのあいだには、なんら関係はない。あたりまえだ。けれども、晴明のことを書き進めているうちに、それが「イラク」という土地と思わぬ繋がりがあることに気がついた——。

歴史記録上の安倍晴明は「天文博士《てんもんはかせ》」という職務に就いている。天体の星の動きを観測し、何か異変があれば、それが国家や天皇の運命とどう関わるかを占い、天皇にその結果を秘密裏に奏上する「天文密奏《てんもんみっそう》」というのが、その主な仕事である。彼は、国家公務員の星占い師なのだ。

彼ら「陰陽道」の占星術の基本は、古代中国の天文学にある。占いのマニュアルとなっているのは、古代中国の歴史書である『史記』や『漢書』『後漢書』『晋書』という本だ。古代の英雄豪傑の活躍と歴史を記すそれらの本は、じつは星占いのマニュアル本でもあった。晴明たち天文博士が天体の異変としてチェックするのは、日蝕、月蝕、彗星の出現などだが、もっと頻繁に起きる「星蝕」も重要だった。惑星同士、あるいは惑星と月とが見かけ上「接近」する現象のことで、これを「合犯《ごうはん》」と呼ぶ。ちなみに、二〇〇四年一一月五日午前五時に、東の方角で金星と木星が接近して見える現象が起きたが、『史記』「天官書」によれば、それは「軍隊の敗北、水害」の予兆とあった。昨年は、全国的に水害が起きた年だった……(さらにいえば、世界的にも津波による水害も起きた)。晴明ならば、この占い結果を密封して天皇に申し上げるわけだ。

こうした陰陽道の基礎になる中国占星術は、国家や社会全体の運命を占うものである。現代のわれわれが知っているような、個人の運命を占うものとは違う。だが、中国にはインドから伝わってきた、もう一つの占星術の系譜もある。個人の誕生時の星の配置から、その人の運命を占う「ホロスコープ占星術」だ。十二宮や二十八宿という星座が占いのベースになる。個人の運命を占うインド占星術は、仏教伝来とともに中国に入ってきたらしい。だからそれらの本は、『都利聿斯経《とりいつしきよう》』とか『舎頭諫太子二十八宿経《しやずかんたいし》』、などといった、お経みたいな名前がついている。ありがたいお釈迦さまの教えかと思って読んでみると、なんと星占いの本だった、というわけだ。いうまでもなくそれらは日本にも伝わる。とくに九世紀に空海が唐から持ってきた『宿曜経《すくようきよう》』は、安倍晴明の時代にも大きな影響を持ったようで、陰陽道のほうでもしだいに「個人占星術」の傾向も持ち始めていく。

さて、こうしたインドの占星術は、ギリシアにルーツがあった。西暦二世紀の頃、アレクサンドリアのプトレマイオスというのが、その当時もっとも有名な天文学者であり、占星術者でもあった。その背景には紀元前三〇〇年代のアレクサンドロス大王の「東方遠征」以降のヘレニズム時代の繁栄があった。そしてさらに、驚くべきことに、ギリシア占星術のルーツをたどっていくと、紀元前三〇〇〇年の昔に栄えた「メソポタミア文明」にまで行き着く。とくに新バビロニア王国はもっとも占星術が発達したところで、彼らは後のギリシアやローマから「カルデア人」と呼ばれ、称えられた。なんと、安倍晴明の陰陽道は、遠く紀元前のメソポタミア文明にまで遡る、まさしく文明の交流史のなかにあったのだ。

ところで、メソポタミア文明が栄えた土地は、現代のどこか?

そう、イラク！　いま、アメリカの一方的な攻撃によって破壊されていくイラクの、その砂漠地帯には、安倍晴明の陰陽道とも遠い遠い繋がりがある「メソポタミア文明」が眠っているのだ。いやはや……。日本で「安倍晴明」の本を書いていることと、イラクで戦争が続くこととぜんぜん関係ないと思っていたのに、それこそイラクの砂漠から古代遺跡が発掘されたかのように、意外な繋がりが出現してきたのだ。イラクが攻撃されているときに、晴明の本を書くことに、とても運命的なものも感じてしまった。

それにしても、いまや星占いなんて、女性週刊誌の最後のページに「今週のあなたの運命」みたいな感じで載せられ、いいことが書いてあればその気になり、悪いことだと忘れようとする、そんなお遊び感覚のものでしかないだろう。けれども、占星術の歴史をたどると、人類の文明の発達史や交流史と密接に繋がっていることがわかってくる。文明の発達と占星術はいつもペアなのだ。そしてギリシアの占星術がインド、中国、日本という、いわゆる「東洋」にも伝わったことを知ると、一般的にギリシアがヨーロッパ＝西洋文明の礎をなした、なんて言われることはどうなってしまうのか。一体、われわれが普通に考えている「東洋」と「西洋」の違いって何？　って考えてしまう。

また、「天文学」の教科書風解説によれば、「迷信」としての占星術が廃れてきたことで「科学」としての天文学が発達したと言われる。でもこれも占星術の歴史を勉強すると、バビロニア王国が占星術の基本データとするための星の運行の客観的な観測を行ない、二世紀のプトレマイオスは、現在も通用する高度な天体の数理計算を行なった天文学者でありつつ、『テトラビブロス』という占星術書も書いたという、意外な事実もわかってくる。星占いをするためには、正確な星の配置や運行の計算が必要なのだ。つまり占星術の展開が「天文学」の発達を導いたともいえよう。ここからは、われわれが通常考える「科学」と「迷信」という区別が通用しない世界が見えてこよう。

たしかに近代天文学は、占星術の否定から始まるという。占星術の前提になるのは、地上に生きる人間と天体の星との間に、なんらかの「因果関係」があるという認識である。

そして近代科学としての天文学は、星と人間の運命との繋がりを切り離し、星を、人間の運命とは無関係な宇宙空間のなかの純粋な客観的物質として認識することから始まる。宇宙の星々とわれわれ人間の運命との間には、なんら因果関係はない、と。

けれども、最新の「宇宙論」の展開のなかでは、宇宙論における「人間原理」の復活が議論されているようだ。あの有名なホーキングなどがその急先鋒となっている考え方で、この宇宙の基本定数の値は、われわれ人間が存在する必然性から導かれたということを、数理的に証明する理論である。宇宙の星々の誕生と、人間がいま・ここに存在することの必然性の因果関係を「科学的」に説明しようとする。その発想は、人間の運命と星とを結びつける、占星術的な思考とどこかでリンクしなくもない（もちろんホーキングが占星術を信じていたというわけではない。念のため）。

もっとも、宇宙論における「人間原理」の復活は、アリストテレス流の人間中心の宇宙論にすぎないという批判もある。宇宙はわれわれ人間のために誕生した、という傲慢な考え方だ、と。これにたいしてホーキングの「ベビーユニバース」の考え方やマーティン・リースの「マルチバース（多宇宙）理論」なんていうのも登場する。ブラックホールの内部に新しい時空が芽生えて膨張し、われわれとは切り離された別の宇宙が無数に存在する可能性もある。「ビッグバン」は一度だけではなかった。つまりわれわれが存在する「宇宙」は、無数にある宇宙の「一地方」というのだ。人間の存在は、多宇宙の「一地方条例」でしかない……。このへんは、世界を「多次元」的なものとして認識しようとする、ポストモダンの思想ともリンクしよう。

さて、話題はいつのまにか安倍晴明の天文占星術から、「宇宙論」の世界へとすっ飛んでしまった。けれども、宇宙論の最新議論が展開されていく二一世紀のいまに、天文博士としての安倍晴明が「復活」してきたことに、なにやら時代の共鳴現象みたいなものを感じることはできないか。もちろん、その二一世紀は、「9・11同時多発テロ」で幕をあけ、そしていまもイラクでは泥沼化した「戦争」が続いているという、この時代であることも忘れてはならない。

補論　牛頭天王の変貌と「いざなぎ流」

現代に生きる「陰陽師」として注目を浴びた、高知県旧物部村《ものべそん》（現・香美市《かみし》物部町）の「いざなぎ流」は、その後の研究の進展によって、江戸時代に中央の土御門《つちみかど》家によって支配された「陰陽師」とは異なる系譜をもつ民間宗教者であったことが明らかになってきた。そのことは、いざなぎ流の太夫《たゆう》たちが祭っている神々が、安倍晴明に発する土御門系陰陽道の神々とは異質な性格をもつものが多いことからも確認できるのだが、それをもっとも端的に示してくれるのは、土御門系陰陽道からは排除された神、すなわち「牛頭天王《ごずてんのう》」の存在である。牛頭天王をめぐる祭文《さいもん》が、いざなぎ流のなかには伝えられていたからだ。

牛頭天王。京都祇園社の祭神。恐ろしい疫神から防疫神へ、あるいは陰陽道の暦神へと変貌を遂げていった神。その来歴は安倍晴明に仮託されながらも土御門家からは異端の書と排斥された『簠簋内伝《ほきないでん》』に語られ、さらには中世末期から近世、列島各地域においては、

「灌頂祭文《かんじょう》」（天文一九年）、「八王子祭文」（伊勢外宮の祠官）、「牛頭天王ノ祭文」（宝暦八年）、「牛頭天王祭文」（信濃国分寺）、「牛頭天王島渡り祭文」（奥三河）など、多様なバリエーションをもった牛頭天王祭文が作成され、民間社会のなかに根付いていった神である。そしていざなぎ流にも、この牛頭天王に関わる祭文と儀礼が作り上げられていたわけだ。

土御門系とは異なる、もうひとつの陰陽道の神・牛頭天王。その変貌していく姿を、いざなぎ流の祭祀現場のなかから探ってみることにしよう。

いざなぎ流祭文と土御門系祭文の違い

いざなぎ流は膨大な数と種類の「祭文」を伝えていることで有名である。その祭文は、口承文芸の研究者から注目されたように、室町時代物語（御伽草子《おとぎそうし》）や説経《せっきょう》、昔話などとも類似する、豊かな物語世界をもっている。また近年では、いざなぎ流の祭文を「中世神話」として論じることも提示されている。さらにいざなぎ流の祭文は、地方に伝えられた神楽《かぐら》祭文との類似も少なくなく、たとえば奥三河の花祭祭文や中国地方の神楽祭文との類似点も見出されている。しかしそれらの多くが現在では読誦《どくじゅ》される儀礼の場をほぼ失ってしまったことにくらべ、いざなぎ流の場合、わずかながらも、祭文が儀礼・祭祀の場で唱えられている現場を伝えていることは、特筆に価しよう。いざなぎ流の祭文は、儀礼言語として生きているのである。

では、いざなぎ流の祭文にはどのようなものがあるのか。旧物部村別府《べふ》の中尾計佐清《けさきよ》太夫が所持した『御神祭文集書物』から、祭文のタイトルを抜き出してみよう。

◇中尾計佐清太夫所持『御神祭文集書物』（昭和二三年）

えぶす様の祭文・*荒神様《こうじんさま》の祭文・地神《ちじん》の五方立《ごほうだ》て・どくう（土公）の五方立て・大どっくの祭文・*山の神の祭文・山の神祓・山ノ神の真言・*水神様之祭文・水神様の真言・地神の五方立ての祭文・伊佐奈祇様《いざなぎさま》の祭文・*天下小《てんげしょう》（天刑星《てんぎょうしょう》）の祭文・すそ（呪詛）の祭文大ばりう・みてぐら祈り・みてぐら・送り物の上字《うわじ》・尺寸《しゃくすん》返しの祭文・月よみの祭文・日よみの祭文・月読祭文・月割経・女柳《おんなりゅう》の祭文・西山の月読方祭文・仏法の月読の祭文・呪詛之一相返の方・ゆうがの祓・御なぢ王の命の祭文・七夕方《たなばたほう》の月読・みてぐらをくる事・五いんしずめ・金神様の祓・金神の祝詞・*金神様の祭文

（*は斎藤英喜・梅野光興編『いざなぎ流祭文帳』に収録）

一見してわかるように、恵比寿神、荒神、地神、水神、山の神、金神など、一般的に民俗信仰系とされる神々の祭文が目につく。これらが「陰陽道」の祭文とどのような類似点をもつかを、いざなぎ流の成立時期と推定される中世末期に作られた宮廷陰陽道系の祭文と比較してみよう。安倍泰嗣が編纂した『祭文部類』（天正一一年〈一五八三〉）と、儒者である東坊城和長撰『諸祭文故実抄』（永正一五年〈一五一八〉）から、祭文タイトルを抜きだしてみる。

◇安倍泰嗣撰『祭文部類』

泰山府君《たいざんふくん》祭文・呪咀返祭文・荒神之祭文・属星《ぞくしょう》祭文・霊気道断《りょうけどうだん》祭文・土公之祭文・地鎮之祭文・百恠《ひやつけい》異祭文・河臨《かりん》祭文・招魂之祭文・大陰祭文・防解火災《ぼうけかさい》之祭文・歳星《さいせい》祭文

◇東坊城和長撰『諸祭文故実抄』

天曹地府《てんそうちふ》祭文・泰山府君祭文・三万六千神祭文・天地災変祭文・大属星祭文・鎮宅法《ちんたくほう》祭文・玄宮北極祭《げんぐうほっきょくさい》祭文

ここに見られる陰陽道祭文は、古代から中世にかけて、官人系陰陽師が執行した陰陽道祭祀で読まれた、陰陽道祭文の典型的な実例だ。だが、いざなぎ流の祭文と一致するのは、わずかに「呪詛《すそ》の祭文」「荒神の祭文」「土公の祭文」だけである（「霊気道断祭文」と類似する霊気道断祭という病人祈禱が伝わっている）。逆に、土御門家系陰陽道においてももっとも重視された「泰山府君祭文」が、いざなぎ流には伝わっていないことからも、いざなぎ流が土御門系の陰陽道とは異なる要素を多くもつことが見てとれよう。

さて、問題の牛頭天王信仰であるが、いざなぎ流では「天下小（天刑星・てんげしょう）の祭文」の名前で確認できる。天刑星とは、『簠簋内伝』によれば、牛頭天王の別名である。しかし土御門家側の祭文には、牛頭天王信仰に関わるものはまったく見えない。牛頭天王信仰が、土御門家によって排斥された『簠簋内伝』にもとづく以上、土御門家が牛頭天王の祭文を伝えていないのは、当然ともいえよう。そしてここにこそ、いざなぎ流と土御門系の陰陽道とが離れていく、重要な分岐点があったのである。

あらためていえば、牛頭天王信仰を重視するのは、土御門系とは異なる陰陽道書『簠簋内伝』とその注釈書とされる近世の『簠簋抄』であった。次に、『簠簋内伝』と牛頭天王信仰の問題点を整理しておこう。

『簠簋内伝』の牛頭天王神話

『簠簋内伝』の成立は南北朝から室町時代と推定されている。巻一に祇園社の祭神・牛頭天王にまつわる物語を載せること、安倍晴明に仮託されていることなどから祇園社内部の「安倍流の一派」「安家の流れをくんだ陰陽師」が編者とされたが、近年は疑問視され再検討の必要性が説かれている（第四章、参照）。

とくに江戸時代に「陰陽師」支配を確立した土御門泰福《やすとみ》（一六五五〜一七一七）が、『簠簋内伝』は安倍家に伝来したものではなく「真言僧」による偽書と断定し、土御門系陰陽道との関係を明確に否定していることは見過ごせない（谷重遠《たにしげとう》『秦山集《じんざんしゅう》』）。土御門（安倍）自身が、『簠簋内伝』と自分たちとは無関係であると宣言しているからだ。このことは山崎闇斎《あんさい》の垂加《すいか》神道に入門した泰福が、「土御門神道」「天社神道」という近世的な神道を確立するとき、『簠簋内伝』がもつ神仏習合的な要素、中世的な本地垂迹説《ほんじすいじやく》などは、まさしく否定の対象以外のなにものでもなかったことと繋がっていよう。

あらためて『簠簋内伝』に載る牛頭天王が、祇園御霊会に由来し、祇園社の「祇園牛頭天王縁起」との関わりをもつことはいうまでもない。だが見逃してならないのは、『簠簋内伝』の牛頭天王譚は祇園社の縁起を説くものではなく、牛頭天王を「天道《てんどう》神」、頗利采女《はりさいめ》を「歳徳《としとく》神」、蘇民《そみん》将来を「天徳《てんとく》神」、そして巨《こ》旦《たん》大王を「金神《こんじん》」と、広く陰陽道系の暦神と習合させるところである。『簠簋内伝』の牛頭天王譚は、方位や日時の禁忌を説く「暦注」の典拠のなかに組み込まれることで、たんなる疫神、御霊神を超えた「暦神」として位置づけられているのである。「暦神」を主人公とした、中世神話の世界と呼んでもいいだろう。

そこで注目されるのは、室町時代の『祇園社略記』に述べられた一節である。第三章でも取り上げたところだが、さらに詳しく見てみることにしよう。

神家《しんけ》には祇園を素戔烏尊《すさのをのみこと》と称す。仏家《ぶつけ》には是を牛頭天王となし、暦家《れきけ》には天道神と配す。（『祇園社略記』）

「神家」とは吉田兼倶《かねとも》に発する卜部吉田系の神道の言説。彼らの『日本書紀』注釈学のなかで、祇園社の祭神はスサノヲと同体化されたのである。その起点となったのは鎌倉中期に作られた卜部家の『釈日本紀』の注釈学である。

一方、牛頭天王の名称を唱える「仏家」とは祇園社内の社僧に該当する。彼らは比叡山延暦寺の支配下に置かれている社務執行グループである。そして祇園社の祭神を、「天道神」と呼んだのが「暦家」のグループであった。

一般に「暦家」といえば、陰陽寮において造暦・暦注書などを作成・管理した暦部署が、平安時代後期から賀茂家によって独占され、「家業」として位置づけられたことに対してのネーミングである。したがって、一般的に「暦家」といえば賀茂家を指すことになる。

たとえば賀茂家が作成した暦注書である『陰陽雑書』（賀茂家栄《いえよし》編・一二世紀）には、「蔵胞衣《ぞうえな》吉日」の項目で、胞衣（胎児を包んでいる膜のこと）を埋める吉方の方角として「天道」の方が出てくる。また『簠簋内伝』と成立年代が近い『暦林問答集』（賀茂在方編・一五世紀）は、暦注の「三宝吉日」「神事吉日」「蔵胞衣」「歳徳神方」など『簠簋内伝』と同じ項目がある。つまり祇園社の祭神を「天道神」と呼ぶ「暦家」とは、賀茂家のような暦注を作成する暦道家の可能性もあるわけだ。

けれども『暦林問答集』では、暦注の典拠は「新撰陰陽書に云……」「五行書に云……」といった形で過去の権威ある陰陽道書に求められるのだが、『簠簋内伝』では、そうした典拠が示されることはない。そのかわりに暦注の禁忌・吉凶の典拠となるのが、巻一の牛頭天王の物語であった。

天道神の方の事（以下略）

右、天道神は牛頭天王の御坐《おはします》方なり。万事に大吉。この方に向きて袍衣を陰《かく》す、鞍置き初め、一切求むるところ、成就の処なりと云々。

歳徳神の方（以下略）

右、この方は、頗利采女の御坐方なり。八将神の母に御坐なり。しかれども容顔美麗、忍辱《にんにく》、慈悲の体《てい》なり。故に諸事にこれ用ふべきなり。

天徳神の方の事（以下略）

右、天徳神は蘇民将来の御座の方なり。武塔天神と白《まう》すなり。宜しくこの方に向かひ乗船、剛猛に吉、同じく造舎出行等は大吉。爾にこの神は広遠国の主、牛頭天王の大旦那にて御座なり。八万四千の行疫流行神もこの方を犯さず。然る間、この方に向かはば病を避くべし。大吉の方と識《し》るべきなり。

金神七殺の方（以下略）

右、この方は無数の悪神の中に最も最第一となす。「巨旦大鬼王」が精魂、七魄遊行して南閻浮提《なんえんぶだい》の衆生を殺戮するなり。もし人、推してこの方に向かはば、則ち家内に七人死す。若し家内にその数無きは、則ち隣家の人を以てこれを加ふ者か。これを風災《ふうさい》と名づく。金は肺を収め七魄を具す。万物を断破す。故に最も凶とすべきものなり。

（『簠簋内伝』巻二）

天道神、歳徳神、天徳神、金神といった方位の吉・凶の根拠・起源が、牛頭天王の物語に登場する神々に求められていくわけだ。とくに最高の「凶」である金神七殺の方位が、牛頭天王によって殺戮される巨旦大王（将来）に求められるところは、なんとも興味深いところだ（巻二の「盤牛王」の物語も同じように記される）。物語が暦注の起源神話となることで、彼らは「暦神」という神格を獲得していくのである。『簠簋内伝』は、まさしく暦神たちの起源を語る中世神話であった。

一方、賀茂家の暦注書には、牛頭天王神話が暦注の根拠・起源として使用されることは一切なかった。彼らにとっての根拠・起源は、つねに中国伝来の陰陽道書、または「賀茂保憲に云」といった、家祖の言説であったからである。

以上から、『簠簋内伝』は、賀茂家の暦道と接点をもちつつ、それとは異なる「暦家」によって作成された暦注書であることが推定される。『簠簋内伝』を作成した「暦家」は、本地垂迹説や神仏習合説を積極的に取り込んだ、宮廷系とは異なる「陰陽道」の流れを作り出したことが、ここで指摘できよう。その素性は確定できないが、従来言われてきた「安倍流の一派」「安家の流れをくんだ陰陽師」、あるいは「法師陰陽師」といった仮説は訂正される必要があろう。「暦家」のネーミングからは、あるいは奈良・大和に移住した賀茂家支流の暦道家たちの存在が、『簠簋内伝』の作成に関わっていることも想定していいだろう（第四章、参照）。とくに奈良の春日社には、牛頭天王信仰を伝えた「水谷社」があること、その社人に賀茂家支流の幸徳井《かでい》家がいたことも、見過ごせないところだ。

あらためて近世にあって、土御門家が『簠簋内伝』を自家の「陰陽道」から除外したことを想起しよう。とくに泰福が『簠簋内伝』を排除したのは、彼が幕府天文方の渋川春海《はるみ》とともに貞享の改暦を推し進めたこととも関わろう。渋川春海はともに山崎闇斎の垂加神道の門人であり、また谷重遠と土御門泰福は、垂加神道の同門である。

しかし、その一方で近世期には、『簠簋内伝』の注解書とされる『簠簋抄』など、多様な近世バージョンが多数作られ、広く流布していった。いざなぎ流の「天下小(天刑星)の祭文」は、そうした『簠簋抄』のなかの牛頭天王神話と接点をもつのである。

次にいざなぎ流の「天下小(天刑星)の祭文」の世界に分け入ることにしよう。

「産の穢れ」と『簠簋抄』との接点

周知のように牛頭天王の物語とは、牛頭天王が妻となる波梨采女を求めて旅をする途中、宿を貸してくれなかった巨旦将来に復讐し、宿を貸してくれた蘇民将来は、その子孫にわたって疫病の災難から救ってくれるというストーリーである。いざなぎ流の「天下小の祭文」も、基本的にそのストーリーに沿うが、興味深いのは、本来は牛頭天王の別名である天刑星と祇園大明神とを夫婦と設定しているところだ。なお「天刑星」という星神と牛頭天王との結びつきは『簠簋内伝』に示されている。

> 諸星の探題を蒙りて、名づけて天刑星と号す。信敬の志深きに依りて、今、娑婆世界に下生して、改めて牛頭天王と号す。
> （『簠簋内伝』巻一）

「天刑星」とは、牛頭天王が天上界にあって、星神たちを支配していたときの名称であった。それが地上に降臨したときに「牛頭天王」という名前になったという説明である。『簠簋内伝』の世界が、天文・星占いに繋がる暦注のテキストであることが、ここからもわかるだろう。

しかし、いざなぎ流の祭文では、そうした暦注的な世界から離れて、まったく異なる牛頭天王の神話を語ることになる。その契機となっているのが、テンゲショウと祇園大明神とを「夫婦」と設定したところだ。そうすることで、どんな物語が展開することになるのだろうか。以下に中尾計佐清太夫本「天下小の祭文」のストーリーを紹介しよう。

テンゲショウと祇園大明神の夫婦が旅をしているとき、巨旦に宿を乞うたところ、妻の祇園大明神は妊娠していた。そこで巨旦は「産の穢《けが》れ」を忌避するという理由で、宿貸しを拒否する。

> 一夜の宿はかしてしんでる事にわならんあ、きやくそう（客層）のつれさせ給うた妻のきさきは身もちがいたいと見えまいらする、こいさの夜中にごさん（御産）のひぼ（紐）がとけるであろぞ……。
> （中尾計佐清太夫本「天下小の祭文」）

一方、蘇民は出産間近の夫婦を助けてくれる、というストーリーである。出産における血の穢れということが、巨旦が宿を貸さない理由となるのだが、こうした発想の背景には何があるのだろうか。

あらためていうまでもなく、通常の「牛頭天王縁起」の物語では、牛頭天王は波梨采女への求婚の旅の途中で巨旦から宿を拒否されるので、「産の穢れ」が拒否の理由というのは、ありえない。いいかえれば、いざなぎ流の「天下小の祭文」は、ノーマルな牛頭天王縁起の物語を改変してまで、「産の穢れ」ということを物語の中軸に置く必要があったのだ。そこで『簠簋抄』の牛頭天王譚をみると、次のような一節があった。

蛇毒ガ曰ク、血逆ノ池ニ捨テ給フ衣那ト月水ト集リテ我ト成也ト云。（『簠簋抄』上）

牛頭天王と波梨采女とのあいだに生まれた八王子のひとり「蛇毒気神《じやつどつけしん》」とは、「血逆の池」に棄てた衣胞と月水《げつすい》（経血）が集まって生まれた、もっとも恐ろしい疫神であったという説明である。恐れられた疫神の八王子、そのなかでももっとも恐ろしい八番目の子どもが、産の穢れを象徴するわけだ。いざなぎ流の「天下小の祭文」が語る「産の穢れ」のモチーフは、あるいは『簠簋抄』の蛇毒気神と関わっているのではないだろうか。ちなみに奥三河に伝わる花祭祭文のひとつ「牛頭天王島渡り祭文」にには、蛇毒気神をめぐる独自な展開がある。

また、いざなぎ流には、産血の穢れと浄化をめぐる独特な祭文もある。「御崎様《おんざきさま》の祭文」

だ。十月目に生まれなかったオンザキサマは、十三月目に誕生した。そのために父母は「産血」に穢れてしまう。そこで「百三《ひやくさん》龍王、金巻《かなまく》童子」なる人物の提案によって、オンザキサマのための神楽が執行された。産血に穢れた神を清めるための神楽という意義がここに見てとれるのである。オンザキサマは、いざなぎ流では天井裏のサンノヤナカに祭られる、宅神の中心でもある（第五章、参照）。

あらためて「産血の穢れ」によって、巨旦から宿を拒否されるテンゲショウとは、産血の穢れを家座敷にもたらす可能性のある、まさしく忌避される存在であったことを暗示していたことが読みとれよう。これら産の穢れをめぐる信仰世界が、土御門家を本所とする近世の「陰陽師」とは異質な世界であることは間違いない。

さらに復讐のために巨旦を襲撃する場面、小松キクジ太夫の「天行正《てんげしょう》祭文」では、

当年計都《けいと》・黒星・羅睺《らごう》六三星の廻りが悪き人へ、天竺より魔法き（鬼）神天や降り日本文部（凡夫）を取りやたす程にわ、早く祈念祈禱を召され様と申させ給ふて……

となっている。来襲するテンゲショウは、「魔法鬼神」と呼ばれ、さらに「計都・黒星・羅睺六三星の廻りが悪き人へ」といった、宿曜道《すくようどう》のタブーが記されていく。計都・羅睺とは、白道（月の運行コース）と黄道（太陽の運行コース）の交点にあって、日月食や個人の災厄をもたらす凶星であった。そうした星の運行、暦にもとづくテンゲショウの禁忌を語るところ、いざなぎ流のテンゲショウ（牛頭天王）のバリエーションのなかに、「暦神」の

神格を負っていることが確認できる。『簠簋抄』の世界ともっとも近いテキストといえようか。

送却儀礼と牛頭天王信仰

いざなぎ流の「天下小の祭文」は、病人祈禱の場で読誦されるのが基本である。祈禱の場で祭文が読まれるとき、その祭文の末尾に「りかん」（よみわけ）という、祭文の効用、目的を追加して読み足すことが、いざなぎ流の特徴となっている。祭文の物語をふまえたうえで、それが儀礼においてどう効果をもつのかを述べる詞章である。本来は、その儀礼の現場に即して太夫が一回、一回、考えだすことになっているが、その「りかん」にも太夫固有の言い回しが固定していたようだ。計佐清太夫が所持した「天下小の祭文」には、このりかんの部分も書き記されている。

よみわけ《読み分け》とりわけ《取り分け》払いわけて、さんごんさいへい《三五斎幣》、ごぜいが御ふねをこれのりくらへと
よみやあつめ《読みや集め》申して、しそん《子孫》へつたへて、ごぢようの祭りもとらして、東々方こたん《巨旦》
がしやが里、へいつく国、たいらん国、やしや国しまのおとひめじよろ《乙姫女郎》の左のたもと《袂》
へとりおき申してしんでる。

疫神たるテンゲショウを病者の身体から離して、それを送却する場所が「巨旦の里」と

指定されていく。祭文のなかではテンゲショウに宿を貸さなかったために復讐され、殲滅される巨旦が、テンゲショウが最終的に送り鎮められる場所となるのである。病人の身体から離れた疫神は、どこに送り鎮めるのかという送却儀礼の発想が、物語を再解釈したといってもよい。

　さらに注目されるのは、テンゲショウを送却する場所として、「乙姫女郎の左の袂」というのが特定されていくところだ。じつは「乙姫女郎」という女性キャラクターは祭文のなかには登場しないのだが、しかしそのことによって、太夫はテンゲショウ＝疫神を送り鎮め、それを「管理」してくれる存在を作り上げていったと考えられる。儀礼の現場が、あたらしい神話を作りだしていくのである。

「りかん」によって作り出された「乙姫女郎」の物語は、さらに展開していく。「天下小の祭文」が読まれる病人祈禱の中心となる「中はずし」という次第がある。そのときに唱えられる「中はずし」の詞章中にも厄病神（テンゲショウ）の送りだされる場所は「巨旦長者」《（巨旦）》の屋敷とされ、そのなかには美しい《（乙姫君）》「乙姫君」が棲んでいた……。

　こたんのつれさせ給うたおとひめぎみを見まいらすれば、頃を申せば秋の月、姿を申せば春の花、廿のゆびまで手すぢもあわん、玉をみがいてよきひめにて御ざるが……四百四病も恋しい、八百八病も恋しい、役神病の神も恋しい……、恋しに恋しいと招き寄せるが、それへそれへと赴き給へ……。

恐ろしい疫神よ、美しい乙姫君が恋しがっているから、彼女がいる巨旦長者の館に急いで行けと唱えていくわけだ。祭文ではテンゲショウに宿を貸さなかったために殲滅されてしまう巨旦の里が、疫神を鎮めおく場所として再解釈されていく。それは疫神を送却する儀礼を執行する太夫たちの実践の現場にそくした、あらたな神話の創造ともいえよう。ここにおいて「天下小の祭文」は、また新しい祈禱世界へと変成していくわけだ。

こうした病人祈禱の儀礼の現場から見たとき、いざなぎ流の牛頭天王信仰の特徴は、テンゲショウ（牛頭天王）を疫病から守護してくれる神とする認識が薄いこと、逆にテンゲショウを疫神として巨旦のもとに送却する意識が強いことが見てとれる。

それはいざなぎ流が、呪詛神や災厄をもたらす山川の魔物などを、その送却すべき場所を設定して、そこに送り鎮めていくという神霊強制や神霊操作の儀礼パワーをもつこととクロスするところである。その背後には、いざなぎ流の太夫の、「カリスマ的呪力の持続的保持者」であるという宗教者としての性格が浮き上がってこよう。

あらためて牛頭天王を「天道神」として解釈して、災厄から守ってくれる神へと意味づけていく『簠簋内伝』は、「暦神」の神話世界にほかならなかった。そして『簠簋内伝』のなかの暦神としての牛頭天王たちは、陰陽道の暦・方位の禁忌、吉凶を解き明かす根拠として機能していく。『簠簋内伝』の目的があくまでも暦注の書であったからだ。

一方、いざなぎ流の「天下小の祭文」に語られるテンゲショウ（牛頭天王）は、防疫の守護神でも、また暦神でもない。病人祈禱の儀礼の現場で太夫たちによって送却されていく、まさしく疫神であった。そうした送却儀礼の根拠・起源神話として機能するのが「天下小の祭文」である。祭文は太夫が神々とコミュニケーションをとるための「道具」であり、また祭文の神話世界をベースにしつつ、太夫たちはそこからあらたな呪術テキストを編み出していく。それが「りかん」という詞章になっていくのである。

「式王子」と牛頭天王信仰

いざなぎ流が、陰陽師の「式神」に通じるものとして、「式王子」という使役神の呪法を伝えることは有名だ（第五章、参照）。太夫たちの日常会話にも、「式をうつ」といった言葉が出てくる。式王子は「式の王子様」といった名称の特定の神格をもつとともに、太夫たちが祭っている山の神、水神、荒神、天神、あるいはミコガミ、オンザキサマという宅神すらも、「式王子」に変換させていく呪法を伝えている。式王子を操るための呪術文が「法文《ほうもん》」である。法文は祭文をベースにしつつ、祭文のなかで祭り鎮められる神々を自らの使役神へと変換させ、意のままに使うための、まさに実践のための呪術言語といってよい。祭文がもつ神話世界が、儀礼や呪術の実践の現場に即しつつ、あらたな呪法の言語を生み出していく様態を見ることができるのである。

たとえば山の神ならば「山の神の祭文」から派生した形で「山の神のけみだし式」「山の神のさわら式」「山の神のつけさわら」といった名称の法文が膨大に伝わっている。太夫は、祭文と法文とを厳密に区別し、たとえば祭文を書きとめた覚書帳には、ぜったい法文は記さず、「法文帖」という区別したテキストを所持している。

さて、その式王子の法文のなかにも、牛頭天王信仰との接点をもつと思われるテキストがある。「くだらく式」（中尾計佐清太夫所持『敷大子行書物《しきおおじおこない》』）である。計佐清太夫によれば、これは「癩病《らいびょう》祈りに使うもの」と注記があり、癩病の患者に祈禱するときの「式太郎」以下の式王子は「こたん（巨旦）の木」に誕生した神霊と語られ、それを召喚して癩病の病人祈禱を行なうのである。

また「悪病除《あくびょうよけ》仏かこい身堅《みがため》之《の》法《ほう》」「悪病除天神矢《てんじんや》箱黒金囲身堅之法《ばこくろかねかこいみがためのほう》」には、蘇民将来の名前が出てくる。疫神（テンゲショウ）にたいして、病人は蘇民の子孫であるから、疫神は巨旦の館に向かうようにと説く。蘇民の館が病人を疫神からガードする＝身堅めのシンボルのようになっていることが読みとれよう。

これらの法文からは、「天下小の祭文」が「りかん」を派生させるなかで、さらに病人祈禱の現場に即した、より効果的な呪術を発揮させるテキストが編み出されていく過程を見てとることができる。祭文、りかん、法文……、さらに無数に派生していく呪術文のベースに、いざなぎ流太夫たちによって作り出された「牛頭天王信仰」の神話世界があったわけだ。彼らにとって神々の神話世界は、あらたな祈禱、呪術を作り出すなかで、つねに流動、変容していく世界でもあったといえよう。

＊＊＊

以上、いざなぎ流の「天下小の祭文」の解読を通して、その儀礼世界が、宮廷陰陽道を受け継いだ近世期の土御門家のものとは異質な世界を作っていたことが見えてきただろう。いざなぎ流とは、江戸時代における土御門家配下の「陰陽師」の組織からはずれたことで、明治三年の、いわゆる「陰陽道禁止令」を逃れ、現在までも、その活動を続けることが可能であったといえる。そしてそのことから、いざなぎ流は「陰陽道とは何か」を考えるうえでの重要な問題を提供してくれるだろう。「いざなぎ流」なるものが、近世の土御門家によって「神道化」していく陰陽道以前の、中世的な陰陽道の姿を伝えているのではないか、ということが考えられるからだ。いざなぎ流が、近世の土御門系陰陽道から排除された『簠簋内伝』の牛頭天王信仰を伝えていたという事例も、その信仰世界が「中世」へと遡りうることを教えてくれる、ひとつの例であることはまちがいないだろう。

付論　折口信夫の「陰陽道」研究・再考

はじめに

折口信夫（一八八七〜一九五三）の学問にとって、陰陽道や陰陽師の存在が重要なファクターとなっていることは、周知のところだろう。文学や芸能発生論における「まれびと」「ほかひびと」＝遊行する民間の宗教芸能者から唱門師、陰陽師への着目は、代表的なものといえる。その研究は、柳田国男（一八七五〜一九六二）の「山荘太夫考」（一九一五）、「唱門師の話」（一九一六）などの初期の研究テーマとも繋がりつつ、その後、柳田とは研究の方向性が異なっていくことも、よく知られているところだ。(1)その意味では、折口信夫の陰陽道研究というテーマは、取り立てて目新しくないと思われるかもしれない。

いや、そうではない。折口の陰陽道や陰陽師にかんする論考は、近年の陰陽道史研究の飛躍的な進展のなかで、さらに読み直す必要があるのではないか。文学・芸能の発生論という従来の視野を越える問題が内蔵されているからだ。

近年の陰陽道史研究のなかでの折口の読まれ方を見てみると、たとえば陰陽道と民俗とのあらたな関係を掘削していく小池淳一は、折口の「陰陽道」認識をめぐって「宮廷で行われた陰陽道以外に寺院を核として行われた陰陽道があること」を指摘し、「その影響が仏教を媒介に民俗事象へも及んでいる」という展望が得られたと高く評価している。[2] 安倍家、賀茂家による官人陰陽師たちに担われた陰陽道にたいして、寺院や民間の僧侶たちが形成した陰陽道の可能性に注目するのである。こうした民間や寺院の僧侶たちに担われた陰陽道が、壱岐の民俗文化のなかから発見されたことに、「実際の調査による裏付け、もしくはきっかけがあった[3]ことは注目されてよい」と評価した。民俗学プロパーからの発言として貴重なものだろう。

さらに小池の論述から注目したいのは「仏教に入り込んだり、僧侶によって担われたりした陰陽道という認識に基づいて神道史に対する発言も行なわれている」と言及するところだ。それは国文学者、民俗学者、芸能史学者とともに、「神道学者[4]」としての折口の相貌を探索する本稿の問題意識にとって、重要な論点を示唆してくれる。ここで折口の陰陽道研究は、近年、展開を遂げていった神道史研究ともクロスする視野が開かれていく。

一方、「近世陰陽道」研究のあらたな地平を切り開いた林淳は、柳田国男、折口信夫の「民俗学[5]」とかかわる陰陽師研究の「思想史的な意味」を探りだし、次のような議論を展開している。柳田たちは文明化・産業化が切り捨て、「忘れ去った前代の民間の慣習や信仰」を思い出させ、文明化・産業化をいったん相対化させたうえで、「もう一度文明化・産業化に読者を着地」させるという「芸の細かい学問」を作りあげた。柳田、折口の民俗学は、「反近代主義でも近代でもない」というわけだ。こうした論点は、一九六〇年代後半から七〇年代にかけて、反近代主義、土俗の思想として柳田や折口が再評価されたこと、さらに八〇年代以降のポストモダンの時代思想によって、柳田、折口が読み直されたこととも通底するともいえよう(6)。

さらに「陰陽師」研究の文脈からは、柳田、折口は「近代日本に現存する僧侶や神官とは異質」な「周縁的な民間宗教者に着眼」することで、近代の僧侶、神官たちのあり方を相対化し、「民間信仰を抑圧した近代国家の文明化・産業化の路線も相対化される」と論じていく。ここから「日本人の信仰を総体として担ってきたのは僧侶の仏教や神官の神道ではなかった」というラディカルな視点をも導かれるのである(7)。

こうした林の議論からは、折口の陰陽道や陰陽師についての考察が、彼が生きた「近代」という時代状況と切り結ぶ課題としてあったことが浮かび上がってくるだろう。明治初頭の神仏判然令、陰陽道禁止令などから神祇官（神祇省）、教部省、内務省神社局、さらに神祇院による「文明化」された神道にたいする違和、批判としての陰陽道研究である。折口にとって陰陽道への着目は、世俗化した神社と国民統合のイデオロギーと化した神道とは異なった、信仰世界への探求と不可分にかかわるものと考えられるのである。

以上のような研究動向を踏まえて、本稿では、ふたつの視点から折口の「陰陽道」研究を読み直していく。ひとつは、近年の進展した陰陽道研究史のなかに位置づけ直すこと、もうひとつは、近代日本の神道史、宗教史、思想史のなかでの意義を問い直すこと、である。これは大きくは陰陽道をめぐる〈学知史〉をいかに構築できるか、という課題といいかえてもいいだろう。

錯綜とした困難な作業が予想されるが、本論に進むことにしよう。

一、折口信夫の「陰陽道」認識

(1) 陰陽道のふたつの系譜

まずは折口の「陰陽道」の認識を確認していこう。昭和四年(一九二九)に刊行された、最初の論文集である『古代研究(国文学篇)』の巻頭を飾る論考「国文学の発生」のなかに、次のような一文がある。

陰陽道の日本への渡来は古い事で、支那の方士よりも、寧、仏家の行法を籍りて居る部分が多い。宮廷の陰陽道は漢風に近くても、民間のものは、其よりも古く這入つて来て、国民信仰の中に沁みついて居た。だから、神学的(?)にも、或は方式の上にも、仏家及び其系統に近づいた呪禁師《ジュゴンシ》の影響が沁みこんでゐる。貴僧で同時に、陰陽・呪禁に達した者もあつた。
（「国文学の発生（第四稿）」全集1、一七五頁）

冒頭の「陰陽道の日本への渡来は……」という一節には、現在の陰陽道研究からは批判されるところだろう。陰陽道が中国に発生し、それが日本に渡来したという認識にたいして、「陰陽道」の用語が中国や朝鮮半島に見られないことから、「陰陽道はあくまでも陰陽師等を中核とし、彼らが専門的に掌った学術・技能および職務が一体化したものとして九世紀後半から十世紀に成立した概念」[8]と見ることが、現在の定説となっているからだ。

その意味で折口の陰陽道認識には、漠然として曖昧な印象を与えることになるのだが、しかしそうした限界を持ちつつも、ここで注目すべきは、「宮廷の陰陽道」にたいして、それよりもさらに以前に「民間のもの」として入りこみ、「国民信仰」のなかに浸透した「陰陽道」への視点があるところだ。それは「陰陽道」の概念を宮廷の官人陰陽師たちに限定するのではなく、古代の地域社会での広がりがあったという議論にも展開する。[9]そこで折口が着目するのは、「仏家及び其系統に近づいた呪禁師の影響」である。道教系の呪術を担った呪禁師が、宮廷の官人陰陽師とは違う「陰陽道」の担い手と捉えるのである。[10]ここで折口は、陰陽道について、ふたつの系譜を想定していたことが見えてくるだろう。

このふたつの系譜については、昭和五年（一九三〇）～七年（一九三二）発行の『民俗学』（一巻五・六号、二巻二号）に連載された「年中行事」という論文に、以下のように整理されている。

日本の陰陽道には、宮廷の陰陽道の博士の司つたものと、民間の寺僧が司つたものとがあつた。僧侶は支那に関して、直接に検分した知識をもつてゐるので、支那の民間信仰が寺に伝はり、陰陽道と共に、仏教と区別することが出来なくなつてゐた。宮廷の陰陽道の博士は、事務に拘はつて学問を固定させ、活気のないものとした。其為に僧侶の側の陰陽道が盛んに行はれ、仏教と支那の民間信仰との融合した信仰も拡まつて、盛んになつた。

（「年中行事」全集17、五一～五二頁）

やはり「日本の陰陽道」という表現には、陰陽道中国渡来説が前提になっているのだが、ここで注目すべきは、「宮廷の陰陽道の博士の司つたもの」と「民間の寺僧が司つたもの」というふたつの「陰陽道」の系譜をはっきりと明言したところだ。そして先に小池淳一が注目したように、折口は、後者の「僧侶の側の陰陽道」のほうに大きな可能性を提示していたのである。

近年の研究史を踏まえて「陰陽道」の形成過程をおさらいしておくと、「支那に関して、直接に検分した知識」をもつ僧侶が重要な役割をもったことは、推古一〇年（六〇二）の百済僧・観勒《かんろく》が「暦本、天文・地理書、遁甲《とんこう》・方術書」をもたらしたこと（『日本書紀』推古天皇条）、あるいは和銅七年（七一四）に「陰陽師」としての職務（占術）に携わるために還俗した沙門義法のように（『続日本紀』）[11]、奈良時代の陰陽寮官人には、元僧侶たちが多数存在していたこと、さらに平安時代中期以降の「陰陽道」の成立に密教、仏教系占星術である宿曜道とのあいだに交流、競合の関係があったことも明らかにされている。[12]
こうした現在の研究成果を前に置いたとき、折口の「陰陽道」論の特徴は、宮廷系とともに仏教系の陰陽道の系譜を見出したことのみならず、後者の側により「陰陽道」の可能性を強調していたことがわかる。「民間の寺僧」が担う陰陽道といえば、平安時代中期以降に登場する「法師陰陽師」「陰陽法師」の存在を想定しているものと考えられる。中央の宮廷社会とともに地方社会でも活動していた法師陰陽師、陰陽法師は、「呪詛」にかかわる者や、下級の貴族たちに雇われるもの、ということで、一段低い存在とみなされると認識されている。「法師の紙の冠にて博士だちをるを憎みて」（『紫式部集』）、「見ぐるしきもの……法師陰陽師の、紙冠して祓したる」（『枕草子』）とあるように、貴族社会から賤視されたこともうかがえる。[13]
もちろん折口もその点は周知のところだろう。だがここでの折口は、安倍家、賀茂家など「宮廷の陰陽道の博士」が宮廷儀礼（祭祀、卜占）の事務官になることで、「学問を固定」させて発展性を失ったこと、それにたいして「僧侶の側の陰陽道」が活気をもって発展していくこと、それが民間社会に広がった点に注目していくのである。次に、その論点を検証してみることにしよう。

(2)「仏家の側の陰陽道の一流」と『簠簋内伝』

よく言われることだが、折口の論述には具体的な資料が提示されることが少ない。だが、ここで折口が、「宮廷の陰陽道の博士」の担った陰陽道が固定され、停滞していく様相は、室町時代前期の陰陽道祭祀のなかに見出すことができる。鎌倉時代には、幕府を舞台として、多様な陰陽道祭祀が形成されていくが(14)、室町時代になると、圧倒的に種類が減少し、おもに行なわれるのは「泰山府君祭」「天曹地府祭」「三万六千神祭」などに限られていく。それは陰陽道が室町幕府の権力の中枢と結び付き、幕府権力の儀礼的な遂行の「事務に拘はつて学問を固定させ」、その宗教的な活気を喪失していったものと理解していいだろう。政治的な要請から高位についた陰陽師たちも、その主体的な力量の面では、圧倒的に劣っていたというわけだ(15)。

一方、その時代、「民間の寺僧」によって担われた陰陽道の「活気」を示すのが、『簠簋《ほき》内伝《ないでん》』(『三国相伝陰陽管轄簠簋内伝金烏玉兎集』)の成立とその地域的な伝播であったことは、あらためていうまでもないだろう。安倍晴明に仮託された同書については、いまにおいてもその成立年代は確定できず、また具体的な編述者の未詳のままである。しかし江戸時代中期の垂加派・谷重遠《しげとう》(一六六三〜一七一八)が、「真言僧」による偽作とみなし、また同じく垂加派門下の安倍家当主、土御門泰福《やすとみ》(一六五五〜一七一七)も、『簠簋内伝』を安倍家伝来ではなく「真言僧」による偽書と断定し、土御門家との関係を明確に否定しているように[16]、この書物は、折口のいうところの「仏家の側の陰陽道の一流」に担われた姿が見てとれることは間違いない。また近世の垂加派神道の立場から『簠簋内伝』が否定されたことには、逆に、この書物が中世の神仏習合的世界をベースにした「陰陽道」のテキストであったことの証左ともなろう。

『簠簋内伝』は、天道神＝牛頭天王、歳徳神＝波梨采女、天徳神＝蘇民将来、金神＝巨旦、八将神（大歳・大将軍・大陰・歳刑・歳破・歳殺・黄幡・豹尾神）＝牛頭天王と波梨采女のあいだの御子神（八王子）とするように、暦注諸神の根拠（典拠）が、牛頭天王縁起譚に求められていく。なによりも『簠簋内伝』は暦注書であったのだ[17]。さらに牛頭天王譚のなかでは、牛頭天王、八王子眷属によってもたらされる疾病を「濁世末代の衆生は、必ず三毒に耽り、煩悩増長し、四大不調にして、甚だ寒熱二病を受く」と記述するように、そこには仏教的な世界観が色濃く反映していた[18]。まさに「仏家の側の陰陽道の一流」である。

そこからもう一歩踏み込むと、衆生の病いが「三毒」「煩悩」「四大不調」と説明されるとき、中世の神々が衆生の三毒によって「三熱」を受けるという「代受苦」の信仰機制との共振が見えてくる。そして三熱を受ける神の多くは「蛇体」「龍蓄」として現出するのだが、ここであらためて牛頭天王が、なぜ「牛頭」という畜類かが問われよう。中世の神々が「三毒の体現である愚癡なる衆生の似姿[19]」とされるように、牛頭天王が「牛頭」という畜類のおぞましい姿として描き出される意味、また彼の妻が「八海龍王」のひとり、

「娑竭羅龍王の第三女」の波梨采女であったことには、衆生の「三毒」にたいする代受苦の表象がこめられていたと考えられる。そしてそれを消去する呪力こそ、『簠簋内伝』のなかで謎とされた「二六の秘文」ということになるのである。「二六の秘文」とは、結部の「咸是巨旦調伏儀式」（二十六）の文句。それによって、五節の祭礼の真の意味が「巨旦調伏儀式」であることが明かされるものと考えられる[20]。

ところで「観応元年（一三五〇）庚寅正月十一日賜小野僧正興■《(ママ)》御本」という奥書を持ち、一四世紀前半に真言宗小野流の高僧によって作られ、転写されたと推定される妙法院所蔵の『神像絵巻（仮題）』[21]には、『簠簋内伝』の基盤となるような暦神たちの神話言説が記されていた。そこには、国常立神《くにのとこたちのかみ》から伊弉諾・伊弉冉までの「天神七代」、天照大神から彦波瀲《ひこなぎさ》武《たけう》鸕鷀草葺不合尊《がやふきあへずのみこと》に至るまでの「地神五代」の日本神話の神々を仏教知で解釈した「中世神話」の世界とともに、盤古王以下の五帝龍王、そして最後には牛頭天王、八王子が描き出されていた（第四章、参照）。

ここで牛頭天王は、祇園社の祭神であることを超えて、十干・十二支を発生させた盤古王の機能をも吸収し、より根源的な「暦神」として像容されていく。そしてその暦神の活動は、「三昧」という仏教の修行が達する境位にアナロジーされていたのである。『簠簋内伝』に語られた暦注神たちの世界が、仏教知を媒介に読み替えられた中世神話の世界をベースにしながら、生み出されたことが見えてこよう[22]。

一方、『簠簋内伝』は、近世初期には仮名書きで解説していく『簠簋抄』『簠簋袖裏集捷径』『簠簋冠註大全』『簠簋諺解大全』などの暦注書が多数作られ、流布していくのだが、同時に、中世後期の地域社会に繰り広げられた神楽には、大将軍、牛頭天王（天刑星）、八王子、盤古王、金神、土公神などの暦注にもとづく暦神、陰陽道神たちを主人公とする行儀が広く展開し、『簠簋抄』をベースとして祭文も多数生み出されたのである。(23) それらの姿は、折口のいう「民間の寺僧」「仏家の側の陰陽道の一流」の広がりを証明してくれるともいえよう。

さらに「陰陽道の学者は、尠くとも、鎌倉以後は、一度は、仏家の陰陽道の洗礼を受けてゐる様である」（「民間信仰と神社と」全集20、八七〜八八頁）と、官人系の陰陽道の側に「仏家の陰陽道」が影響を与えたことを指摘している。それは具体的にどのような事象に見られるのか。

たとえば「土公」は陰陽道の暦神として重要な神格であるが、それがバージョンアップするのは、密教系の五帝龍王（石清水文書『御鏡等事』「五帝龍王根源」など）と習合することで、賀茂在方『暦林問答集』（応永二一年（一四一四））には「土公」と「伏龍」の禁忌が併記されていく。(24) これは「仏家の陰陽道」が形成する龍王信仰が賀茂家の側に影響したことと推定させてくれよう。さらに『暦林問答集』に成り立ちそのものが、暦博士の伝統的な「正理」に対して、近年「愚師野巫の僻説」が巷に溢れて、暦注の知識が混乱していることに対抗するものとしてあったこと、その「愚師野巫の僻説」が『簠簋内伝』に代表される暦注書を意識していることは、すでに馬場真理子の指摘があるところだ。(25)『暦林問答集』の成立には、「仏家の陰陽道の洗礼」との対抗が不可欠であったのである。

＊＊＊

以上、昭和初期にかけて展開された折口信夫の「陰陽道」認識と研究を見てきた。そこには、現在の陰陽道史研究が提示している論点と重なるような、さらにいえば、その先駆となるような言及が見てとれるだろう。陰陽道史研究において、折口の説は、さらに読み直す必要性があることをここで再確認しておきたい。

では、折口の「陰陽道」研究は、彼が生きた同時代の研究とどうリンクし、また何が違うのだろうか。次に見ていくように、昭和一〇年代にあっても、現在の先駆的な見解を見ることができるほど、じつは陰陽道研究は深められていたのである。さらにその時代空間のなかで、折口の「陰陽道」研究は、どのような思想史的な意義があるのだろうか。そこには折口の神道史研究と不可分にあったことが見えてくるはずだ。

二、「陰陽道禁止令」から陰陽道研究へ

(1)「天社神道廃止」の政治的背景

折口信夫と同時代の「陰陽道」研究の学問的水準を検証するに当たって、まずは、明治初期における陰陽道／陰陽師にたいする国家政策の動向を見ておこう。学問研究が生まれる社会的土壌を知る必要があるからだ。

明治三年(一八七〇)閏十月十七日に、

従来天社神道ト唱ヘ土御門家免許ヲ受ケ候者共両刀ヲ帯シ絵符ヲ建宿駅通好候由甚以無謂事ニ付自今右等之所業被差止候間厳重可申達尚今後門人免許一切被禁候旨今般土御門和丸へ　御沙汰相成候條府藩県ニ於テモ此旨相心得管内取締可致事(26)

という太政官布告が公布された。一般に「陰陽道禁止令」として知られるものだ。これは明治五年(一八七二)の修験宗(修験道)廃止、僧侶托鉢禁止、六年(一八七三)の梓巫市子憑祈禱狐下げ禁止、七年(一八七四)の禁厭祈禱による医薬等差止め取り締まりなどとともに、「文明化」をめざす明治国家による「雑宗」「迷信」「淫祠邪教」の撲滅政策の一環として認識されてきた。明治初期の強権的な「神道国教化政策」に呼応するものとされる。

しかし、林淳の研究によれば、「天社神道」廃止の理由は、幕藩時代の宗教者の身分的特権の廃止、「文明開化」に反する「旧弊」の廃止とともに、もっとも大きな理由は「土御門家からの編暦権の奪取」があった。[27] 政府が目論む編暦事業＝「暦」の全国的統一に向けた動きから土御門家を排除することが目的であったわけだ。「編暦」とは国家の事業であって、土御門家という「私家」が独占することはあってはならないのである。

さらに見逃してならないことがある。太政官布告が「天社神道卜唱ヘ土御門家免許ヲ受ケ候……」とあるところだ。「陰陽道」ではなく「天社神道」にたいする禁止令であったのである。これは何を意味するのか。

明治初頭の神道政策は、幕藩制下の吉田家、白川家による神道を「私家の神道」と否定し、神祇事務局の亀井茲監《これみ》、福羽美静《ふくばびせい》を中心に、国教としての「神祇道宗門」(復古神道宗門)の確立を目指した。[28] 幕藩制度下では、全国の神社神職は、吉田家、白川家からの「免許」(許状)を得ることで、その身分が保証され、逆に、吉田・白川家もその制度によって「神道」の宗家たる地位が確保されていた。[29] 明治政府は、それを「私家の神道」として否定し、神道を「国教」とする政策を打ち立てたのである。

その意味で明治三年の太政官布告が、土御門の陰陽道禁止をわざわざ「天社神道卜唱へ」としていることは重要だろう。彼らの立場も、吉田家、白川家同様に「私家の神道」として認識され、それが禁止されたという構造が浮かび上がってくるからだ。

あらためて確認すると、「天社神道」の名称は、江戸中期の土御門泰福が垂加派神道の門人であることから独立するようにして名乗ったものであった[30]。泰福は、土御門の陰陽道をあくまでも「天社神道」という神道へと転換させようとしたわけだ。また配下の民間系の陰陽師も「天社神道神職」という身分を付与されて活動した。それは朝廷権威の分与を受け、「神職」と同等の地位に任じられることで、たんなる祈禱師、占い師身分を脱する意味をもったのである[31]。

しかし明治維新変革によって「朝廷」の権威が消失し、あらたな「政府」が確立することで、陰陽道は「天社神道」という「私家の神道」として排除・否定されることになったのである。こうした近世から近代にかけての陰陽道と神道との関係は、折口の「陰陽道」研究とクロスするが、それは後に詳しく述べることにしよう。

(2) 宗教教団としての陰陽道

神道国教化政策はその後どのような変遷を遂げていくのか、あらましを見ておこう。

明治四年(一八七一)、いわゆる平田派国事犯事件がおきて、「文明化」路線を拒絶する矢野玄道らの平田派国学者が神祇行政の中枢から排除され、「神祇官」も廃藩置県に伴う官制改革として「神祇省」に格下げ、明治五年(一八七二)には神祇省も廃止され教部省が設置されていく。「教部省」は神仏判然令などで退けられてきた仏教や儒教などを取り込んだ形で民衆教化を行ない、キリスト教の侵入を防ぐことが企図されたのである。そこで神官、僧侶たちを「教導職」に任じて、敬神・人道・愛国を基軸とする「三条教則」を発布、教化体制を整備していった。その過程で仏教各宗派からも教員育成機関としての「大教院」の設立が建議され、明治六年（一八七三）一月に開院式、二月に増上寺に移転し、本格的な活動を開始した。だが、大教院が「神主仏従」の方針に傾斜することで、西本願寺僧の島地黙雷らによる大教院分離運動が起こり、わずか二年後に崩壊する。[32]明治一〇年（一八七七）、教部省そのものも廃止されて、事務は内務省に移管され「寺社局」が設置されるのである。

こうした過程のなかで、旧来の身分制から脱した「陰陽師」も、教部省の免許を受けさせ、教導職として活用しようとする方針が出された（明治六年〈一八七三〉）。近代的陰陽師の「復活」の可能性があったのだが、結局、その方針は、左院（立法諮問機関）で否決されてしまう。土御門系陰陽師が国家の宗教行政の前面に出る道は、決定的に閉ざされたのである。[33]しかし、このことは陰陽師たちが神官や僧侶たちと同等の扱いを受ける背景があったことを推測させてくれるだろう。陰陽道は「天社神道」と認識されていたからだ。

教部省が解体された後、神道系人脈で作られた「神道事務局」では、明治一三年（一八八〇）～一四年（一八八一）にわたって、事務局内の神殿の祭神をめぐって出雲派と伊勢派による全国的な対立が起きて、その勢力は亀裂・分散していく。一方、政府の方針も、一五年（一八八二）の教導職と神社神官との分離、そして一七年（一九八四）には、教導職そのものが廃止され、これ以降は、神社・神道非宗教論が公的な見解となっていく。一方で、神道の宗教性を主張する者たちは、宗教教団として自立する道を探り、神道系新宗教、後には教派神道という立ち位置を獲得していくことになるのである[34]。

以上のような明治初期の国民教化、宗教行政の混乱の時代のなかで、陰陽道、陰陽師はいかなる運命を辿るのだろうか。これまでほとんど解明されてこなかったところだが、木場明志の研究によれば、以下のような事実がわかってきた[35]。

教部省の解体後、土御門系陰陽師・陰陽道も、自立した宗教教団としての道を模索した。たとえば陰陽道宗家である土御門家の支配から離れた地方在住の陰陽師たちは、中央支配とは独立したかたちでの組織の維持を図り、「陰陽道」の再建を期した。明治二五年（一八九二）には「陰陽道本院」や「陰陽道本庁」の設立が計画され、あるいは実際に活動が見られる「陰陽道本所」、さらには明治三八年（一九〇五）には、山城・摂津・河内地域で旧土御門家配下の「歴代組」と称された陰陽師グループが、「陰陽道会」なるものを組織している。当時の土御門家当主・土御門晴栄が歴代組一統に与えた告諭によれば、「天社神を祀る天社宮の奉安と陰陽道の復興を掲げた陰陽道復興運動」として企図されていたようだ。それらは明治社会に適応するために「弊風矯正改良」を強調することで、陰陽師の組織再建を行なおうとしたものといっていいだろう。とりわけ土御門家当主の告諭に「天社神道」としての主張が見られるように、彼らもまた、新宗教系の神道教派の道を模索したことが推測される。

一方、近世期に土御門家の配下に入らず、地方社会で活動していた非土御門系の陰陽師のなかには、神道系の新宗教、教派神道に所属することで近代社会を生き延びていくものもあった。たとえば高知県槇山村（現・香美市物部町）で活動を続けていた「いざなぎ流」の宗教者たちは、明治九年（一八七六）に創成された「神道修成派」に加入していくことで、祈禱や祭祀、占術を行なうことを公的に許可されることになったのである。ちなみにいざなぎ流の一部にも土御門家から「許状」を得た者もいたが、多くは土御門家の支配とは別に土佐藩内部の博士の支配下にあったことで、明治以降は、土御門系陰陽師とは違う道を歩むことが可能であったようだ[36]。

(3)「近代学問」の成立過程

以上、陰陽道をめぐる政治史的な動向を見てきた。では「陰陽道」は、いつ・どのようにして近代学問の対象となったのだろうか。それを検討するためには、明治期から大正期にかけての近代学問の成立過程を知る必要があるが、ここでは陰陽道ともかかわる「神道」をめぐる学問の成立状況に絞りこんで検証してみよう。

明治期において、「神道」が本格的に学問の対象とされたのは、明治二五年（一八九二）

『史学会雑誌』二三～二五号に掲載された久米邦武（一八三九～一九三一）の「神道は祭天の古俗」である。本論文が一般向け史論誌『史海』八号に転載されたことで在野の神道家たちの目にも触れ、たとえば「教典さへ備はらぬ神道の古俗に任せたらば、全国今に蒙昧の野民に止まり、台湾の生蕃と一般ならんのみ」などの記述を糾弾され、天皇・朝廷の秘事を暴く不敬の論として集中的な攻撃を受け、雑誌は発行停止、久米は大学の職を追われる（休職）という事件に発展した。近代日本における学問への弾圧事件として周知のところだろう。その背景としては、明治二二年（一八八九）の帝国憲法発布、議会開設などを受けて、国民統合のあらたなイデオロギー統制（記紀の神典化・祖霊崇拝・功臣崇拝など）が強化されたことも大きく影響していたようだ。[37] この時代、「神道」は、いまだ学問の対象として「政治」から分離されていなかったのである。

久米の筆禍事件以降、神道をめぐる歴史学的な研究は進展することはなかったが、別の方向からの研究があらわれる。比較神話学である。明治三二年（一八九九）の高山林次郎（樗牛・一八七一～一九〇二）の「古事記神代巻の神話及歴史」（『中央公論』第一四巻第三号）、姉崎正治（一八七三～一九四九）の「素戔嗚尊の神話伝説」（『帝国文学』第五巻第八、九、一一、一二号）、高木敏雄（一八七六～一九二二）の「素尊嵐神論」（『帝国文学』第五巻第一一、一二号）の登場である。後に「日本神話学発生の年として記念すべき年紀」（高木敏雄）とされ、「素戔嗚尊」をめぐる比較神話学的論究が展開されたのである。[38]

しかし、高山樗牛の文章には「わが邦の国学者は、この書載するところを以て神聖犯すべからずとなし」とか、「吾人の眼より見れば、かくのごとは浅薄なる根拠の上にわが神聖なる国体を説かむとするものこそ、かへつて大いに不敬なり[39]」という、国学者（神道家）への挑発的な文章も見えるが、『中央公論』が発売禁止になったり、高山たちが神道家から糾弾される事件もなかったようだ。

ここには久米筆禍事件が起きた明治二五年との時代の変化が影響していたと思われる。「日本神話学」が形成された明治三〇年代前半は、木下尚江、河野広中らによる普通選挙同盟会の設立、富岡製糸所、日本鉄道など各地での労働争議の勃発、また社会主義協会の発足などに見られるように、「立憲国家」としての近代日本が、資本主義経済の進展によって、一定程度の「社会」の成熟を果たしてきた時代であったのだ[40]。また明治三三年（一九〇〇）には、内務省寺社局が、神社を管轄する「神社局」と、仏教・キリスト教・教派神道を対象とした「宗教局」とを分立し、国家の公的な認識としては神社祭祀や参拝行為が、宗教とは異なる行政上の対象となった[41]。明治初期の「神道国教化」政策に始まる、神道と国家との関係が大きく変容していくことも、「神道」が学問の対象となることの過程が浮き上がってこよう。それを主導したのは、芳賀矢一（一八六七～一九二七）や上田万年《かずとし》（一八六七～一九三七）、あるいは井上哲次郎（一八五五～一九四四）たちによる、ドイツ文献学や宗教倫理学など西洋的な学問知の輸入ということも大きく作用したのである[42]。神話学がまた、マックス・ミュラーやエドワード・タイラー、アンドリュー・ラングなどの西洋知と密接にあったことも、同様な問題であろう(43)。

かくして明治末期から大正期にかけて「神道」を学問的に討議する場が成立していく。東京帝国大学で開催された「神道談話会」なる研究会である(44)。創設は明治四二年（一九〇九）と推定され、主宰者は上田万年、参加者には筧《かけい》克彦、加藤玄智《げんち》を筆頭に、田中義能《よしとお》、清原貞雄、宮地直一など神道学の基礎を作る学者、あるいは井上哲次郎、紀平正美、亘理《わたり》章三郎ら、哲学系の国民道徳論者、さらに鳥居龍蔵、白鳥庫吉ら考古学、人類学系、中山太郎、金田一京助など民俗系、後に宮内省にはいる星野輝興《てるおき》、佐藤獨瀟、権田雷斧という仏教者など、幅広い人脈で構成されていた(45)。そのなかに比較神話学を生む高木俊雄と民俗学の柳田国男も参加していたのである。ここからは「神道」なるものが、多様な学問知との共同的な議論の場で講究されていった姿が浮かび上がってこよう。それは「大学」という場で行なわれたこと、地方の神職たちはかかわっていないことなど、まさしく近代学問としての神道学の成立の基盤となっていくのである(46)。ちなみに神道談話会を基盤に、田中義能を筆頭とした神道学会が創設されたのは、昭和元年（一九二六）である。

「陰陽道」が近代学問の舞台に登場する大きなきっかけを作ったのは、神道談話会にも参加していた柳田国男であった。

（4）『王朝時代の陰陽道』から昭和前期の陰陽道研究

近代学問としての陰陽道研究の始発は、周知のように齋藤勵（一八八二〜一九一三）の『王朝時代の陰陽道』である。本書は、神道談話会が発足したと推定される明治四二年（一九〇九）、帝国大学に提出された卒業論文「王朝時代に於ける陰陽道」をもとに大正四年（一九一五）、「甲寅叢書」の第六篇として刊行されたものである。なお齋藤は本書の刊行を見ることなく、大正二年（一九一三）に病没している。享年三〇であった(47)。

ここで注目すべきは、甲寅叢書が柳田國男の主宰する郷土研究社が刊行元であったことだ。本書は、当初は甲寅叢書の刊行リストにはあがっていなかったのだが、叢書の編集委員代表たる柳田自身の強い要望があって、刊行に至ったという。また「凡例」(48)にも「本書出版に関しては、柳田国男氏の多大な同情と助言とに因りしは勿論……」という一節もある。この点から「本書がいわゆる歴史学の分野ではなく、民俗学の分野として認識されていた可能性を示していよう(49)」と見ることもできる。事実、このあと昭和期に展開していく、歴史学における陰陽道研究の論考に、本書が引用・参照されることはなかったようだ。けれども本書の構成の一部――陰陽寮の官制と其教育制度、其道の達人と伝播の一般と、天文道と天文占と、暦道と暦占と、陰陽道そのものの筮式方術、陰陽道に於る祭祓、を見ただけでも、ここに論述されているのは、文字どおり「王朝時代」における陰陽道の歴史的な研究であった。

たしかに明治末から大正期にかけての柳田国男もまた、陰陽道や陰陽師に強い関心を持ったことは『石神《しやくじい》問答』(一九一〇)、「塚と森の話」(一九一二)、「巫女考」(一九一三)、「毛坊主考」(一九一四)、「「山荘太夫考」、「唱門師の話」(一九一六)などに見ることができる。たとえば「唱門師の話」を読むと、

足利時代の唱門師が一種下級のハカセ即ち陰陽師で、祈禱もすれば初春の祝言も唱へること、名実共に近世の大和三河等の万歳に同じく、算置きと兼ねて歌舞遊芸を家の職とする点は、昔の傀儡師や後代の算所太夫《さんしょだいふ》のやうで(郷土研究二巻七九頁参照)、更に又御霊会の風流踊に加はつて前棒《さきぼう》を勤めたと云ふのは、例の田楽法師にも鉢叩き鉦打ちにも稍ゝ似通うた所がある(50)。

というように、諸国の民間宗教者、芸能者の活動が「足利時代の唱門師」、すなわち下級の「ハカセ」=陰陽師と類似し、派生していくことが、多種多様な史料・資料をもちいて語られていた。つまり柳田の「民俗学」による陰陽道研究は「王朝時代」とは異なる中世、近世への視野へと広がっていくのである。それが近代社会に現存する寺院の僧侶や神社神主とは異質な「周縁的な民間宗教者」に着目することで、近代の僧侶、神官のあり方を相対化する視点を導いたのは、たしかであろう。折口信夫の「陰陽道」研究にも通じるところだ。しかし、柳田は、「王朝時代の陰陽道」にはほとんど触れることがない。彼の視点は、民間の宗教者、芸能者の社会的な実像に焦点が当てられていて、「陰陽道」の思想的、

宗教的な内容には踏み込んでいないことがわかる。その点は折口との違いが際立つところといえよう。

一方、齋藤勵以降の陰陽道研究を見てみると、神道との関係としての陰陽道という認識が浮かび上がってくる。[51] それも対象とする時代は古代、平安朝に限定されていた。主要なものを掲げてみよう。

・昭和四年　和島芳男「平安朝に於ける神道と陰陽道の関係」（『神社協会雑誌』一九二九年第五号）
・昭和五年　小柳司気太「神道と陰陽道の関係」（神道攷究会編『神道講座』4　歴史編）
・昭和七年　清原貞雄『神道史』「陰陽五行説及び讖緯思想と神道信仰との交錯」（厚生閣）
・昭和一五年　美河納「平安時代に於ける陰陽道思想の研究」（大塚史学会『史潮』一九四〇年第二号）
・昭和一六年　宮地直一『神祇史大系』「陰陽道との交渉」明治書院

「神道と陰陽道の関係」を執筆した小柳司気太《おやなぎしげた》（一八七〇〜一九四〇）は、漢学のみならず、儒学、道教、仏教に通じて、とりわけ道教研究の先駆的な研究者として知られている。『道教概説』（一九二三）、『新修漢和大字典』（一九三二）、『東洋思想の研究』（一九三四）などの業績があり、「近世の醇儒」と称えられた学者である。[52]

該当の論考も、陰陽道の源流の探索から、古代の天文学、医術と禁呪、陰陽道に関する古典、唐朝・本朝の陰陽道、祭祀と陰陽道、年中行事と陰陽道、俗神道と陰陽道と、とりわけ平安時代の陰陽道祭祀の解説は近年の研究の基礎となるものといえる。けれども、本論考の結末には、次のような一節が付されている。

現今は俗神道行はれざれど、陰陽道から起る各種の迷信は、なか〳〵勢力を振つてをる。時日の吉凶、家相、姓名判断、男女の合性、加持符水など、いろ〳〵形を変へて、信仰せられてをる。（中略）されば、神職の人々は、教化の際、か丶る迷信を打破し、愚民をして詐偽にか丶らしめないやうに誘導しなければならぬ。(53)

大正四年刊行『王朝時代の陰陽道』が、やはり「迷信」の概念にこだわっていたように、(54)ここでも「陰陽道から起る各種の迷信」が問題とされている。さらにそれを「神職の人々」による教化によって打破されることを要求するのである。それは柳田、さらに折口の「陰陽道」認識とは、まったく異なる方向にあることが見てとれよう。

昭和一五年に発表された、美河納の「平安時代に於ける陰陽道思想の研究」は古記録や諸道勘文、天文要録、泰親朝臣記などの陰陽道関係文献を調査し、平安時代の卜占重視の風潮についても「偶然的な邂逅にせよ、そこに人為以上のものが示さるるを以ての故に神的な運命的なものをみ、神意の標示さる丶と考へらる丶のである。呪術思想のもつ汎神論的性格からいへば当然のことである」(55)と論じ、たとえば『中右記』天仁元年（一一〇八）

条にある、白河院の皇女と称する女性のなかから「六壬式占《りくじんしきせん》」によって「真の御方」を選定したことについて、それを「平安後期の貴族社会」の精神上のあり方として当然の方法であったと解き明かしていくのである。

それればかりではない。美河論文は最後に次のように述べる。

陰陽道の名は我が国で与へられたもの丶如くである。而してこの名の下に大陸の思想方術の儒仏両教の正統的に属すると思はる丶もの丶外は悉く集められた。平安朝の陰陽道史にもつ意義はこ丶にも見出される。

「陰陽道」の名称を「我が国で与えられたもの」と見る、現在の陰陽道史研究にそのまま接続するような見解が述べられていたのである。また神祇祭祀との関係についても、「我国人の神に対する現実的な解釈及び要請は陰陽道の祭祀にもそのま丶なされ」たので、陰陽師の行なう禊祓が、「我が古来の祓法を駆逐しその地位に代るに至つた」ことも明らかにされていくのである。

それにしても、昭和一二年（一九三七）の日中戦争以降の準戦時体制下の昭和一五年（一九四〇）において、こうした見識が「歴史学」として論述させていくことの意義は、陰陽道史研究を超えて評価されるべきものだろう。陰陽道、陰陽師の研究が「神道」の問題と密接に論究され、それはまた昭和前期における国家や社会のなかの「神道」の意味とも不可分にかかわるものであったからだ。陰陽道研究の学知史的な意義がここから問われることになろう。
そうした視点から、次に折口信夫の陰陽道研究の時代的な意義を検証してみよう。

三、神道と陰陽道の学知史へ

(1) 昭和三年、「神道に現れた民族論理」から

齋藤勵『王朝時代の陰陽道』が刊行された大正四年(一九一五)は、柳田国男主宰の『郷土研究』に、折口信夫の学界デビュー論文「髯籠《ひげこ》の話」が掲載された年でもある。折口の論考は、民俗学におけるヨリシロを定義した記念碑的論文として評価されるが、見逃せないのは、ここには「今日お慈悲の牢獄に押籠められた神々は、神性を拡張する復活の喜びを失うて了はれた」(全集2、一九一頁)とあるように、近代における神社(お慈悲の牢獄)や神道への違和、批判が述べられていたことだ。じつはヨリシロの問題は、神社神道(近代神道)とは異なる神のあり方を探求する始発点にあったのである。

さらに大正一一年(一九二二)、全国神職会の機関誌『皇国』に「現行諸神道の史的価値」という論考を発表する。[56] そこには当時の内務省神社局の公式的な見解である「神社非宗教論」によって、世俗化していく神社神職への痛烈な批判が展開されていた。折口が求めたのは、「現在信仰の上の形式の本義を摑む事の出来る土台を、築き上げる深い歴史的

の理会」とともに「神の意思に自分を接近させる事の出来る信念」（全集2、一六二頁）であった。そしてここに設定された「歴史的の理会」の必要性から、神道の歴史的研究が目指されることになったのである。

かくして昭和三年（一九二八）ごろから、折口信夫は「神道史」にかかわる論考を集中的に発表していく。その背景には、自ら進めてきた「文学中心、芸術中心」の歴史研究が、結局「神道史の研究にも合致」（全集3、一四三頁）していくことの自覚があった。ここから折口の学問のあらたな展開が始まるのである。国文学者、民俗学者、芸能史学者とともに「神道学者」としての折口信夫の相貌が、ここに見出されていくのである[57]。

あらためて、折口にとっての神道とは何か。「神道」を探求するとき、陰陽道、陰陽師が重要な役割をもっていたのだ。論文「神道に現れた民族論理」で以下のように述べている。

私は、神道といふ語が世間的に出来たのは、決して、神道の光栄を発揮する所以でないと思ふ。寧、仏家が一種の天部・提婆の道、即異端の道として、「法」に対して「道」と名づけたものらしいのである。さうした由緒を持つた語である様だ。日本紀あたりに仏法・神道と対立してゐる場合も、やはり、さうである。大きな教へに対して、其一部に含めて見てよい、従来の国神即、護法善神の道としての考へである。

だから私は、神道なる語自身に、仏教神道・陰陽師神道・唱門師神道・修験神道・神事舞太夫・諸国鍵取り衆などの影の、こびりついてゐる事は固より、語原其自身からして、一種の厭うべき姿の、宿命的につき纏うてゐるのを耻づるのである。」

（「神道に現れた民族論理」全集3、一四四頁）

本論文は、昭和三年（一九二八）、神道談話会から発展した神道学会の機関誌、『神道学雑誌』に発表されたものである。その年の一一月に昭和天皇の「御大典」、即位大嘗祭が執行され、また翌四年には、伊勢神宮の式年遷宮祭が行なわれたことで、社会一般に「「神道的」なる雰囲気」が醸成され、「神道的用語」が広がっていく時代であった[58]。

だがこの時代は、「御大典」の祝賀ムードの裏側で、日本共産党員の大量検挙（三・一五事件）から、緊急勅令による治安維持法の「改正」（死刑・無期の追加）、内務省の特別高等警察課（特高）の設置、文部省の学生課設置など「思想統制」が始まっていく。大正期以降の精神的、思想的、階層的に分断された社会のなかで、国民を再統合するために「神道的用語」が活用されたといえよう。

そうした時代動向のなかで、近代神道学、近代国学の学問的拠点であり、神社神職の養成を担う国學院大學の教授であった折口が、「神道といふ語が世間的に出来たのは、決して、神道の光栄を発揮する所以でない」とか、「神道なる語自身」に「一種の厭うべき姿の、宿命的につき纏うてゐるのを耻づる」などと語ることの異様さに、まずは着目しなければならない。その背景には、国民統合に利用されていく、公認「神道」への反発、違和がこめられていることは間違いない。

折口の「神道なる語」にたいする認識は、『日本書紀』に記された「天皇信㆓仏法㆒尊㆓神道㆒」（用命天皇即位前紀）、「尊㆓仏法㆒、軽㆓神道㆒」（孝徳天皇即位前紀）の仏法／神道をめぐる解釈に淵源する。そこに記された「神道」は、仏教的な世界のなかで「一種の天部・提婆の道、即異端の道」という、仏法によって鎮撫される邪悪なもの、土地の精霊という意味に由来すると説くのである[59]。それればかりではない。その語原とともに、歴史的にも「神道」の語には、神仏習合や修験山伏や陰陽師、唱門師と結びつき、その担い手は「神事舞太夫」や「諸国鍵取り衆」などの地方、民間の雑多な宗教芸能者と繋がっていることに「一種の厭うべき姿」を見てとるのである。そこには「下層民」「被差別民」へのアンビバレントな感情もうかがえよう。

ここで使われる「陰陽師神道」なるものは、いうまでもなく折口の造語であるが、「神道」なる語が「厭うべき姿」とともに、じつは多様な地域的信仰や思想と結びつくなかで発展、生成したことを捉えようとする姿勢が見てとれる。昭和初期の国民統合、思想統制に使用される「神道」を相対化しようとする認識といってよい。折口の「陰陽道」への注目は、昭和期の国民の再統合に活用される「神道」を相対化するための、歴史的な研究と密接にあったことを、あらためて確認する必要があるだろう。

る。

（2）陰陽道と神道をめぐる学知

折口の「陰陽道」の研究は、中世、近世以降の民間宗教者、芸能者の問題のみならず、神道にも影響を与える思想内容へと踏み込んでいく。昭和五年（一九三〇）の『民俗学』（第一巻第五・六号、第二巻第二号）に発表された論考には、次のような説が展開されている。

日本紀は、平安朝の初めから、漢学者によつて研究せられた。日本紀講莚と呼ばれてゐる。其中に、理会の為方に違つた要素が、這入つて来てゐる。即、安倍晴明によつて知られた陰陽《オンミヤウ》道を、補助科学としてゐる。陰陽道には、漢学風のものと、仏教風のものとがある。其為に、日本紀の解釈も、僧の畑に這入つて行はれ、仏教式の色彩が濃くなる。神仏習合と言ふ事は、仏教派が、日本紀を中心としてやつた事である。（中略）純粋の日本の神道だと考へてゐる中にも、存外、かうした輸入の知識が、這入つてゐるのである。

（「古代人の思考の基礎」全集3、四〇八～四〇九頁）

『記』『紀』などの「神典」の解釈が、時代の思想によって変容していくことを述べる一節である。平安時代の日本紀（日本書紀）の研究は、朝廷主宰による「日本紀講莚」として、弘仁三年（八一二）から康保二年（九六五）まで、計六回にわたって行なわれている。その博士を務めるのは漢学者（外記局、内史局官人、大学寮博士）が中心であったが、彼らの『日本書紀』解釈のなかに「安倍晴明によつて知られた陰陽道」が補助科学として入っていたことは、たとえば天照大神の解釈をめぐって、陰陽論をベースに議論されていたという事例などからも知られるところだ[60]（ただしそれは陰陽寮の官人ではない）。

また陰陽道には「漢学風」と「仏教風」のふたつの系統があることは、先にも見たところだが、その延長上に「日本紀の解釈も、僧の畑に這入つて行はれ、仏教式の色彩が濃くなる」ことが指摘されていく。これについては、近年の中世の『日本書紀』注釈史＝「中世日本紀」の研究の進展によって、南北朝から室町期に、劔阿《けんな》『日本紀私抄』、良遍『日本書紀巻第一聞書』、『神代巻私見聞』、慈遍『旧事本紀玄義』、道祥・春瑜書写『日本書紀私見聞』、了誉《りょうよ》聖冏《しょうげい》『日本書紀私鈔』など仏教系の注釈テキストが多数書かれていることが、明らかになってきたところだ[61]。

さらに室町期の吉田家による『日本書紀』注釈について、「吉田神道の基礎の一部をなしてゐるものは、日本紀を研究した仏家の知識を利用し、それと並行して進んで来た」（「民間信仰と神社と」全集20、八七頁）と論じていることは注目したい。戦前の神道史研究においては、吉田神道は、「神主仏従」、「反本地垂迹説」として、仏教と対抗した神道とみなされることが多い[62]。しかし、折口は、吉田神道が仏教側の『日本書紀』研究を「利用」して、それと「並行」して進んでいたことを解き明かしていった。これも近年の研究から見て、先駆的な見識というべきだろう[63]。

以上のような神道にたいする学問的な見解は、「純粋の日本の神道だと考へてゐる中にも、存外、かうした輸入の知識が、這入つてゐる」（「古代人の思考の基礎」全集3、四〇九頁）という認識が前提になっていたのである。昭和五年（一九三〇）の学界において、こうした主張を提示したという意義は、見過ごせないところであろう。昭和五年の段階では、まだ学問的な言説が通用していた時代といってもいい。

ところで、近代国家における神社は「神社ハ国家ノ宗祀」（明治四年）という基本テーゼにもとづいて、その後、政策的な変遷を遂げながらも、「国体」思想とも結びついて、貫徹されていくものであった。(64) とりわけ昭和初期における「神社」の位置は、世俗的であることで「国家」や「権力」との結び付きを強め、特異な姿をもつことになる。そこで繰り広げられるのは神社を基盤とした神道＝神社神道である。その基本とされるのは、神社の神職は、歴史的に古い伝統を持つという認識であった。しかし、折口の陰陽道研究と交差するところは、そうした認識が歴史的に一般化できないという見解であった。昭和四年（一九二九）の『神道講座』に発表された論文で、以下のようなきわめて挑発的な認識が示されていく。

今日の神社或は神職のある部分は、二三代前までの伝統を考へた時、果して所謂神社神道家の考へる如き、純然たるものが、どれほどあるであらうか。或は、宮寺の別当であり、或は陰陽師配下、唱門の徒の後、修験の法印、神事舞太夫出らしいのが多い。さうした過程において、神社神道が、どれほど、純粋を保って来たかといふことは、

問題である。（「民間信仰と神社と」全集20、八八頁）

本論文が発表された『神道講座』とは、昭和四年一〇月に行なわれた、伊勢神宮の第五八回「式年遷宮」を記念して神道攷究会が編集したものだが、講座の事実上の監修者は、内務省神社局の考証課長を勤めていた宮地直一（一八八六〜一九四九）である。[65] 前年の即位大嘗祭に続いて、「神道イデオロギー用語」が社会的に広がっていく時代であった。ちなみに、先に見た小柳司気太の「神道と陰陽道の関係」も、同講座に掲載された論考であった。

折口は、そうした時代動向のもとで発刊された講座のなかで、近代における「神社神道」なるものが、「二三代前までの伝統」を調べてみると、「純然」たる神職の姿ではなかったことを論じていくのだ。さらに同論文では、次のようにも述べる。

民間の神道を保持した力は、実は陰陽道の方式であつた。この陰陽道の影響が、神社に這入つてゐないとは言へない。寧、民間における陰陽道が、次第に地盤を固めた後に、神社神道のうちに、強い要素として這入つて来た痕が見える。（中略）而も吉田神道に現れた傾向では、この陰陽道風が、著しく見えてゐる。（全集20、八七頁）

明治以降の神社神道と対比される「民間の神道」を保持した力は、「陰陽道の方式」であったというのだ。それは仏教系の陰陽道、すなわち「民間における陰陽道」であった。民間における陰陽道が、神社を基盤とするように見える神道の歴史的な姿であったというわけだ。それゆえに「神社神道の歴史は、かなり長いけれども、明治における神社のみを基礎とした神道観なるものは、起源のわりに新しいものといふことが出来る」（全集20、八八頁）とまで断言することになる。

それにしても、なぜ折口は、執拗なまでに「神社神道」を批判していくのか。それは明治以降の神社を基盤とした神道が、本来備えている宗教性を否定して、世俗的な権力のもとに統制された、国民統合のための「国民道徳」に集約されるものと認識されたからだ。それは行政上の神社のあり方への違和であるとともに、神社神道の理念を支えていく「神道学」「神道哲学」への批判でもあった。「新しいのは哲学化し、合理化してゐる。其代表とも見るべきは、筧克彦博士の神道である。其は、氏一人の神道であり、常識であるに過ぎない」（「古代人の思考の基礎」全集3、三八五頁）という批判である。[66]「哲学系神道」の代表として筧克彦（一八七二～一九一六）を批判していくとき、折口が見ている神道は、「二三代前までの伝統」では純然たる神社神職ではなかったという、陰陽師や修験山伏たちと混ざり合った民間宗教者たちによって担われていたものだったのである。

そこで次に、折口が述べるような「二三代前まで」は神社の神職ではなかったような人々の実例を紹介しながら、本稿のまとめにむけて論述を進めていくことにしよう。

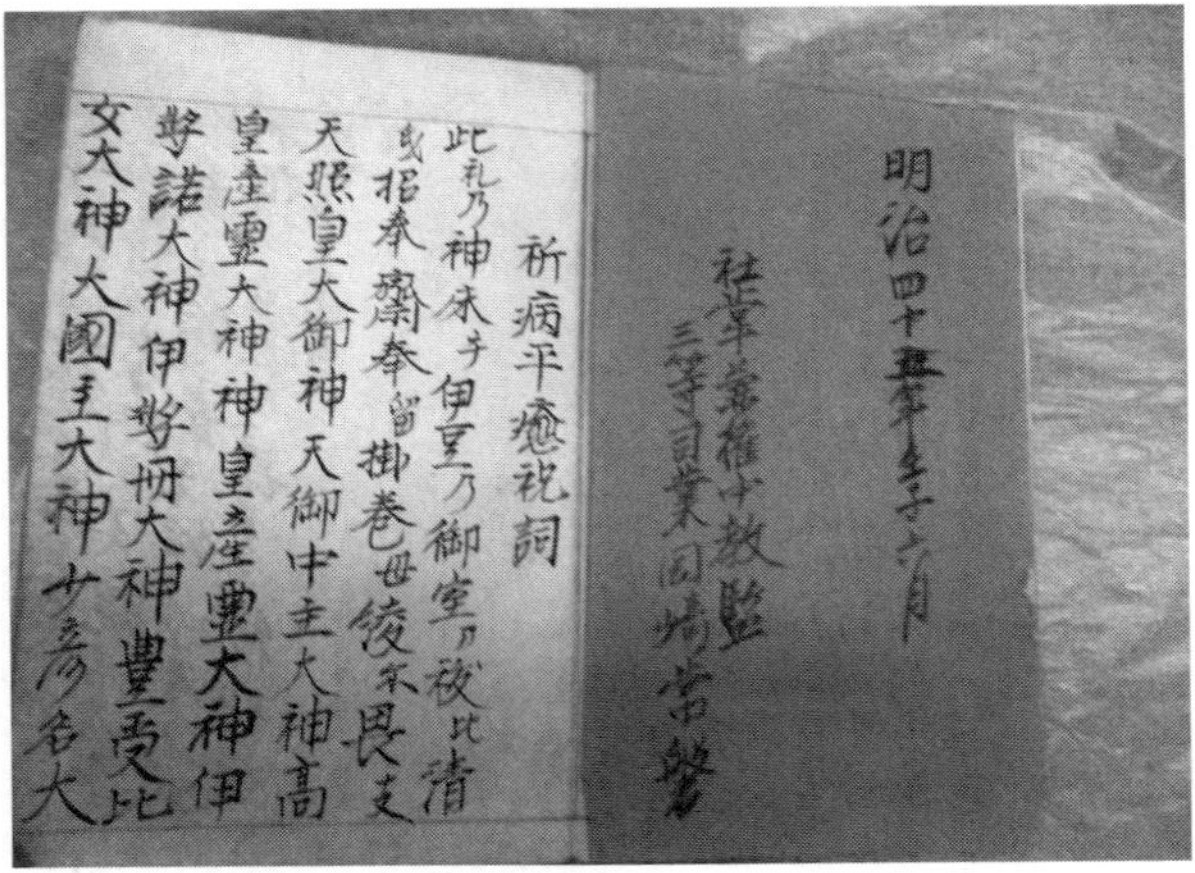

明治四十五年壬子六月
社掌兼権中教監
三等司業岡崎常盤

祈病平癒祝詞
此乃神床ニ伊豆乃御室乃被比清
故招奉斎奉留掛巻母綾ニ畏支
天照皇大御神天御中主大神高
皇産霊大神神皇産霊大神伊
弉諾大神伊弉冊大神豊受比
売大神大國主大神少彦名大

図1　岡崎家資料（明治45年）

（3）高知県大豊町の神職と陰陽師

民間系陰陽師のいざなぎ流の太夫たちが居住する高知県旧物部村（現・香美市物部町）に近い大豊町には、いざなぎ流の祭文の別バージョンなども伝えられ、物部の太夫との交流が推定される地域である。その大豊町岩原に、近世後期から「神職」を勤めた岡崎家がある。「岡崎家資料」[67]によれば、以下の系譜が見られる。

・岡崎長門　陰陽師弥太夫長男　寛政十二年（一八〇〇）生まれ
・岡崎越後　西村丹後正四男　文政六年（一八二三）十二月生まれ
・岡崎常盤　文久元年（一八六一）生まれ

幕末から大正期にかけて神職として

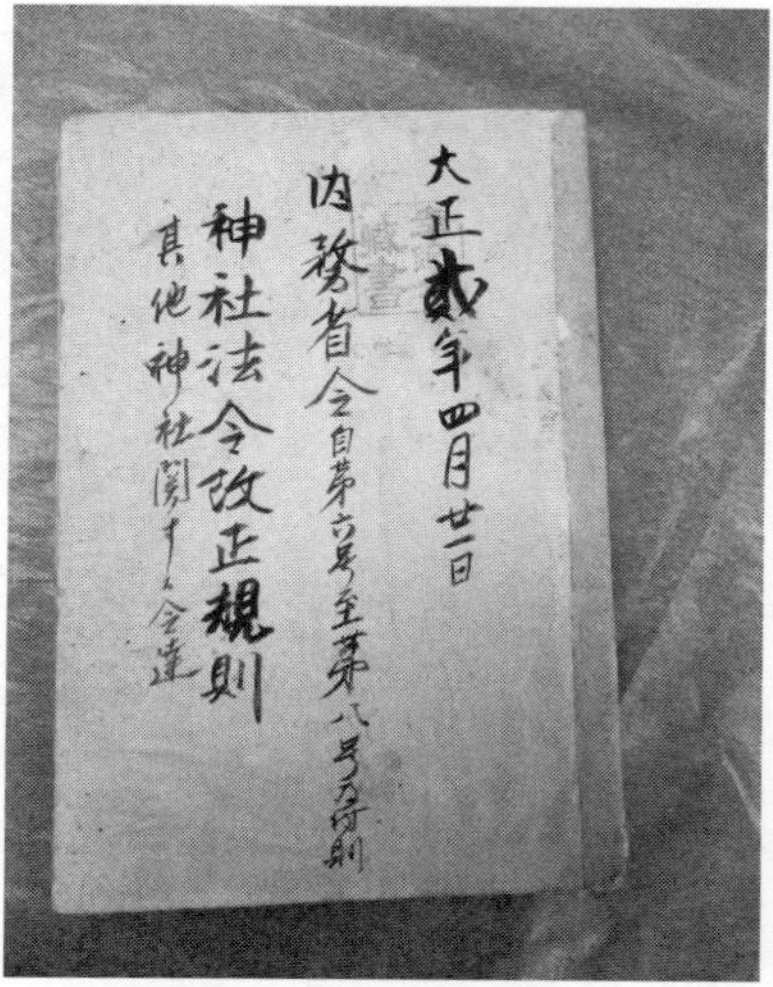

図2　岡崎家資料　神社法令改正規則（大正2年）

活動していた岡崎常盤なる人物の系譜をたどると、「陰陽師弥太夫長男」という人物に遡る。まさに、この神職の家は「二三代前まで」、陰陽師であったわけだ。また「長門」「越後」という名前からは、彼らが、吉田家からの許状を得ていたこともわかる。「陰陽師弥太夫」も土御門家配下であったことは間違いない。陰陽師の長男が神職へと移っていたのである。

さらに岡崎家の資料を探ってみると、幕末の文久元年に誕生した岡崎常盤には、「明治四十五年（一九一二）」の年号をもつ「社掌兼権中教監　三等司業岡崎常盤」と神官と教導職を兼務する文書がある（**図1**）。もっとも明治一五年（一八八二）に神官教導職は分離され、一七年には教導職制が廃止されているのだが、岡崎常盤が、明治期の神社、神道行政の一翼を担っていたことが確認されるところだ。

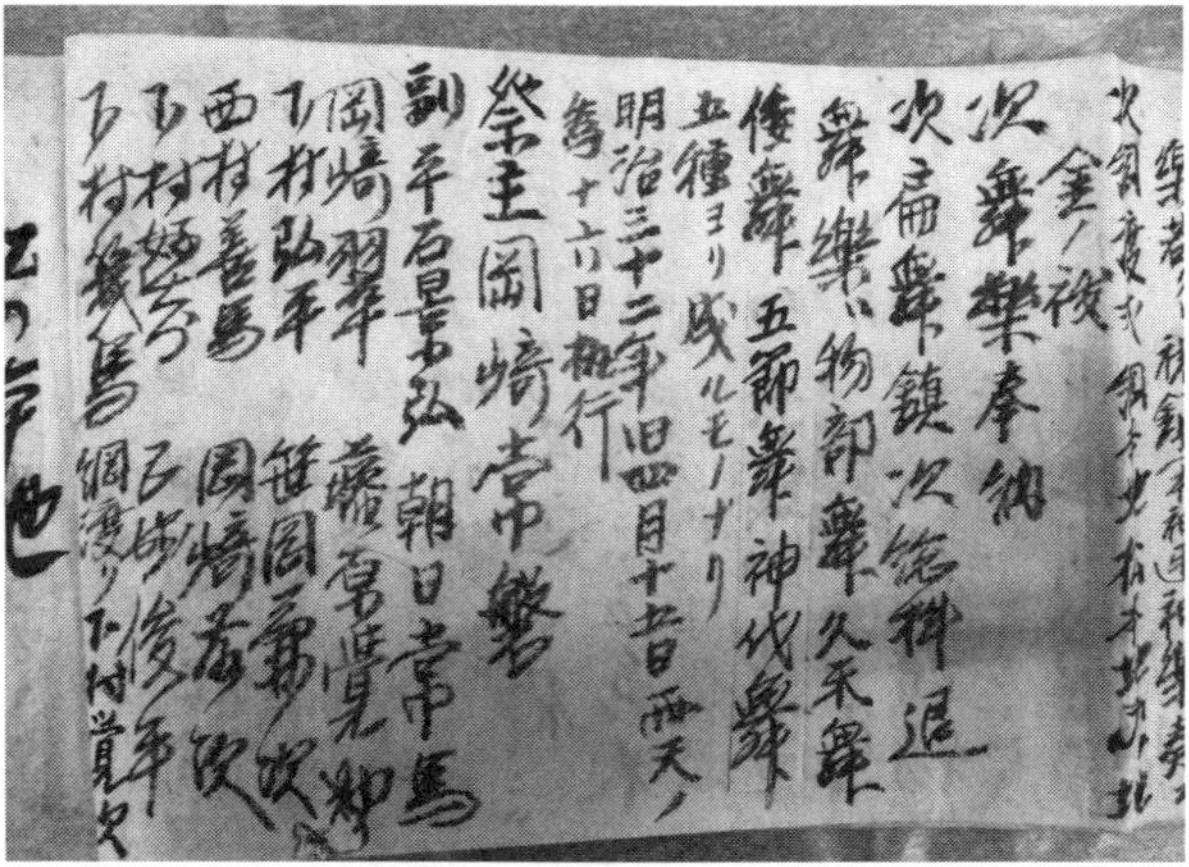

図3　岡崎家資料　松神楽祭式行事作法（明治32年）

また文書中には、「大正弐年（一九一三）四月廿一日　内務省令……神社法令改正規則……」など、当時の神社行政を管轄した内務省神社局の神社法令関係の資料もある（**図2**）。岡崎常盤なる在地の神主が、明治から大正初期の「神社神道」の現場を生きたことが想像されよう。そして岡崎家が、近世後期の陰陽師から吉田家神主、維新以降は、教部省の神官・教導職を担っていく歴史が浮かび上がってくるだろう。折口が指摘したように、明治における神社神職の家が、近世では陰陽師の家であったという事実が確認できるのである。

それればかりではない。岡崎家に伝わる『松神楽祭式行事作法』には、岡崎常盤が「松神楽」なる神楽を執行していたことが「明治三十二年旧四月十五日雨天ノ為十六日執行　祭主　岡崎常盤……」という記事から確認できる（図3）。ちなみに明治初年の政策で神職が「郷神楽」を執行することは禁じられたが、明治七年（一八七四）に「郷神楽の取り締まり」に対して許可を願う文書があり、神楽の復活は「神社に隷属した形で実現」していたという(68)。

　さらに同資料には、「松神楽」にかかわる「松の本地」という祭文も記載されている。それは「天照皇太神素盞烏尊、御兄弟の御代を争ひ、月日を争ひ天磐え幽居給ふ御時……」という中世的な岩戸神話の語りだしとともに、罪を得た母親が蛇体と変じて苦しみ、それを神楽によって鎮めていく物語が語られる。

　この「松神楽」は、岩田勝によって「松神楽・柱松」と分類されるものだ(69)。死霊鎮めの「浄土神楽」の類型に当てはめていくのだが、岡崎家の「松の本地」の物語は、比婆荒神神楽が実修される広島県東城町の栃木家に伝わる『神楽能本』（寛文四年〈一六六四〉）に載る「身ウリ能」という神楽能との類似性が見てとれる。

　神楽能では、父母の菩提を弔うために身売りをした姫が、奥州の五色の大蛇の棚祭りの生贄にされるが、姫が与えた『法華経』の効力によって助かり、蛇も苦を逃れる。すなわち「御経ノクリキ（効力）ヲモツテ十六ノツノ（角）モハラリトヲチ（落）、蛇タイヲノカレ申……」(70)と語られる。そして大蛇は「後堂に龍王権現」として祭られるという内容である[71]。蛇の角が落ちることが、蛇体＝苦からの解脱を意味するわけだ。これは代受苦神による「中世神楽」の定型的なスタイルと見ることができる[72]。

　こうした中世神楽の祭文が、はたして明治二二年（一八八九）に執行された松神楽で読誦されたかは、確認できないが、明治以降の神社神職が中世的色合いの強い神楽の担い手でもあったことは、興味深いところだ。神社神道の神職という外面をもちつつ、その地域の現場では、「中世神楽」へと遡及する神楽の実修者でもあったのである。

　また「松の本地」の文末には、「御崎の本辞ハ別ニ記ス」とある。「御崎の本辞（本地）」は、旧物部村のいざなぎ流太夫たちが所持する祭文とも通じるものだ。旧物部村では、本家筋から分かれた分家筋（旧被官、旧問人）の旧家には「御崎神」が宅神として祭られ、その祭祀が、民間系陰陽師、博士の系譜をひく、いざなぎ流の太夫たちによって執行されていたのである[73]。

　さらに岡崎常盤所持の『祝詞集』「祈病平癒祝詞」には、『延喜式』巻八に所載される「祟神遷却《たたりがみをうつしやる》」という古代祝詞とともに「地神呪詛神鎮祭祝詞」という呪詛神を鎮める祝詞も収録されている。ここからは、神楽を執行する神主が、同時に呪詛にかかわる病人祈禱を行なっている実態が浮かび上がってくるのである。

　そうしたあり方は、いざなぎ流の太夫たちが制度的には神職系と博士系（陰陽師系）と区別されながら、「この地域の神社神主たちは、祭礼に奉仕するだけではなく、そのかたわらでは式法を用いて祈禱もする祈禱師であった」という近世における実態とも通じるものだろう。明治近代にあっても、神社神主の岡崎常盤は、病人祈禱の実践にも携わっていたこと、それゆえに、祈禱にかんする「祝詞」が伝えられてきたことが見てとれるだろう。それは彼の系譜が「二三代前まで」遡れば、陰陽師であったこととも繫がってくるのである。高知県大豊町の岡崎家の姿は、折口信夫が、近代の神社神道への違和、批判として述べてきたことが、神職たちの現場に即していたことを明らかにしてくれる実例といえるだろう。(74)

＊＊＊

以上、折口信夫の「陰陽道」研究の内実を、同時代の研究史のなかで検証し、さらにそれを近代における神道の時代動向とリンクする思想史的課題を明らかにしてきた。彼の陰陽道や陰陽師にたいする認識は、「神道」なるものを歴史的に対象化し、かつ近代における「純然」たる神社神道、神職の姿を相対化していくものであったのだ。ここで折口の学問的な知見の先駆性とともに、「倫理・道徳」さらに「政治」の衣をまとう近代神道（神社神道・国家神道）にたいする痛烈なアンチテーゼを読みとるべきだろう。それは折口が見ていた、民間社会に蠢《うごめ》く雑多な宗教者たちの実践と現場と不可分にあった。そう、彼らの存在こそ、折口の「陰陽道」研究にたいする、さらなる読み直しを求めてくるものにほかならない。

◆本稿の骨子は、陰陽道史研究の会（二〇一九年三月九日、大東文化大学）での口頭発表にもとづく。席上、有益なご教示をいただいたことに感謝します。また〈学知史〉の視点については、田中聡・山下久夫・星優也・斉藤英喜が呼びかけ人となった共同研究の議論を踏まえている。

注

＊折口信夫からの引用は、新編『折口信夫全集』（中央公論社、一九九五〜二〇〇二年）による。本文中に（全集・巻・頁数）と記す。

（1）武田比呂男「『信太妻の話』の周辺――晴明伝承と折口信夫」（斎藤英喜・武田比呂男編『〈安倍晴明〉の文化学』（新紀元社、二〇〇二年）が、その議論をまとめている。

（2）小池淳一『陰陽道の歴史民俗学的研究』（角川学芸出版、二〇一一年）。以下、小池からの引用は同書による。

（3）こうした視点が、小池の「陰陽道の歴史民俗学的」研究へと展開したのである。

（4）「神道学者」としての折口信夫に注目する意義については、斎藤英喜『折口信夫――神性を拡張する復活の喜び』（ミネルヴァ書房、二〇一九年）を参照してほしい。以下、本稿の議論は、本書が提示したテーマにもとづく。

（5）林淳『近世陰陽道の研究』（吉川弘文館、二〇〇五年）。以下、林からの引用は同書による。

(6) 吉本隆明『言語にとって美とはなにか』(一九六五年)、『共同幻想論』(一九六八年)、橋川文三『近代日本政治思想の諸相』「柳田国男――その人間と思想」(一九六八年)、小松和彦『異人論』(一九八五年)、安藤礼二『神々の闘争』(二〇〇四年)、同『折口信夫』(二〇一四年) など。

(7) 近世の陰陽道組織の歴史的変遷を追求する梅田千尋は、おもに柳田の論をめぐって、「ヒジリ」が陰陽師と仏教色の強い毛坊主に分化した時期を、土御門家による支配が開始された近世以降と見て、陰陽師が「仏教との断絶を強制された段階」「支配体制の変化がもたらした歴史的変容」に注目していく。梅田『近世陰陽道組織の研究』「近世陰陽道組織の研究史と課題」(吉川弘文館、二〇〇九年)

(8) 山下克明『平安時代の宗教文化と陰陽道』第一章「陰陽師再考」(岩田書店、一九九六年)。なお、山下以前にも、「陰陽道」が中国伝来ではなく、平安時代に生み出されたという論点は、野田幸三郎「陰陽道の成立」(初出一九五三年。村山修一他編『陰陽道叢書』1・古代　名著出版、一九九一年)、小坂眞二「陰陽道の成立と展開」(『古代史研究の最前線』第四巻、雄山閣、一九八七年) などがあるが、史料の緻密な解読から「陰陽道」の形成を明らかにしたのは、山下によるところが大きい。

(9) 近年、山下克明も、「陰陽道」が律令の陰陽寮・陰陽師たちによって形成されたとともに、陰陽寮とは別ルートの在地社会における「陰陽道」の形成を「術数文化」という概念で提起している(陰陽道史研究の会、二〇二〇年一〇月四日、での発言など)。「術数文化」については、水口幹記編『前近代東アジアにおける〈術数文化〉』（勉誠出版、二〇二〇年）を参照。

(10) 呪禁師と陰陽師とのかかわりについては、鈴木一馨『陰陽道』（講談社選書メチエ、二〇〇二年）を参照。

(11) 橋本政良「勅命還俗と方技官僚の形成」（初出一九七八年。『陰陽道叢書』1・古代、名著出版、一九九一年）

(12) 山下、前掲書（8）

(13) 繁田信一『陰陽師と貴族社会』第二章「法師陰陽師」（吉川弘文館、二〇〇四年）。なお繁田によれば、法師陰陽師は、中下級の貴族たちに依頼されて卜占、禊祓に携わるのが平常であり、呪詛のみが依頼されたわけではないことを指摘している。

(14) 赤澤春彦『鎌倉期官人陰陽師の研究』第一部第二章「鎌倉期の朝廷と陰陽師」（二〇一一年、吉川弘文館）

(15) 柳原敏昭「室町政権と陰陽道」（初出一九八八年。『陰陽道叢書』2・中世　名著出版、一九九三年）

(16) 鈴木一馨「『簠簋内伝』の陰陽道書としての位置付けに関する検討」（駒沢大学『文化』第二十三号、二〇〇五年三月）

(17) 林淳「簠簋内伝」（日本仏教研究会編『日本仏教の文献ガイド』法藏館、二〇〇一年）

(18) 鈴木耕太郎『牛頭天王信仰の中世』（法藏館、二〇一九年）

(19) 山本ひろ子『変成譜』「大神楽「浄土入り」」(春秋社、一九九三年)
(20) 斎藤英喜「暦神としての牛頭天王――暦注書・祭文・神像絵巻をめぐって」(小池淳一編『新陰陽道叢書』第四巻「民俗・説話」名著出版、二〇二一年)
(21) 内田啓一「妙法院像神像図像巻の図像学的考察」(『美術史研究』第五十三冊、二〇一五年)なお、内田は、形式的には「絵巻」というより『図像抄』や『諸尊図像』などに近いので『神像図像巻』と称すべきと論じている。
(22)『簠簋内伝』を中世神話として読むことについては、斎藤英喜『増補　陰陽道の神々』(思文閣出版、二〇一二年、本書第四章)で論じた。鈴木、前掲書(18)も「中世神話」の方法的視点で読み進めている。なお、「中世神話」の研究史的意義については、斎藤英喜「「中世日本紀」と神話研究の現在」(『国文学　解釈と鑑賞』二〇一一年五月号)を参照してほしい。
(23) 斎藤英喜「大土公神祭文・考――暦神たちの中世神楽へ」(斎藤英喜・井上隆弘編『神楽と祭文の中世』思文閣出版、二〇一六年)
(24) 斎藤英喜「祭文・祝詞――「土公神祭文」をめぐって」(上杉和彦『経世の信仰・呪術』竹林舎、二〇一二年)
(25) 馬場真理子「暦の「正理」――『暦林問答集』における暦注の解説を中心に」(『東京大学宗教学年報』三四号、二〇一七年)
(26) 文部省宗教局編『宗教制度調査資料』第二巻(原書房、一九七七年)

(27) 林、前掲書(5)
(28) 羽賀祥二『明治維新と宗教』(筑摩書房、一九九四年)を参照。
(29) 高埜利彦「江戸時代の神社制度」(高埜利彦編『日本の時代史15 元禄の社会と文化』吉川弘文館、二〇〇三年)を参照。
(30) 木場明志「江戸時代初期の土御門家とその職掌」(初出一九八二年。木場明志編『陰陽道叢書』3・近世、名著出版、一九九二年)
(31) 木場明志「明治以降の土御門系陰陽師」(日本宗教民俗学会『宗教民俗研究』第二号、一九九二年)。木場論文から明治三年の政府の政策過程を見ると、土御門が掌握した天文・暦道を旧幕府の昌平黌・開成所などを統合した「大学」の管轄化に置き、あらたに「天文暦道局」を創設し、当初は土御門家を御用掛として任命するが、後に「星学局」に改称したときに、御用掛を免ぜられて、閏一〇月の「天社神道」の廃止によって、天文・暦道の権限を失っていく過程がわかる。
(32) 小川原正道『大教院の研究』(慶應義塾大学出版会、二〇〇四年)
(33) 林、前掲書(5)
(34) 以上は、中島三千男「「明治憲法体制」の確立と国家のイデオロギー政策」(『日本史研究』一七六号、一九七七年)、赤澤史朗『近代日本の思想動員と宗教統制』(校倉書房、一九八五年)。阪本是丸『国家神道形成過程の研究』第八章「神社非宗教論と国家神道の形成」(岩波書店、一九九四年)を参照した。

(35)　木場、前掲論文(31)
(36)　以上は、小松和彦『いざなぎ流の研究――歴史のなかのいざなぎ流太夫』第V部「いざなぎ流太夫の近代」(角川学芸出版、二〇一一年)による。
(37)　宮地正人『天皇制の政治史的研究』第二章「近代天皇制イデオロギーと歴史学」(校倉書房、一九八一年)を参照。
(38)　平藤喜久子『神話学と日本の神々』第一章「日本神話の比較神話学的研究の歴史」(弘文堂、二〇〇四年)
(39)　高山林次郎「古事記神代巻の神話及歴史」(初出は一八九九年。『論集　日本文化の起源3』平凡社、一九七一年)
(40)　松尾尊兊『大正デモクラシー』第一部「大正デモクラシーの初期段階」(原著一九七四年。岩波書店・同時代ライブラリー、一九九四年)を参照。
(41)　赤澤、前掲書(34)、阪本、前掲書(34)、同『近世・近代神道論考』第四編第二章「内務省の「神社非宗教論」に関する一考察」弘文堂、二〇〇七年、を参照した。
(42)　桂島宣弘『自他認識の思想史』第四章「国学への眼差しと伝統の「創造」」(有志舎、二〇〇八年)、前川理子『近代日本の宗教論と国家』第二章「井上哲次郎における宗教と国民道徳」(東京大学出版会、二〇一五年)を参照。
(43)　平藤、前掲書(38)
(44)　以下、「神道談話会」については、渡勇輝「柳田国男の大正期神道論と神道談話会――

「神道私見」をめぐって」（佛教大学大学院紀要〔文学研究科篇〕四九号、二〇二一年）による。

(45) 神道談話会における柳田と高木との出会いについては、田澤晴子『吉野作造と柳田国男』第八章「「郷土研究」とアカデミズム史学」（ミネルヴァ書房、二〇一八年）も参照。

(46) 磯前順一『近代日本の宗教言説とその系譜』第三部第一章「近代神道学の成立」（岩波書店、二〇〇三年）

(47) 以下、齋藤勵、甲寅叢書については、水口幹記「『王朝時代の陰陽道』と陰陽道研究」（名著刊行会、二〇〇七年）による。

(48) 引用は創元社版（一九四七年）による。

(49) 水口、前掲論文(47)

(50) 『定本　柳田國男集』第九巻（筑摩書房、一九六九年）四三七頁。

(51) 戦前の陰陽道研究論文については、脊古真也編「陰陽道関係文献目録」（下出積與編『陰陽道叢書』4・特論、名著出版、一九九三年）も、参照した。

(52) 新潟県西浦区役所ホームページ。

(53) 小柳司気太「神道と陰陽道の関係」（神道攷究会編『神道講座』4　歴史編、原書房、一九八一年）

(54) 水口、前掲論文(47)

(55) 美河納「平安時代に於ける陰陽道思想の研究」（大塚史学会『史潮』一九四〇年第二号）。

以下、美河論文からの引用は、同誌による。

(56) 「現行諸神道の史的価値」は「神道の史的価値」と改題されて、全集2、に収録されている。

(57) この点については、斎藤、前掲書(4)を参照。

(58) 阪本是丸「昭和前期の「神道と社会」に関する素描——神道的イデオロギー用語を軸にして」(國學院大學研究開発推進センター編『昭和前期の神道と社会』弘文堂、二〇一六年)

(59) マーク・テーウェン「神祇、神道《ジンドウ》、そして神道《シントウ》——〈神道〉の概念史を探る」(彌永信美訳。『文学』第九巻第二号、二〇〇八年)も別の角度から、折口の見解と通じる議論を展開している。

(60) 斎藤英喜「日本紀講から中世日本紀へ」(伊藤聡編『中世神話と神祇・神道世界』竹林舎、二〇一一年)、同『読み替えられた日本書紀』(角川選書、二〇二〇年)、津田博幸『生成する古代文学』(森話社、二〇一四年)

(61) この点については、以下を参照。阿部泰郎『中世日本の王権神話』(名古屋大学出版会、二〇二〇年)、原克昭『中世日本紀論考』(法藏館、二〇一二年)、鈴木英之『中世学僧と神道』(勉誠出版、二〇一二年)。

(62) 伊藤聡『神道の形成と中世神話』第一章「戦前戦後の中世神道研究」(吉川弘文館、二〇一六年)を参照。

(63) 近年の吉田神道の研究については、萩原龍夫『中世祭祀組織の研究〔増補版〕』補論

「吉田神道の発展と祭祀組織」（吉川弘文館、一九七五年）、出村勝明『吉田神道の基礎的研究』（臨川書店、一九九七年）、岡田莊司『兼俱本・宣賢本日本書紀神代巻抄・解題』（続群書類従完成会、一九八四年）、伊藤聡『神道の中世』第六章「吉田兼俱の「神道」論」（中公選書、二〇二〇年）を参照。

(64) 阪本、前掲書(34)を参照。

(65) 西田長男「『神道講座』覆刻版解題」（神道攷究会編『神道講座1 神社篇』原書房、一九八一年）。

(66) 近年の筧克彦をめぐる研究として、西田彰一『躍動する「国体」——筧克彦の思想と活動』（ミネルヴァ書房、二〇二〇年）がある。西田の研究を踏まえると、大正から昭和初頭の「宗教復興」状況という時代空間のなかでは、折口と筧との共通する一面も見出せる。今後の課題となるところだ。また大正期の宗教状況については、畔上直樹『「ムラの鎮守」と戦前日本』（有志舎、二〇〇九年）、住友陽文『皇国日本のデモクラシー』（有志舎、二〇一一年）も参照。

(67) 資料の閲覧・調査には、梅野光興氏の協力を得た。

(68) 倉田喜弘編『日本近代思想大系18 芸能』「郷神楽の取締り」（岩波書店、一九八八年）

(69) 岩田勝『神楽源流考』第三部第一〇章「八重注連神楽と浄土神楽」（名著出版、一九八三年）

(70) 『備後東城荒神神楽能本集』（『日本庶民文化史料集成』第一巻「神楽・舞楽」、三一書房、

一九七四年）

(71) 西田啓一「備後霊祭神楽と山岳芸能」（五来重編『山岳宗教史研究叢書15　修験道の美術・芸能・文学』名著出版、一九八一年）

(72) 斎藤英喜「中世芸能と荒神信仰——中世神楽の現場から」（『悠久』第一五五号、二〇一八年）。また「中世神楽」の研究史的問題については、斎藤「シンポジウム「中世神道と神楽」にむけて」（名古屋大学・人類文化遺産テクスト学研究センター編『HERITEX』第三号、二〇二〇年）を参照のこと。

(73) 「いざなぎ流」の祭文、祭祀については、斎藤英喜『増補　いざなぎ流　祭文と儀礼』（法蔵館文庫、二〇二〇年）を参照してほしい。

(74) 小松、前掲書(36)

参考文献・原典一覧

（本文中に直接引用した研究書、論文を中心に。複数使用したものは、初出の章に掲げる。）

〈序　章〉

小坂眞二　「陰陽道の成立と展開」（『古代史研究の最前線』第四巻、雄山閣、一九八七年）
山下克明　『平安時代の宗教文化と陰陽道』岩田書院、一九九六年
藪内　清　『中国の天文暦法』平凡社、一九九〇年（増補改訂版）
繁田信一　『陰陽師と貴族社会』吉川弘文館、二〇〇四年
武田比呂男　「『信太妻の話』の周辺」（斎藤英喜・武田比呂男編『〈安倍晴明〉の文化学』新紀元社、二〇〇二年）
高原豊明　『安倍晴明伝説』ＰＨＰ研究所、一九九九年
金澤正大　「関東天文・陰陽道成立に関する一考察」（村山修一他編『陰陽道叢書　2中世』名著出版、一九九三年。初出は一九七四年）
柳原敏昭　「室町政権と陰陽道」（村山修一他編『陰陽道叢書　2中世』名著出版、一九九三年。初出は一九八八年）
木場明志　「近世日本の陰陽道」（村山修一他編『陰陽道叢書　3近世』名著出版、一九九二年）

〈第一章〉

大日方克己　『古代国家と年中行事』吉川弘文館、一九九三年

三宅和朗　『古代国家の神祇と祭祀』吉川弘文館、一九九五年
野田幸三郎　「陰陽道の一側面」（村山修一他編『陰陽道叢書　1古代』名著出版、一九九一年。初出は一九五五年）
鈴木一馨　「式神の起源について」（駒沢大学宗教学研究会編『宗教学論集』第二〇輯、一九九八年）
中野千鶴　「護法童子と堂童子」（『仏教史学研究』第二七巻第一号、一九八四年）
小松和彦　『憑霊信仰論』講談社学術文庫、一九九四年
鈴木一馨　「怪異と災厄との関係から見た物忌の意味」（駒沢女子大学『日本文化研究』第二号、二〇〇〇年三月）
小坂眞二　「晴明公と『占事略決』」（晴明神社編『安倍晴明公』講談社、二〇〇二年）→『安倍晴明撰『占事略決』と陰陽道』汲古書院、二〇〇四年
ミルチャ・エリアーデ編　『エリアーデ・オカルト事典』（鶴岡賀雄他訳）法藏館、二〇〇二年
ピーター・J・フレンチ　『ジョン・ディー　エリザベス朝の魔術師』平凡社、一九八九年

〈第二章〉

酒井忠夫　「太山信仰の研究」（『史潮』第七巻第二号、一九三七年）
小峯和明　「泰山逍遙」（『中世文学研究』二五号、一九九九年八月）
武田比呂男　「〈安倍晴明〉説話の生成」（斎藤英喜・武田比呂男編『〈安倍晴明〉の文化学』新紀

元社、二〇〇二年）
長部和雄「唐代密教における閻羅王と太山府君」（『唐宋密教史論考』永田文昌堂、一九八二年）
澤田瑞穂『地獄変』法藏館、一九六八年
斎藤英喜『安倍晴明――陰陽の達者なり』ミネルヴァ書房、二〇〇四年
黒板伸夫『藤原行成』吉川弘文館、一九九四年
速水侑『平安貴族社会と仏教』吉川弘文館、一九七五年
山下克明「安倍晴明の「土御門の家」と晴明伝承」（林淳・小池淳一編『陰陽道の講義』嵯峨野書院、二〇〇二年）
新川哲雄「鎌倉と京の陰陽道」（日本思想史懇話会編『季刊　日本思想史』第五八号、二〇〇一年）
佐々木馨「鎌倉幕府と陰陽道」（佐伯有清編『日本古代中世の政治と宗教』吉川弘文館、二〇〇二年）
戸田雄介「鎌倉幕府と宿曜師」（『佛教大学大学院紀要』第三五号、二〇〇七年三月）
室田辰雄「『文肝抄』所収荒神祓についての一考察」（『佛教大学大学院紀要』第三五号、二〇〇七年三月）
赤澤晴彦「陰陽師と鎌倉幕府」（日本史研究会『日本史研究』四九六号、二〇〇三年一二月）
↓『鎌倉期官人陰陽師の研究』吉川弘文館、二〇一一年

増尾伸一郎「〈天曹地府祭〉成立考」（『文学』第六巻六号、二〇〇五年一一月）

〈第三章〉

真弓常忠「祇園社と町衆の形成」（真弓常忠編『祇園信仰事典』戎光祥出版、二〇〇二年）
本居宣長『在京日記』（『本居宣長全集』第一六巻、筑摩書房、一九七四年）
今堀太逸『本地垂迹信仰と念仏』法藏館、一九九九年
山本ひろ子『異神』平凡社、一九九八年
西田長男「『祇園牛頭天王縁起』の成立」（真弓常忠編『祇園信仰事典』戎光祥出版、二〇〇二年。初出は一九六六年）
三崎良周『密教と神祇思想』創文社、一九九二年
田中久夫「法道仙人と播磨の陰陽師」（村山修一他編『陰陽道叢書　2中世』名著出版、一九九三年。初出は一九八四年）
久保田　収『八坂神社の研究』臨川書店、一九七四年
岡田莊司『平安時代の国家と祭祀』続群書類従完成会、一九九四年
斎藤英喜『読み替えられた日本神話』講談社現代新書、二〇〇六年
真弓常忠編『祇園信仰事典』「祇園信仰の美術」戎光祥出版、二〇〇二年
岡田芳朗・阿久根末忠編著『現代　こよみ読み解き事典』柏書房、一九九三年
中村璋八『日本陰陽道書の研究』汲古書院、一九八五年

山下克明・真下美弥子『日本古典偽書叢刊3　簠簋内伝金烏玉兎集』補注、現代思潮社、二〇〇四年
平田篤胤「牛頭天王暦神辯」（『平田篤胤全集』第七巻、名著出版、一九七七年）
谷口勝紀「『簠簋内伝』の宗教世界」（『佛教大学大学院紀要』第三三号、二〇〇五年三月）
平田篤胤『印度蔵志』（『平田篤胤全集』第一〇巻、名著出版、一九七七年）

〈第四章〉

鈴木一馨「『簠簋内伝』の陰陽道書としての位置付けに関する検討」（駒沢大学『文化』第二三号、二〇〇五年三月）
村山修一『日本陰陽道史総説』塙書房、一九八一年
金井徳子「金神の忌みの発生」（村山修一他編『陰陽道叢書　1古代』名著出版、一九九一年。初出は一九五四年）
渡辺敏夫『日本の暦』雄山閣、一九七六年
藤巻一保『安倍晴明占術大全』学習研究社、二〇〇〇年
谷口勝紀「『簠簋内伝』巻二、「盤牛王説話」の一考察」（日本文学協会・部門別研究大会、二〇〇五年七月、口頭発表）
山本ひろ子「神話と歴史の間で」（上村忠男他編『歴史を問う　1』岩波書店、二〇〇二年）
岩田　勝『神楽源流考』名著出版、一九八三年

阿部泰郎　「中世王権と中世日本紀」（日本文学協会『日本文学』一九八五年五月号）
小峯和明　「中世日本紀をめぐって」（『民衆史研究』第五九号、二〇〇〇年）
山本ひろ子　「至高者たち」（山折哲雄編『日本の神　1』平凡社、一九九五年）
鈴木　元　「中世陰陽道の片影」（京都大学『国語国文』第七三巻第九号、二〇〇四年）
尾崎安啓　「中世大和における声聞師」（村山修一他編『陰陽道叢書　2中世』名著出版、一九九三年）
木場明志　「近世土御門家の陰陽師支配と配下陰陽師」（村山修一他編『陰陽道叢書　3近世』名著出版、一九九二年。初出は一九八二年）
林　淳　『近世陰陽道の研究』吉川弘文館　二〇〇五年

〈第五章〉

小松和彦　「〝荒神鎮め〟儀礼の分析」（『記号学研究』3、北斗出版、一九八三年）
柳田國男　「山の神とヲコゼ」（『定本　柳田國男集』第四巻、筑摩書房、一九六八年）
永松　敦　『狩猟民俗と修験道』白水社、一九九三年
小松和彦　「天の神祭祀と村落構造」（『歴史手帖』一九八三年七月号）
梅野光興　『いざなぎ流の宇宙』高知県立歴史民俗資料館、一九九七年
斎藤英喜　「大祓と御贖儀」（斎藤英喜編『日本神話　その構造と生成』有精堂出版、一九九五年。初出は一九九〇年）

岡田莊司　「陰陽道祭祀の成立と展開」（村山修一他編『陰陽道叢書　1古代』名著出版、一九九一年。初出は一九八四年）
折口信夫　「水の女」（『折口信夫全集』第二巻、中公文庫、一九七六年）
宮地直一　『大祓詞註釈大成　上』解題、内外書籍、一九三八年
小坂眞二　「禊祓儀礼と陰陽道」（『早稲田大学大学院研究科紀要』別冊・三、一九七九年）
田中勝裕　「反閇と地戸呪」（『佛教大学大学院紀要』第三五号、二〇〇七年三月）
林　　淳　「幕末の土御門家の陰陽師支配1」（『愛知学院大学人間文化研究所紀要』9号、一九九四年）
小松和彦　「いざなぎ流祭文研究覚帖・呪詛の祭文」（『春秋』一九九四年四、五月号）
高木啓夫　『いざなぎ流御祈禱の研究』高知県文化財団、一九九六年
斎藤英喜　『いざなぎ流　祭文と儀礼』法藏館、二〇〇二年→『増補　いざなぎ流　祭文と儀礼』法藏館文庫、二〇一九年
梅田千尋　「陰陽師」（高埜利彦編『民間に生きる宗教者』吉川弘文館、二〇〇二年）→『近世陰陽道組織の研究』吉川弘文館、二〇〇九年
梅野光興　「神子・博士・陰陽師」（『比較日本文化研究』第六号、二〇〇〇年）
高木啓夫　「すそ祭文とほうめんさまし」（『土佐民俗』第七二号、一九九九年）

〈終　章〉
安丸良夫　『神々の明治維新』岩波新書、一九七九年

〈断　章〉
斎藤英喜　『呪術探究　いざなぎ流式王子』新紀元社、二〇〇〇年
田中貴子　『安倍晴明の一千年』講談社選書メチエ、二〇〇三年→法蔵館文庫、二〇二三年
岡野玲子　『陰陽師』白泉社、一九九四年〜二〇〇六年
鈴木一馨　『陰陽道』講談社、二〇〇二年
矢野道雄　『星占いの文化交流史』勁草書房、二〇〇四年
村上陽一郎　『宇宙像の変遷』講談社学術文庫、一九九六年
マーティン・リース　『宇宙の素顔』講談社ブルーバックス、二〇〇三年

〈補　論〉
小松和彦　『いざなぎ流の研究』角川学芸出版、二〇一一年
斎藤英喜　『荒ぶるスサノヲ、七変化』吉川弘文館、二〇一二年
平　重道　『近世日本思想史研究』吉川弘文館、一九六九年
林　　淳　『天文方と陰陽道』山川出版社、二〇〇六年
梅野光興　「いざなぎ流　祭文と呪術テクスト」（『日本における宗教テクストの諸位相と統辞

法』名古屋大学大学院文学研究科、二〇〇八年）

原典（直接引用した資料・史料を中心に）

〈史書・古記録その他〉

古事記　新潮日本古典集成　新潮社
日本書紀　新編日本古典文学全集　小学館
風土記　新編日本古典文学全集　小学館
日本紀略　新訂増補・国史大系　吉川弘文館
吾妻鏡　新訂増補・国史大系　吉川弘文館
延喜式　新訂増補・国史大系　吉川弘文館
令集解　新訂増補・国史大系　吉川弘文館
本朝世紀　新訂増補・国史体系　吉川弘文館
小右記　大日本古記録　岩波書店
権記　史料叢書　続群書類従完成会
中右記　増補史料大成　臨川書店
左経記　増補史料大成　臨川書店
台記　増補史料大成　臨川書店
玉葉　国書刊行会

朝野群載　新訂増補・国史大系　吉川弘文館
三十五文集　続群書類従　続群書類従完成会
二十二社註式　群書類従2　続群書類従完成会
玉蕊・峰相記　古事類苑7　吉川弘文館
祇園社略記　神道大系・祇園　神道大系編纂会
神仏分離史料4　名著出版
太政官布告　日本近代史料大系　岩波書店

〈説話・縁起・随筆〉

今昔物語集　新日本古典文学大系　岩波書店
枕草子　新日本古典文学大系　岩波書店
紫式部日記　新日本古典文学大系　岩波書店
宇治拾遺物語　新日本古典文学大系　岩波書店
古本説話集　新日本古典文学大系　岩波書店
注好選　新日本古典文学大系　岩波書店
古今和歌集序聞書三流抄　中世古今集註釈書解題2　赤尾照文堂
祇園牛頭天王御縁起（文明本）他　室町時代物語大成3　角川書店

〈陰陽道書・仏典・神道書〉

五行大義　新編漢文選　明治書院
陰陽道旧記抄　陰陽道関係史料　汲古書院
陰陽道祭用物帳　民俗と歴史　一九七九年七月
文肝抄・祭文部類　陰陽道基礎史料集成　東京美術
土御門文書　枚岡市史・第三巻
簠簋内伝（続群書類従本）　日本陰陽道書の研究　汲古書院
簠簋内伝（天理図書館吉田文庫蔵本）　日本古典偽書叢刊3　現代思潮社
簠簋諺解大全・簠簋抄　東北大学蔵狩野文庫
陰陽雑書・陰陽略書・暦林問答集　日本陰陽道書の研究　汲古書院
焔羅王供行法次第・梵天火羅九曜　大正新脩大蔵経21
覚禅鈔・阿娑縛抄　日本仏教全書
釈日本紀　神道大系　古典註釈編5　神道大系編纂会
神書聞塵　神道大系　古典註釈編4　神道大系編纂会
神道集　角川書店
神像絵巻（仮称）　妙法院史料6　吉川弘文館
日緯貴本記　両部神道集　臨川書店
中臣祓注抄　大祓詞註釈大成　内外書籍

中臣祓訓解　中世神道論　岩波書店

〈祭文その他〉

呪詛方の式法次第　小松豊孝太夫所持

修験深秘行法符呪集　修験道章疏2　国書刊行会

中世の占い　金沢文庫資料

三河禰宜資料　豊根村古文書館

備後田中家資料　中国地方神楽祭文集　三弥井書房

御神祭文集書物・敷王子行書物・中はずし他　中尾計佐清太夫所持

いざなぎ流祭文・天下小の祭文　いざなぎ流祭文帳　高知県立歴史民俗資料館

天行正祭文『土佐民俗・共同採集報告1　物部村土居番民俗採訪』土佐民俗学会

祭文部類　村山修一編『陰陽道基礎史料集成』東京美術

諸祭文故実抄　東京大学史料編纂所所蔵、神宮文庫所蔵

初出一覧

◇序章から終章までは書き下ろし新稿。ただし論述上、既発表の論考と重複するところがある。
◇断章1・2は以下の旧稿の再録である。多少の字句の訂正がある。

◇断章1　いざなぎ流への〈旅〉
その1　佛教大学通信教育部編『佛大通信 Vol. 463』（二〇〇四年四月号）
その2　佛教大学通信教育部編『佛大通信 Vol. 466』（二〇〇四年七月号）
その3　佛教大学通信教育部編『佛大通信 Vol. 469』（二〇〇四年一〇月号）
その4　佛教大学通信教育部編『佛大通信 Vol. 472』（二〇〇五年一月号）

◇断章2　安倍晴明ブームの深層へ
陰陽師・ミレニアム　風塵社『風塵』七号（二〇〇〇年七月）
安倍晴明の深層、いざなぎ流の現場　『出版ダイジェスト』第一九六〇号（二〇〇四年五月一日）
二一世紀の安倍晴明――ブームの深層に何があるのか　財団法人・政策科学研究所『21世紀フォーラム』九四号（二〇〇四年八月）
バビロニアの安倍晴明　風塵社『風塵』九号（二〇〇五年九月）

◇補　論　牛頭天王の変貌と「いざなぎ流」
コロンビア大学・陰陽道シンポジウム（二〇〇九年五月）の発表をもとに、書き下ろし新稿。
◇付　論　折口信夫の「陰陽道」研究・再考
佛教大学歴史学部『歴史学部論集』一一（二〇二一年三月）

＊発表の機会を与えていただき、また本書への再録を承諾いただいた諸機関にお礼を申します。

あとがき

なかなか梅雨が明けなかった今年の夏も、ようやく「夏本番」に突入したいま、かなりハードな執筆スケジュールで進めてきた本書も、ついに「あとがき」に行き着いた。ふぅーっと、深呼吸しながらこれを書いている。

さて、今回の本は、僕の三つの研究テーマが合流するような場所に出来ている。ひとつは、いうまでもなく陰陽道。『安倍晴明――陰陽の達者なり』(ミネルヴァ書房・二〇〇四年)では安倍晴明の時代の「陰陽道」が中心だったが、この本ではそれを踏まえつつ、晴明以降の「陰陽道」の世界を考えることになった。とくに『簠簋内伝』という陰陽道の〝シークレットブック〟については、ちょっとここまで言っていいかなぁと躊躇《ためら》いつつ、自分なりの見通しを作ることが出来たと思う。それにしても、『簠簋内伝』……。そうとう奥が深い本ですね。

ふたつ目は、「いざなぎ流」。いざなぎ流の信仰世界を、どのように「陰陽道史」のなかに位置づけられるか。『いざなぎ流　祭文と儀礼』(法藏館・二〇〇二年)では、手簿だったテーマだったが、この本ではそれにチャレンジした。結果は……。やっぱり難しいと、再確認。でも、「呪詛の祭文」の系譜、陰陽道神といざなぎ流の神々との接点などは、いくらかクリアになってきたと思う。

そして三つ目。これは最近刊行したばかりの『読み替えられた日本神話』（講談社現代新書・二〇〇六年）のテーマである。「日本神話」の世界と「陰陽道」などとは、まったく接点がないと思われるかもしれないけれど、牛頭天王や八王子、盤古王、土公神たちの世界は、まさしく中世における神話創造と不可分にあったのだ。『読み替えられた……』では書けなかった、中世神話の世界に参入してくる陰陽道の神々の姿について、もちろん、まだまだ書き足りないところはあるのだが、ひとまずアウトラインだけでも引けたはずだ。

という具合に、「あとがき」から最初に読まれる読者のために、この本の「成果」をコトアゲしておこう。この「成果」がほんとうに実現されているかどうかは、あとは本文をお読みいただき、判定していただければと思う。

ところで、本書は広い読者にむけた「平易な教養書」をめざしたものである。陰陽道研究、神話研究の最新の成果を踏まえつつ、研究の水準を保ちつつ、可能なかぎり「平易」な文章で書くことを心がけた。でも、おそらくわかりにくいところ、抽象的な言い回しになっているところもあるだろう。そういう箇所は、僕自身の「研究」が進展していないところだ。それにしても、「平易」であることと「研究」の水準を保つことのバランス加減は、ほんとうに難しい。でも、そういう本作りは、研究者としても、これからもっと要求されることだと思う。その意味で、本書は、とてもいい修行の場となった。

さて、そんな「修行」の機会を与えてくれたのは、「佛教大学鷹陵文化叢書」の企画を担当されている佛教大学通信教育部総務部長の松島吉和氏と、出版担当の思文閣出版・林秀樹編集長である。まずはお二人に感謝の言葉を。とくに松島氏には、本叢書にお誘いいただいて、とてもうれしかったことを、この場でお伝えします。

本書の内容の大半は、佛教大学通信教育部のスクーリングや通学の授業で喋ってきたことが元になっている。とくに通信の学生さんたちの生き生きとした反応、質問などは、この本のあちこちに反映していると思う。また佛大が「市民」にむけて公開している「四条センター」の講座も、この本とリンクしているところが多い。聴講してくださった多くの方々に感謝を。

また佛教大学大学院の院生諸氏、とくに陰陽道や宿曜道研究を専攻する谷口勝紀、田中勝裕、戸田雄介、室田辰雄の諸氏（「陰陽道組」と呼んでいる）の新しい研究成果は、本書でも大いに活用させてもらった。その意味では、この本は彼らとの「共同研究」の成果ともいえなくはない。諸氏には、本書を「踏み台」にして、さらなる研究の進展を果たしてほしいと思う。

写真・図版については、掲載を許可くださった関係諸機関へお礼を。また『安倍晴明――陰陽の達者なり』に続いて、老舗サイト「闇の日本史」の竹内敏規氏には貴重な写真を提供していただいた。その他、京都関係の写真は斎藤陽子から提供してもらった。彼女には、「京都の牛頭天王」関係の下調べなどもしてもらった。「地元民」の彼女の土地勘がなければ、とても僕では探せなかった「ネタ」が多い。

そして最後に。超ハードな編集スケジュールを強いてしまったお詫びを、思文閣出版の編集担当・立入明子氏に。それにしても、立入さんの本作りにかける熱い情熱がなければ、とても本書は完成しなかったと思う。本作りは、編集者と執筆者との共同作業ということを、あらためて実感した。立入さんには、言葉には尽くせないほどの感謝を。

さて、一休みして、涼しくなったら、次の本の仕事に取り掛かろう。次の本のテーマは……。

二〇〇七年八月　猛暑の京都で

斎藤英喜

ニューヨークの陰陽師——増補版あとがきにかえて——

二〇〇九年五月一日から三日まで、ニューヨークはコロンビア大学で、陰陽道をめぐる国際シンポジウムが開催された。もちろん陰陽道の国際シンポなんていうものは、世界初だ。シンポジウムを主宰したのはコロンビア大学の日本宗教研究センター（ＣＣＪＲ）所長のベルナール・フォール氏。同センターでは、すでに「中世神道」「修験道」の国際シンポジウムを開催していたが、陰陽道は、それらに続く最新のテーマということで、まさに現在の日本宗教研究の最先端の課題として設定されたわけだ。その鋭い着眼点は、欧米の研究者と日本の研究者とが研究成果を共有／競合し、まさにグローバルな地点で研究を進めている現在を教えてくれるだろう。

さて、「陰陽道シンポ」には、日本側からは山下克明氏を筆頭に、林淳、西岡芳文、小池淳一、鈴木一馨、梅野光興の各氏。そして僕も飛行機は苦手で外国も初めてだけども、意を決して参加。またディスカッサントとして禰永信美氏、それに応援にかけつけた梅田千尋氏といったメンバーがそろい、たぶん日本で陰陽道のシンポジウムを開いてもこれだけ「勢ぞろい」することは難しいだろう。一方、欧米からはフォール氏のほか、マイケル・コモ、ヘルマン・オームス、デビッド・ビアロック、スティーブン・トレンソン、マティアス・ハイエクの各氏、それにディスカッサントとしてルチア・ドルチェ氏なども加わった。

シンポジウムでは古代の陰陽道はもちろん、中世の密教と陰陽道の関係、近世の土御門系・民間系陰陽道の問題とともに、いざなぎ流のことがかなり大きなテーマとなった（じつは、フランスの「いざなぎ流」研究者であるシモーヌ・モークレール氏も発表予定だったが、残念ながら体調不良で、欠席された）。いざなぎ流は、まさしく「生きた陰陽師」の姿を伝えるものとして、欧米の研究者のあいだにも高い関心のあることがわかろう。

もっともシンポジウムの議論では、「陰陽道」の定義をめぐって、日本・欧米側研究者のあいだとの「ズレ」も少なくなかったが、しかし欧米の研究者の発表には、日本の研究者にはない、広い視野や問題意識からの「陰陽道」への注目・言及がなされていたようにも感じた。ともあれ陰陽道の世界は、いまや日本のみならず世界的な規模での研究が進みつつあることはまちがいない。そして、本書『陰陽道の神々』が、陰陽道に関心をもつ欧米の研究者のあいだにも少なからず読まれていたことを、少々自慢げに報告しておこう。

さらにコロンビア大学の若い院生たちのあいだに、陰陽道やいざなぎ流の研究を志す人も出てきているのは驚きだ。そうしたなかで、ロンドン大学ＳＯＡＳからは、陰陽道研究を志して、佛教大学の僕のもとで博士論文を準備しているイタリア出身の院生もいる。彼、プレモセリ・ジョルジョ君は、ニューヨークの陰陽道シンポジウムにも参加し、また近いうちに刊行予定のシンポジウムの冊子には、僕の発表を英訳してくれている。「ニューヨークの陰陽師」たちの、これからの活躍が期待されるところだ。（なお思文閣出版の広報誌『鴨東通信』八七号・二〇一二年九月に掲載された阿部龍一氏の「アメリカでの日本仏教研究と大学院教育」に、アメリカにおける日本宗教研究と大学院生たちの現状が報告されている。）

さて、こうした陰陽道研究のあらたな展開をうけて、二〇〇七年に初版が刊行され、その後二〇〇九年に再版した『陰陽道の神々』を、この度、増補版として刊行することになった。増補にあたっては、コロンビア大学のシンポジウムの発表をもとに、あらたに書き下ろした「補論・牛頭天王の変貌と「いざなぎ流」」を加えた。本書で論じてきたテーマを要約・補足する内容になっているので、この補論を全体の「導入」として読んでもらってもいい。その他、本文に関しては明らかな誤植・間違いを訂正し、「参考文献」に、その後刊行された単行本名を追加した。

なお本書は「佛教大学鷹陵文化叢書」として刊行されたものだ。増補版の刊行にあたっては、佛大の生涯学習機構の職員の方、機構長の藤松素子先生にお世話になった。また増補版の編集実務は思文閣出版の原宏一氏にお願いした。丁寧にチェックしていただいたことに感謝を申し上げます。さらに初版の刊行以来、本書を多くの読者に届けてくれた思文閣出版・営業部の井熊勇介氏にも感謝を。じつは井熊君は佛大大学院の修了生であった。本書の成り立ちが佛教大学と深い繋がりのあることを、あらためて申し添えておこう。
それにしても「陰陽道の神々」というテーマの本は、ありそうでなかったものだ。増補版が、さらに多くの読者に読まれることを期待したい。

斎藤英喜

二〇一二年十月　秋の深まる京都で

＊思文閣出版の初版編集を担当された立入明子さんは二〇一七年に逝去された。つつしんでご冥福をお祈りします。

二〇二四年の陰陽道——文庫版あとがきにかえて——

二〇二四年の大河ドラマ『光る君へ』で、ふたたび陰陽師や安倍晴明に注目が集まっている。ユースケ・サンタマリア氏演じるところの晴明（はるあきら）は、それまでのイメージを刷新し、陰陽師の「ダーク」な面を浮き上がらせて、人気も高いようだ。

そんな時代の動向も受けて、二〇〇七年に刊行された（二〇一二年、増補版）、本書『陰陽道の神々』が、法蔵館文庫として、ふたたび登場することになった。しかし、この本、晴明にかんするところは、冒頭のみで、あとは陰陽師たちが祭り、祈り、あるいは鎮め、使役した「神々」の世界に分け入るというものだ。さらにその「陰陽師」たちは、安倍晴明たちのような官人・貴族だけではなく、民間社会に広がった、いわば雑多な宗教者たちにも近づいていく存在である。最終章では、現存する「陰陽師」とも呼ばれた、高知県物部の「いざなぎ流」太夫たちも登場する。

というわけで、本書の内容は、かなりコアでマニアックなものなのだが、おそらく類書がなかったという理由もあって、少なからずの読者を得ることができ、「品切れ」中だった本書の再刊を待つ声も一部にあったようだ。ほんとうにありがたいことだ。

本書の特徴は、「陰陽道」という、ある意味ではひじょうに複雑で高度な世界を「神々」の視点から考察したことにある。一般に、神々といえば、『古事記』『日本書紀』に始まる古代の神々から、神仏習合による中世の神々、さらには異国から渡来した神々、あるいは山々、村々、家々の民俗の神々など、文字通り「八百万の神々」が住まう、列島社会の信仰世界のなかに、じつは「陰陽道の神々」も重要なポジションをもつことを明らかにしたことにある。いってみれば、「陰陽道」という、きわめて特殊な世界を「神々」という視点から究明したことで、より普遍的な視野へと押し広げられたのではないかというのが、ちょっと自負すべきところである。

もっとも本書の初版が刊行されてから一〇数年の年月がたち、「陰陽道」をめぐる研究状況や環境も、圧倒的に進展したこともたしかだ。

なによりも二〇一五年に「陰陽道史研究の会」（世話人・山下克明、梅田千尋、赤澤晴彦、斎藤英喜）が発足し、年二回の研究会が定期的に開催されている。それまで「孤立」気味だった、陰陽道関係の研究者が自由に発表、議論する場が作られたことの意義は大きい。さらにこの研究会の中心メンバーたちによる『新陰陽道叢書』全五巻（林淳、細井浩志、赤澤晴彦、梅田千尋、小池淳一編、名著出版）が刊行されることで、かっての『陰陽道叢書』以降の最新の研究成果がまとめられたことも、研究を進展させた。

一方、広い読者を対象とした『呪術と学術の東アジア【アジア遊学】』（陰陽道史研究の会・編、勉誠出版、二〇二二年）、『現代思想』（五月臨時増刊「陰陽道・修験道を考える」青土社、二〇二一年）が刊行され、それまでは違う読者層を獲得することができた。

また千葉県佐倉市の「国立歴史民俗博物館」では企画展示「陰陽師とは何者か」（二〇二三年一〇月三日～一二月一〇日）が開催され、平安時代の陰陽師だけではない、列島社会へと広がっていく、多様な「陰陽師」の実像を見せてくれ、当初の予想を超える来館者を招いたという。

さらに「陰陽道の神々」の代表とでもいうべき牛頭天王については、高崎経済大学の鈴木耕太郎氏が、科学研究費を獲得し、「中世から近世への転換期に作成された牛頭天王信仰に関するテキストの総合的調査と研究」として、複数の若手研究者とともに「牛頭天王信仰研究会」（略称ゴズケン）を進めていることも心強い。

以上のように、陰陽道研究も、いま新しい段階へと進みつつある。そうした情況を受けて、本書も、二〇一二年の「増補版」以降の研究成果として、「付論　折口信夫の「陰陽道」研究・再考」を付した。「平易な教養書」という全体の体裁にたいして、こちらは、いわゆる「専門論文」のスタイルであるが、本書を読む読書の方々ならば、充分読み込めるものと思う。さらにこの付論によって、明治初期に「禁止」された陰陽道が、その後、どのような展開・変貌を遂げたのか、それは近代日本の信仰史とどうかかわるかなど、最新のテーマに触れることができるはずだ。本書を『陰陽道の神々　決定版』と名付けた理由である。

＊＊

最後に、ちょっとだけ個人的なことについて。

じつは、この文庫版あとがきは、京都第二日赤病院の病室で書いている。春ごろに「上咽頭がん」というけっこう珍しい病気が発見され、五月以降、七月にいたる現在まで入院・治療を続けている。自分が「がん」になるなんて、思いもよらなかったが、最近の先端的医療技術のおかげで、病原の悪性腫瘍は、ほぼ消滅した。ただ、科学療法による「副作用」が長びいて、入院生活が続いている状態だ。さすがに「がん」だと思う。

なので、本書の初校の校正作業も病室で行なった。しかしその「仕事」があることで、ちょっと弱気になる自分を元気づけることができた。一〇数年まえの本書は、そのときにしか書けなかった「熱い文体」がある。そんな過去の自分の文章を読み直すことで、入院生活も克服しえたのだと思う。

本書の編集実務は、『増補　いざなぎ流　祭文と儀礼』に続いて、戸城三千代さんにお願いした。初校のゲラも、わざわざ病院まで運んでもらった。そのとき交わした雑談も、楽しかった。戸城さんは、早くも「来年にはこんな本をだしましょう」と新しい企画を考えてくれて、病人を活気づけてくれる。ほんとにありがたいことだ。そんな戸城さんに報いるためにも、本書が『増補　いざなぎ流　祭文と儀礼』と同様に、多くの読者に読まれることを‼　最後に、長くなった入院生活をサポートしてくれた妻の陽子にも、最大級の感謝の言葉を。いやはや、人生、何が起きるかわからないね。

本書が刊行されたときには、研究、教員生活に復帰しているはずだ。

※※

なお本書の原本は、佛教大学の「鷹陵文化叢書」として刊行された。その佛教大学も本年度をもって停年退職となる。また入院・休職中には同僚の先生方にお世話になりました。あらためて感謝申し上げます。

二〇二四年七月　　梅雨空を眺める京都の病室から

斎藤英喜

収録図版一覧

はじめに

序　章　陰陽道と安倍晴明の基礎知識

第一章　追われる鬼、使役される神――疫鬼と式神――

第二章　冥府と現世を支配する神

第三章　牛頭天王、来臨す

第四章　暦と方位の神話世界——『簠簋内伝』の神々——

第五章　いざなぎ流の神々——呪詛神と式王子をめぐって——

断章Ⅰ　いざなぎ流への〈旅〉

断章 2　安倍晴明ブームの深層へ

付論　折口信夫の「陰陽道」研究・再考

斎藤英喜（さいとうひでき）
1955年東京生まれ　日本大学大学院文学研究科博士課程満期退学。佛教大学歴史学部教授。専門は神話・伝承学。主な著書に『増補　いざなぎ流　祭文と儀礼』（法蔵館文庫）、『陰陽師たちの日本史』（角川新書）、『安倍晴明』（ミネルヴァ書房）他多数。
2024年、逝去。

陰陽道《おんみょうどう》の神々《かみがみ》　決定版

二〇二四年一〇月一五日　初版第一刷発行
二〇二五年　二月二八日　初版第二刷発行

著　者　斎藤英喜
発行者　西村明高
発行所　株式会社法藏館
京都市下京区正面通烏丸東入
郵便番号　六〇〇-八一五三
電話　〇七五-三四三-〇〇三〇（編集）
〇七五-三四三-五六五六（営業）

装幀者　熊谷博人
印刷・製本　中村印刷株式会社

ISBN 978-4-8318-2678-7　C1139

法蔵館文庫既刊より

価格税別

さ-1-1
増補 いざなぎ流　祭文と儀礼　斎藤英喜著
高知県旧物部村に伝わる民間信仰・いざなぎ流。中尾計佐清太夫に密着し、十五年にわたるフィールドワークによってその祭文・神楽・儀礼を解明。
1500円

こ-1-1
神々の精神史　小松和彦著
カミを語ることは日本人の精神の歴史を語ること。竈神や座敷ワラシ。酒呑童子、ものくさ太郎に、山中の隠れ里伝承など、日本文化の深層に迫った妖怪学第一人者の処女論文集。
1400円

み-1-1
江戸のはやり神　宮田登著
お稲荷さん、七福神、エエジャナイカ――民衆の関心で爆発的に流行し、不要になれば棄てられた神仏。多様な事例から特徴を解明し、背景にある日本人の心理や宗教意識に迫る。
1200円

さ-6-1
祭儀と注釈　中世における古代神話　桜井好朗著
神話はいかに変容したのか。注釈が中世神話を創出し、王権－国家の起源を新たに形成。中世芸能世界の成立をも読解した、記念碑的一冊。解説＝星優也
1400円

た-6-2
民俗の日本史　高取正男著
文明化による恩恵とともに、それによって生じた土着側の危機をも捉えることで、文化史学の抜本的な見直しを志した野心的論考12本を収録。解説＝谷川健一・林淳
1400円